广告营销的底层思维

张茜 迟婉璐 著

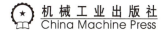
机械工业出版社
China Machine Press

图书在版编目（CIP）数据

广告营销的底层思维 / 张茜，迟婉璐著 . -- 北京：机械工业出版社，2022.7
ISBN 978-7-111-70991-6

I. ① 广⋯ II. ① 张⋯ ② 迟⋯ III. ① 广告 – 市场营销 IV. ① F713.86

中国版本图书馆 CIP 数据核字（2022）第 100436 号

广告营销的底层思维

出版发行：机械工业出版社（北京市西城区百万庄大街 22 号　邮政编码：100037）	
责任编辑：李晓敏	责任校对：殷　虹
印　　刷：河北宝昌佳彩印刷有限公司	版　　次：2022 年 8 月第 1 版第 1 次印刷
开　　本：170mm×230mm　1/16	印　　张：20.5
书　　号：ISBN 978-7-111-70991-6	定　　价：69.00 元
客服电话：（010）88361066　88379833　68326294	投稿热线：（010）88379007
华章网站：www.hzbook.com	读者信箱：hzjg@hzbook.com

版权所有·侵权必究
封底无防伪标均为盗版

作者简介

张茜,北京三德传世管理咨询有限公司创始人,也是拥有20年广告营销背景的投资人。

中国科学院大学管理科学与工程博士,中国人民大学市场营销硕士、学士,曾任CCTV新媒体营销执行副总监、众盟科技副总裁。

作为全媒体广告营销实战专家,常年担任中国科学院大学经管学院MBA导师、中国科学院大学创新创业大赛评委、中国广告协会学术委员会委员、多家知名企业品牌顾问。

作为投资人,聚焦于消费升级领域,已投资企业有:咕咕知识管家、花生医疗、雪乐山滑雪馆、积云教育等。

扫描作者公众号二维码,了解最新案例,参与讨论。

推荐序一

作为一名从业20年的教育和互联网创业者,我非常擅长产品创意、研发和为用户提供服务,但营销一直是我的软肋。从最开始的看不起营销,一直觉得"酒香不怕巷子深",到后面吃了很多苦,才知道营销有多么重要,我开始努力学习并奋起直追,把我原来最重视的口碑和产品与营销相结合,获得了不错的成绩。

我几次创业其实都是互联网广告营销的受益者:第一家公司学而思,最初五六年里我们完全不做营销,公司发展也相对缓慢,后来的高速发展很大程度上是受益于传统互联网广告,主要是网页广告和搜索广告;第二家公司珍品网,2013～2015年高速发展,主要受益于信息流广告;第三家公司乐学教育集团,则赶上了社交广告和自媒体广告的红利。真是很幸运能够赶上这几波互联网营销红利,但同时我也觉得内心非常没有安全感,回头看的时候,发现如果没有赶上这几波红利,可能自己的事业也很难有大的发展。在这样一个发展按年甚至按月计算的激荡时代,到底怎样才能抓住时代的红利，如何才能不掉队，如何抓住营销的"魂"，其实一直也是我苦苦思索的问题。

认识张茜博士十余年，我们的合作涵盖广告、营销、品牌等，看着她从一个传统的电视媒体人转型为新媒体的新新人，我非常感慨她的学习能力和思考能力。她不满足于广告营销表面现象的"术"，转而去挖掘现象背后的"道"。本书中广告营销的七大思维方式，让人感觉一下子抓到了"根"，让企业家和各位相关领域的从业者一下子找到了根基，从此不再彷徨无奈，不再感叹于营销模式的云谲波诡。

能写出这样一本书，我觉得与张茜博士的经历有着必然联系，她的甲、乙、丙方和投资人的身份使她在思考时既有丰富的一线的战斗经验，又有着超然的视角来看待这一切。因此，她没有仅仅从营销的角度来写作本书，而是站在了一个更高的思维高度：从企业的最高层出发，阐述理论思维、用户思维和产品思维；然后再回到实操层面的流量思维、市场思维和数据思维；最后把广告营销用商业模式的思维进行升级。

本书适合作为各行业的创业者和市场营销相关从业者的案头读物，相信各位一定能从本书中汲取营养。

曹允东

学而思联合创始人，乐学教育集团创始人，知名教育、互联网投资人

推荐序二

张茜的新书《广告营销的底层思维》马上要出版了,让我写个序,我拖了一段时间,最后一天交稿。自嘲一下,年纪大了混资历,给年轻的作者写序了。

在一般人眼里,我的职业生涯很顺利,1996年作为国内首届广告学方向的研究生,入职中国中央电视台(China Central Televison,CCTV,简称央视),在广告经营管理中心工作20年,曾作为第一责任人负责全台广告创收数年,然后调回母校中国传媒大学广告学院做教授。这一切似乎顺理成章、水到渠成。但过去也的确没有什么长远的设计,我这一代人运气特别好,赶上了中国改革开放的大潮,搭上了中国经济高歌猛进的快车,坐享了时代的红利。

时过境迁,我对自己的评价是坐在一个重要位置上的见证者。改革开放让我们见证了广告奇迹:40年前一则报纸广告救活一个工厂,30年前一条电视广告打响一个品牌,20年前一条网站广告带来可观的销售额。进入 21 世纪，数字营销、平台革命、流量和效果广告的崛起，颠覆了传统的营销模式，广告的投放难度越来越大。搜索广告、本地服务广告、原生广告、激励广告、短视频广告、直播带货……面对这些纷繁复杂的营销玩法，广告主感到茫然，广告公司觉得困惑。

我认识张茜有 15 年了，见证了她从职场新人逐渐成长为中流砥柱。2007 年张茜从中国人民大学市场营销专业研究生毕业，经过层层选拔进入央视，分配到央视广告经营管理中心。中国加入 WTO 后，经济日渐繁荣，央视广告经营管理中心团队拼劲十足，张茜是其中的佼佼者之一。她对广告营销事业有十足的热情，特别擅长学习新鲜事物，组织上就把很多大项目、新项目交给她：服务年预算逾 5 亿元的大客户，设计超过 50 亿元刊例价的签约认购产品，建立多个频道的广告经营体系，设计春晚新媒体互动广告产品等。在央视这个大平台上，张茜的能力得到充分发挥，对品牌广告有了深厚的积累。张茜是个对自己要求很高的人，2014 年她考上了中国科学院大学管理科学与工程专业的博士，2015 年与人合作出版了计算广告学专著《互联网广告的市场设计》。我觉得她很用心，也很努力，一直在突破自己。

2016 年张茜告诉我要离职创业，当时很多人不理解这个决定，不理解她放弃央视事业编这一"铁饭碗"，但是我能理解她，正是因为她对广告营销事业的热爱才使她做出这一决定。2013 年百度广告收入超过了央视，2016 年今日头条宣布进入短视频领域，媒介生态发生了巨变，数字广告成为企业的新宠。社会变化快于人们的认知迭代速度，一个巨大的鸿沟横亘在品牌广告与效果广告之间，这不只是传统媒体与新媒体在思维上的差异，更是广告主需要参透的时代命题。张茜告诉我她想做数字营销，做传统媒体与新媒体的桥梁，做一个全媒体营销专家。她加入了专注于线下场景广告的众盟科技，担任副总裁，推动其转型成为一家数字营销公司。敢想敢干，这很符合张茜的性格。

加入众盟科技不到两年，张茜就觉得工作没有挑战了，创立了自己的咨询公司——三德传世，一方面给企业提供全媒体营销咨询方案，另一方面开始投资企业，站在更高的角度思考广告营销。我感觉她像是打通了任督二脉，从容解决新问题，散发着自信的光芒。此后，每次与张茜聚会我都能听见新东西，不但有营销新玩法、新物种企业、资本圈的新故事，还有她独到的见解。

张茜是我见过最擅长学习的人之一。她能快速接受和消化大量新知识，将其迅速转化成自己的方法论，并能用通俗有趣的方式普及给大家，因而当她告诉我要从底层思维的角度写作广告营销时，我特别开心，也特别欣慰。开心的是，她要公布自己的"独门秘籍"了，我很好奇她的思考方式；欣慰的是，近20年，广告营销行业可谓乱花渐欲迷人眼，急需可以帮大家摆脱知识焦虑的底层思维。

作为一名广告营销老兵，见证年轻人的成长，是一种享受；参与年轻人的成长，是一种快乐；学习年轻人的成长，是一种心态。因而，我邀请你一起打开这本书，看看年轻一代广告营销人的思想总结。

何海明

中国传媒大学教授、国家广告研究院副院长

自 序

广告营销,通过广告达成企业的营销目标,发展至今已有百余年。进入 21 世纪,伴随着技术的指数级发展、媒体环境的多元化,新的广告形式层出不穷,新的营销玩法千变万化,导致从业者陷入知识焦虑之中,苦于被动、疲于应付。

我从事广告营销工作 20 年,见证了电视媒体的辉煌、互联网的异军突起、移动互联网的风头正盛,一种使命感油然而生,想为这个行业的发展尽一些绵薄之力,帮助广告营销从业者摆脱知识焦虑,看清眼前纷繁复杂的现象,洞察现象背后的本质,从容应对未来变化。秉持这样的初心,我将近 20 年从业经历、200 亿元项目实操经验、4 年 MBA 课程内容结集成书,尝试从以下三个方面创造思想价值。

写作角色:甲方 + 乙方 + 丙方

广告营销涉及三个角色:甲方(广告主)、乙方(广告公司)、丙方(媒体或者平台），每个角色的利益诉求和思考方式是不一样的，而这些角色我均有涉及。

我的第一份工作是在中央电视台广告经营管理中心从事广告经营工作。中央电视台广告经营管理中心可以称得上是最豪华的"实战商学院"，助推了美的、海尔、蒙牛、加多宝等民族品牌的崛起。长达9年的丙方工作经历让我亲历了很多营销实战，积累了丰富的案例，提升了思想高度。

我的第二份工作是在众盟科技，作为副总裁推动其成为一家业内知名的数字营销公司。乙方工作经历让我深入理解新媒体的思考方式，建立起全媒体知识地图和思考体系。

有了对丙方和乙方的深刻洞察之后，我创立了北京三德传世管理咨询有限公司，站在企业角度为甲方提供广告营销咨询服务。因为不满足于仅仅提供咨询方案，我投资了咕咕知识管家、花生医疗、雪乐山滑雪馆、积云教育等企业，真正成为广告主来理解广告营销。

写作身份：学者 + 从业者 + 投资人

学者这一身份，一直是我最爱惜的。我是中国人民大学市场营销学士和硕士，中国科学院大学管理科学与工程博士，可谓科班出身。我自2018年起在中国科学院大学经管学院担任企业导师，参与MBA录取面试和毕业论文评审，指导MBA学生，主讲32课时的广告选修课。学者这一身份，让我保持思考，喜欢总结底层逻辑和方法论。

作为从业者，截至2021年年底我经手广告营销项目超过200亿元，从基层到管理层，从传统媒体到新媒体，涵盖电视、报纸、户外、网站、App、H5、小程序、自媒体等。从业者身份让我时刻站在一线，积累了大量案例，沉淀了很多"隐性知识"。

5年的投资人生涯，让我可以站在商业模式、企业战略、财务模型等更宏观的角度来分析广告营销，思考的深度、广度和高度均有了显著拓展。

写作内容：方法论 + 理论 + 案例

我在给企业做咨询和培训时，讲理论、讲案例，当然，鲜有人知的一手案例构成了我独特的竞争力。除了这些，我还喜欢分享方法论，因为我笃信"听过很多大道理，依然过不好这一生"，因此每次分享都会附带一些可以改变行为的方法论。我承认我好为人师，因而本书既有方法论，有理论，也有案例。

如何理解三者的关系呢？

方法论，主要是指本书提出的7个底层思维，是我的思想总结。围绕每个方法论，我会介绍一些经典理论和我的原创理论，以便读者看后可以具体实践。案例，只是为了帮助读者理解方法论和理论。我个人建议读者重点掌握方法论，理解相关理论，并能根据实际问题应用或者原创更多理论，从而达到举一反三的目的。

本书能够面世，除了我个人努力，还需要感谢很多人的付出。

首先，要感谢我的两位导师！我的博士生导师汪寿阳院士，亦师亦父，学业上要求我严谨认真，工作上要求我回报社会，生活上要求我知足常乐，帮助我成为更好的自己。我的职业导师何海明先生，亦师亦友，包容我的错误，纠正我的无知，给予我进步的机会，帮助我度过初入职场最难熬的阶段。遇见两位导师，我倍感幸运。

其次，感谢我的家人！本书写作历时两年，我牺牲了大量陪伴家人的时间，感谢你们的理解和支持！特别感谢我的先生俞海，鼓励我敢想敢干，支持我海阔天空，陪伴我驰骋天涯。在他 21 年的精心呵护下，我遇见了更好的自己。

感谢我的朋友们！本书凝聚着强大后援团满满的爱，尤其是督促我写书的内测群，排名不分先后：乔晗教授、胡毅教授、许健教授、李先国教授、杜国清教授、王小飞、刘静锋、吕雪澜、黄有璨、崔晓玲、吴超、潘胜杰、许浒、宫鹏、张晶、王赛红、侯东云、陈怡、陈利军等。

感谢我的共创团队！感谢我的合作者迟婉璐女士，她收集并整理了许多案例和数据。感谢咕咕知识管家（www.goo.team）为本书创作提供便利的在线写作管理和知识产权保护。

感谢机械工业出版社的编辑吴亚军和张有利先生，他们对本书的框架、定位和内容提出了诸多建议，帮助我打破了思维局限。

最后，感谢打开本书的读者！感谢你付出了时间，要知道时间是每个人最宝贵的财富，希望本书能给你带来一定的价值。当然，由于本人能力有限，本书难免存在错误或者遗漏之处，欢迎各位读者批评指正！

张茜

2022 年 5 月于北京

目 录

作者简介
推荐序一
推荐序二
自序

引言　本书知识地图　　　　　　　　　　1

广告营销的内涵　　　　　　　　　　　　2
　　市场营销　　　　　　　　　　　　　　3
　　品牌　　　　　　　　　　　　　　　　3
　　营销对品牌的作用机制　　　　　　　　4
广告营销的产业链　　　　　　　　　　　8
　　广告主　　　　　　　　　　　　　　　9
　　广告服务者　　　　　　　　　　　　10

广告发布者	11
受众	12
监管机构	13

广告营销的 7 个底层思维   13

底层思维 1：理论思维	13
底层思维 2：用户思维	15
底层思维 3：产品思维	16
底层思维 4：流量思维	17
底层思维 5：市场思维	19
底层思维 6：数据思维	21
底层思维 7：商业模式思维	22

底层思维 1：理论思维   25

思维模型：战略 – 策略 – 战术   26

制定战略的 3 个步骤   29

PEST 模型	29
SWOT 模型	31
STP 模型	32

营销策略包：7 个可选策略   33

4P 营销组合	33
4C 营销组合	35
整合营销传播	37
AISAS 模型	38
ISMAS 模型	40

5A 模型	42
ISVA 模型	45
丰富的战术武器库：以传播为例	**47**
设计传播模式：3 个理论	48
提升传播效率：广告代言	55
增强传播效果：3 个要素	57

底层思维 2：用户思维　　　　　　　　61

思维模型：AIDMA 法则	**62**
A：注意	63
I：兴趣	68
D：欲望	73
M：记忆	77
A：行动	81
广告创意	**86**
广告创意的 5 个原则	87
广告创意的要素	100

底层思维 3：产品思维　　　　　　　　107

思维模型：用户、商业化和客户	**108**
用户	108
商业化	109
客户	110

非数字化广告产品	110
报纸广告	111
杂志广告	115
传统户外广告	116
广播广告	120
电视广告	125
数字广告产品	134
常规网站广告	136
智能户外广告	137
搜索 / 电商广告	139
本地服务广告	142
原生广告	143
信息流广告	145
激励广告	147
短视频广告	149
直播带货广告	153

底层思维 4：流量思维   158

思维模型：获取、转化和留存	159
广告即流量：自有广告	162
叫卖：最早的自媒体广告	162
招牌：最早的户外广告	165
传单：最早的印刷广告	167

内容换流量：媒体广告	168
报纸：最早的媒体	169
杂志：垂直内容媒体	170
广播：车载第一媒体	172
电视：家庭第一媒体	172
网站：传统媒体电子化	174
聚合成流量：平台广告	175
户外广告：连接人与位置	175
搜索/电商平台：连接人与信息	176
社交平台：连接人与人	176
内容生态平台：连接人与内容	180
寄生占流量：自媒体广告	191
外采自媒体：借鸡生蛋	193
自建自媒体：将流量留存	193

底层思维 5：市场思维　　　　　　　205

思维模型：双金字塔模型	206
线下广告市场	208
拍卖	209
签约认购	213
零售	215
承包	216
线上广告市场	216

合约直采 217
　　程序化直投 218
　　程序化优选 218
　　程序化私有竞价 219
　　公开实时竞价 219
典型卖方的交易方式 223
　　央视：线下交易为主 223
　　百度：线上交易为主 227

底层思维 6：数据思维 231

思维模型：5 步工作法 232
买方视角：ROI 最重要 235
　　品效合一的沙漏模型：基于 LTV 的 ROI 235
　　品效合一的沙漏模型 + 品牌价值量化指标 239
卖方视角：测算收入规模 248
　　4 种收入估算模型 248

底层思维 7：商业模式思维 258

思维模型：冰山理论 259
广告发布者：主动创新商业模式 262
　　互联网公司变身广告巨头：以字节跳动和腾讯为例 262
　　电商平台成为广告巨头：以阿里巴巴和京东为例 268
　　智能硬件躺赚广告费：以小米和苹果为例 272

新型广告批发零售模式：以春晚红包广告和汽车

　　　　搜索广告为例　　　　　　　　　　　　　277

广告公司：被动拓展商业模式　　　　　　　　283

个人：丰富多元的商业模式　　　　　　　　　292

　　卖流量：平台广告分成　　　　　　　　　　294

　　卖服务：植入广告　　　　　　　　　　　　296

　　卖产品：带货　　　　　　　　　　　　　　297

　　卖内容：用户内容付费　　　　　　　　　　299

　　卖影响力：非现金收入　　　　　　　　　　302

参考文献　　　　　　　　　　　　　　　　306

引言　本书知识地图

当今世界发展日新月异,商业社会加速变化,广告营销玩法更是层出不穷:20年前最火的是广播广告,15年前最火的是电视广告,10年前最火的是搜索引擎广告(也称搜索广告),5年前最火的是信息流广告,2020年最火的是直播带货广告……广告营销从业者陷入知识焦虑,疲于奔命,对未来更是充满了恐惧和担忧。面对这样的困境,是否有从容应对变化的秘籍呢?

作为企业的老板或者高管,如何少交学费,高效达成营销目标?

作为企业的中层,如何带领团队打赢一次又一次营销战役?

作为基层员工,如何看清纷繁复杂的商业变化,掌握职场进阶的核心能力?

作为即将进入职场的新人,如何快速掌握广告营销的窍门,少走弯路呢?

只有构建底层思维,掌握广告营销的本质规律和逻辑,才可以不惧纷繁复杂的变化,参透现象背后的本质,从而做到举一反三,持续迭代进化,甚至可以预判未来。

广告营销的内涵

广告营销,是指通过付费广告和非付费广告达到企业营销目标的

活动。广告营销的落脚点是营销，营销是目的，广告是手段。广告营销与整合营销、口碑营销、网络营销等概念类似，都是市场营销这一大概念下的子概念，侧重于从某一角度或者立场来研究市场营销活动。市场营销、品牌、公关、人员推销、广告这五个概念的内涵和区别，对于从业者来说十分重要，且只有将这五个概念的内在关系弄清楚，才能理解广告营销的内涵。

市场营销

市场营销（本书简称"营销"）虽然伴随着人类商业活动有着久远的历史，但是直到 1905 年才首次出现"Marketing"这一专用术语，又由于市场营销以实践为主，更新变化迅速，因此尚未形成统一的定义。

本书认为，既然市场营销的研究对象是市场活动，而市场活动又是复杂多变的，尤其是在技术的助推下，市场活动不断拓展边界，指数级诞生新物种，因此更倾向于采用美国市场营销协会 2013 年的定义：**市场营销是一种活动、一套制度和流程，用于创建、沟通、交付和交换对消费者、顾客、合作伙伴和整个社会具有价值的产品**。基于该定义，可以看出市场营销本质上是企业的想法和目标，需要借助具体的活动、制度和流程来实现。

品牌

与市场营销的概念类似，品牌作为社会商业活动的重要组成部分，其定义也经历了诸多迭代和衍生。美国市场营销协会认为，品牌是一种名称、术语、标记、符号或者设计，或者是它们的组合运用，借此与其他竞争对手的产品和服务区别开来。现代营销学之父菲利普·科特勒教授认为，品牌是一个名字、名词、符号或者设计，或是上述的综合，其目的是要使自己的产品或服务区别于其他竞争者。著名广告创意专家大卫·奥格威认为，品牌是一种错综复杂的象征，它是品牌的属性、名称、包装、价格、历史、声誉、广告方式的无形组合。品牌的定义也因消费者对其使用的印象及自身的经验而有所不同。

上述定义虽略有不同，但是都在强调品牌的物理属性和抽象属性。**本书认为，品牌是人们对一个企业及其产品、售后服务、文化价值等的综合评价和认知，既包括企业的名称、名词、符号、设计、产品、包装等物理属性，又包括人员服务、企业文化、社会评价、文化价值、个人认知等抽象属性。**

与市场营销不同，品牌存在于消费者的认知中，是消费者对企业所有营销活动的综合评价，呈现出三个特点：

（1）存在个体差异。对于同样一个品牌，每个人的感受是不同的，可以说"仁者见仁，智者见智"，因而企业需要对消费者细分后精准营销。

（2）消费者会遗忘。这是由人的大脑决定的，因而企业需要持续营销。

（3）由于消费者的脑容量有限，一个细分品类能记住5个品牌就很厉害了，因而企业要么通过差异化强化记忆点，要么靠实力跻身第一梯队。

营销对品牌的作用机制

营销是企业的商业意图，品牌才是最终结果，存在于顾客的大脑中，难感知、不可控。因此，只有充分研究营销对品牌的作用机制，通过优化过程才有可能取得好结果。具体来说，营销需要借助具体的活动、工具和手段，将企业想传达的信息植入顾客的大脑，主要有三种方式：公关、人员推销和广告，如图 0-1 所示。

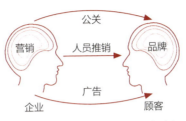

图 0-1　营销对品牌的作用机制

1. 公关

公关是公共关系（Public Relations）的简称，有广义和狭义之分。广义上，公关采用《不列颠百科全书》的定义，即公共关系是旨在传递有关个人、公司、政府机构或其他组织的信息，并改善公众对其态度的种种政策或行动。**本书所指的公关是狭义范围的公关，仅指企业通过新闻报道、政府推荐、学校合作、行业协会嘉奖、赞助公益活动等方式，促进公众对企业的认识、理解及支持，树立良好组织形象，从而促进企业销售的一系列活动。**公关，本质上是一种手段和工具，服务于企业的营销目的，其结果体现为消费者对企业的品牌认知，呈现出三个特点：

- 追求长期效益，即培养公众对企业的好感，并不像广告那样追求短期销售效果。
- 公关本质上是请"别人"替企业说好话或者背书，说服力更强。
- 可控性差且很难规模化，媒体是否进行报道既要看选题，又要看机遇，政府推荐需满足很多硬性条件，学校对合作单位的科研能力、资质牌照等也有复杂的审核流程，整个过程没有100%的成功率，且时间周期可能很长。

2. 人员推销

人员推销，即企业派专职或兼职的推销人员直接向可能的购买者进行推销的活动。为了取得良好的推销效果，进行推销的人员会介绍产品的优点、详细展示产品、发放书面宣传手册、组织聚会等。人员推销呈现出三个特点：

- 追求短期效益，以销售成交为目的。
- 人员推销是最精准的，销售人员直面顾客，能第一时间回答顾客问题和打消顾客疑虑。
- 人员推销的效果依赖于销售人员的技巧，因而其规模化扩张速度受制于人才队伍的组建和培训。由于人力越来越贵，人员推销成本越来越高，因此，人员推销更多在高客单价产品或者服务中采用，最典型的行业是保险业。推销人寿保险产品的保险代理员的提成是30%～50%，且资深保险代理员更多的是靠发展新的保险代理员，不断充实团队来获取高额管理绩效提成。

3. 广告

根据2021年4月29日修正的《中华人民共和国广告法》(简称《广告法》)，**广告被认定为"商品经营者或者服务提供者通过一定媒介和形式直接或者间接地介绍自己所推销的商品或者服务的商业广告活动"**。根据该定义，广告包括付费广告和非付费广告。

付费广告，是指广告主通过付费购买而获得的广告，包括在报纸、杂志、广播电视、网站、App等媒介上发布的广告。由于付费广告是市场交易行为，广告主可以通过多种方式按需购买，一旦签订协议之后，广告发布者就必须按照广告采购合同刊播广告主指定的广告。对于广告主来讲，付费广告虽然需要支付费用，但是具有一定可控性。

非付费广告，是指广告主不需要付费购买就能获得的广告，包括但不限于：

（1）企业在社交或内容平台开设的账号，比如，微信公众号、微信群、QQ 群、头条号、抖音号、快手号、B 站号、小红书账号、微博号等。

（2）企业在电商平台开设的虚拟店铺，以拼多多、京东、淘宝为代表的店铺提供粉丝关注功能，一旦用户关注店铺账号，则店铺可以与用户私信沟通、定向推送促销信息等。

（3）企业推出自有 App，比如：瑞幸咖啡推出 App 以提供更完善的功能、招商银行推出 App 以便与客户建立更多联系。

（4）传统方式再激活，是指企业将分散于销售人员手中的客户电话号码和通信地址统一纳入 CRM（Customer Relationship Management，客户关系管理）系统集中管理，通过短信、电话、信件等方式再次激活，或者将其转化到前三种数字化沟通手段里。

无论是付费广告还是非付费广告，均呈现出三个特点：

- 既可以追求长期效益，打造企业品牌形象，又可以追求短期效益，以销售成交为目的。
- 既可以借助官方媒体的背书，又可以借助自媒体对粉丝的影响力。
- 既能达到规模化效果，在短时间内让很多人知晓企业，又能通过持续投放广告反复影响潜在顾客。

对于企业来说，要综合使用公关、人员推销和广告，发挥公关的强背书、人员推销的精准、广告的规模化作用。尤其是初创企业,通过公关方式获得媒体报道、政府推荐、行业协会嘉奖等,能获得强背书,减少消费者的顾虑,提升广告的转化率。但是,通过对比可知,广告具有其他两种方式无可替代的优势:可持续规模化。企业既可以通过报社、广播电台、电视台和杂志社等新闻媒体机构,也可以通过不以生产新闻为目的的广告发布平台,如搜索引擎、电商平台、社交软件等发布广告,即只要可以汇聚消费者的地方就可以发布广告,因而具备可持续规模化优势。

对于企业而言,要做到基业长青、做强做大,必然需要可持续规模化的营销方式,因而广告成为企业最重要且最常用的营销方式。基于上述分析,本书仅研究**广告营销,即通过广告传播(包括付费广告和非付费广告)达到企业营销目标的活动**,如图 0-2 所示。

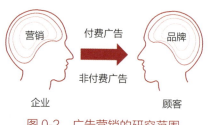

图 0-2　广告营销的研究范围

广告营销的产业链

围绕广告营销活动已经形成了多元且完整的广告生态圈,包括广告主、广告服务者、广告发布者、受众和监管机构,如图 0-3 所示。了解产业链上各角色的价值及典型代表,是认识广告营销生态的基本要求,也是阅读本书和开展广告营销活动的前提。

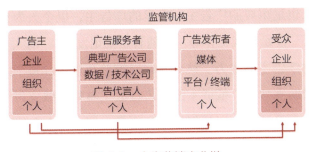

图 0-3 广告营销产业链

广告主

广告主是广告营销活动的发起者,是整个产业链的付费方,是指为了推销商品或者服务,自行或者委托他人设计、制作、发布广告的企业、组织和个人。

对广告主来讲,广告活动是一种投资活动,带有一定的目的性,广告主对广告活动有明确的预期。中国传媒大学杜国清教授带领团队围绕广告主投放广告的目的进行了跟踪调研,其中提升品牌知名度和促进销售占比最高,如表 0-1 所示。由此可见,广告营销最主要的目的就是提升品牌价值,促进销售增长,从而让广告主实现盈利。

表 0-1 调研数据:广告主投放广告的目的

投放广告的目的	所占比率(%)							
	2011年	2012年	2013年	2014年	2015年	2016年	2017年	2018年
提升品牌知名度	74.8	66.9	71.4	69.1	70.2	69.4	64.9	72.1
促进销售	60.2	68.4	63	68.2	69.4	67.8	67.3	64.4
提升企业形象	41.5	39.4	42.9	54.7	49.2	44.6	35.8	39.4
增强经销商的信心	13	19.1	15.1	19.2	19.4	14	23.1	16.4
其他	2.4	0.7	0.8	2.3	1.6	0	1.5	0

资料来源:中国传媒大学杜国清教授团队研究报告。被访广告主数量:2011年123家,2012年136家,2013年119家,2014年130家,2015年124家,2016年121家,2017年134家,2018年110家。

个人，也是重要的广告主。最早的广告主，以个人为主，主要是寻物、寻人、征婚、找工作等。伴随着工业化发展，"财大气粗"的企业逐渐成为广告主的主力。移动互联网被普及以后，每个人都拥有展示空间，借助高效率、低成本的广告投放工具和在线支付平台，个人广告主开始大量涌现。以短视频平台抖音为例，个人在线支付100元就可以进行广告投放。

广告服务者

广告服务者，涵盖《广告法》^[①]中提到的广告经营者和广告代言人，具体包括典型广告公司、数据公司、技术公司、广告代言人、个人等，他们根据广告主的需求策划营销方案、进行市场调研、提供技术工具、进行创意制作、投放广告等，或者为广告发布者招徕广告主，从而获得利润。

（1）典型广告公司，主要包括三类：以奥美为代表，为广告主提供创意服务；以昌荣、品友互动为代表，为广告主进行媒介采买服务；以蓝色光标为代表，为广告主提供公关服务。

（2）数据公司，是指围绕广告营销活动提供数据服务的公司，包括：以央视市场研究股份有限公司（CTR）、中国广视索福瑞媒介研究

---

① 《广告法》第二条："在中华人民共和国境内，商品经营者或者服务提供者通过一定媒介和形式直接或者间接地介绍自己所推销的商品或者服务的商业广告活动，适用本法。本法所称广告主，是指为推销商品或者服务，自行或者委托他人设计、制作、发布广告的自然人、法人或者其他组织。本法所称广告经营者，是指接受委托提供广告设计、制作、代理服务的自然人、法人或者其他组织。本法所称广告发布者，是指为广告主或者广告主委托的广告经营者发布广告的自然人、法人或者其他组织。本法所称广告代言人，是指广告主以外的，在广告中以自己的名义或者形象对商品、服务作推荐、证明的自然人、法人或者其他组织。"

（CSM）、零点研究等为代表的市场调研公司，主要采取抽样方式获得广播收听率、电视收视率等，进行用户访谈调研，提供市场分析报告；以艾瑞、秒针、TalkingData 等为代表的数据监测公司，通过技术手段采集大数据进行监测和分析；以新榜、微播易、千瓜数据等为代表的社交数据服务公司；以神策、个推等为代表的数据分析和管理公司。

（3）技术公司，是指围绕广告营销活动提供技术支持的公司，包括：以纷享销客、用友、加推、有赞、微盟等为代表的营销系统开发商；以天脉、微摇等为代表的互动技术开发商。

（4）广告代言人：是指除广告主以外，在广告中以自己的名义或者形象对商品、服务作推荐与证明的自然人、法人或者其他组织。以2022 年北京冬奥会某项目金牌获得者为例，截至 2022 年 1 月底，至少有 23 个广告代言，包括雅诗兰黛、凯迪拉克、蒙牛、瑞幸咖啡、元气森林等。除了个人代言，还能以组织名义代言，中国女排在 2019 年 9 月世界杯夺冠之后，至少接了 24 个广告代言，包括太平洋保险、红旗汽车、联想电脑、海尔空调等，均以中国女排名义和团队形象出现。

（5）个人：广告服务者的作用就是围绕广告营销活动提供各种服务，企业和组织可以干，个人也可以干。伴随着个体力量的崛起以及社会灵活就业保障体系的健全，越来越多的人脱离企业，以个人方式接活儿，全方位提供各种服务。

广告发布者

广告发布者，是指为广告主或者广告主委托的广告经营者发布广告的自然人、法人或者其他组织，包括机构媒体、平台、终端厂商、自媒体等。

（1）机构媒体：是指能够提供新闻资讯、综艺娱乐、科教纪录等内容，吸引受众，通过在内容中穿插广告获得收益的法人或者其他组织，典型代表包括报纸、杂志、广播、电视、网站等。

（2）平台：是指不生产内容，通过直接占据人流量较大的公共区域或者通过提供服务吸引受众，从而售卖广告并获利的企业，典型代表包括户外广告、搜索引擎、电商平台、社交平台、内容生态平台等。

（3）终端厂商：是指虽然不生产内容，但是通过制造和售卖手机等智能硬件终端，在硬件上预装系统或软件，从而可以发布广告的企业，典型代表包括小米、苹果等智能手机制造商。

（4）自媒体：是指在内容平台上拥有自媒体账号的运营者，如自然人、法人或者其他组织，典型代表包括微信公众号、抖音号、百度百家号、小红书账号、微博号等。

受众

受众，包括报纸和杂志的读者、广播的听众、电视的观众、互联网用户等，泛指接收广告信息的自然人、法人或者其他组织。

关于受众，著名广告专家威廉·阿伦斯曾提出一个形象的比喻，广告就像打台球中的开杆球，一杆下去，受影响的不仅是与白色球直接接触到的球，而且几乎所有球都会受影响。广告影响的不只是消费者、使用者、潜在顾客，还包括竞争对手、零售商、分销商、供应商、员工、主管部门、行业协会、新闻媒体、股东、股民等。2018年7月9日，小米集团在香港证券交易所IPO（Initial Public Offering，首次公开募股），提前在香港地区的交通要道、商业中心投放了大量广告，主要目的是影响券商、新闻媒体和股民，以提振股票交易人气。

监管机构

监管机构，是指国家法定的广告监督管理机关。《广告法》第六条明确规定："国务院市场监督管理部门主管全国的广告监督管理工作，国务院有关部门在各自的职责范围内负责广告管理相关工作。县级以上地方市场监督管理部门主管本行政区域的广告监督管理工作，县级以上地方人民政府有关部门在各自的职责范围内负责广告管理相关工作。"针对行业组织，如中国广告协会，《广告法》第七条明确规定："广告行业组织依照法律、法规和章程的规定，制定行业规范，加强行业自律，促进行业发展，引导会员依法从事广告活动，推动广告行业诚信建设。"

广告营销活动各主体都需要遵纪守法，在法律范围内行事。考虑到监管机构公开发布其规定，且进入到法律知识范畴，本书不展开讲解。

广告营销的 7 个底层思维

底层思维，是指洞察事物本质、原理和规律的能力。底层思维能够帮广告营销从业者摆脱知识焦虑，看清眼前纷繁复杂的现象，从容应对未来变化，穿越经济和社会周期，从而实现基业长青。从广告营销从业者，即**广告主、广告服务者和广告发布者**的视角出发，围绕广告营销工作，本书提出了 7 个底层思维：理论思维、用户思维、产品思维、流量思维、市场思维、数据思维和商业模式思维。

底层思维 1：理论思维

从电视广告到网络广告，从搜索广告到信息流广告，从激励广告到直播带货……每天这个世界都在进步,广告营销环境都在变化,如果只看表面现象,那无疑会陷入知识焦虑和低价值勤奋当中。所谓万变不离其宗,很多现象背后有着相同的原理,经典理论就具有这样的能力,透过现象看本质,能够穿越周期预判未来趋势。

举例来说,如何看待新媒体?

新媒体,是相对于报纸、杂志、广播、电视等传统媒体而言的,泛指基于数字化技术出现的媒体形态,如数字杂志、数字报纸、数字广播、手机短信、移动电视、网络、桌面视窗、数字电视、数字电影、触摸媒体等。本质上,新媒体只是新技术催生的新形态,而随着技术持续更新迭代,一定会有更新的技术出现,所以所有新媒体都终将成为传统媒体。

既然新媒体是技术进步的产物,那么如何预判技术进步的方向呢?

技术服务于人,而人性遵循自然规律,进化过程相对缓慢。从人性角度来看,新媒体之所以那么受欢迎,是因为其带领人类从中心化媒体时代走向了多中心化媒体时代,如图0-4所示,给予每个人展示的舞台,以及被看到、被听到的机会。

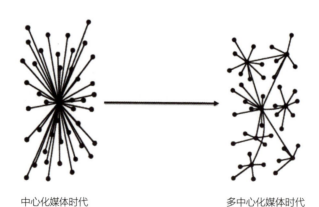

图0-4 从中心化媒体时代向多中心化媒体时代演进

中心化（Centralization）本质上是集权，主要是指我说你听的广播模式，典型代表既包括以媒体为中心的报纸、广播、电视等传统媒体，由媒体掌握话语权；也包括 Web1.0 时代的门户网站、电商平台、搜索平台等互联网平台，由平台掌握内容审核权、内容发布权、流量分配权。

去中心化（Decentralization）不是不要中心，而是中心多元化，是指在一个分布众多节点的系统中，每个节点都具有高度自治的特征，节点之间可以自由连接并形成新的连接单元。在去中心化系统中，任何一个节点都可能成为阶段性的中心，但不具备强制性的中心控制功能。这种开放、扁平、平等的系统结构，赋予个人发声的权力，满足人性中最强烈的欲求。在去中心化媒体时代，任何人既是节点又可以成为中心，任何中心都不是永久的，而是阶段性的，中心对节点不具备强制作用，典型代表有微博、微信、快手、抖音等。

基于上述分析，我们就能理解和预判多中心化是未来趋势，且占比会越来越高。中心化和去中心化理论是传播学的重要理论成果，很早就有了，这就是经典理论的魅力。

理论源于实践，并用来指导实践，是无数杰出专家和从业者通过大量探索、思考、总结而提炼出来的规律和方法论。**理论思维，即掌握经典基础理论，洞悉理论精髓，在实际应用中借助经典理论剖析不断涌现的新现象，看到变化中的不变、不变中的变化，做到触类旁通、自我迭代。**

底层思维 2：用户思维

人，作为广告营销工作的出发点和原点，是广告营销从业者的根本，因而研究消费者的心理和行为极其重要。用户，在本书中泛指广告受众，包括报纸和杂志的读者、广播的听众、电视的观众、互联网用户等。**用户思维，即以人为本，将消费者作为广告营销工作的出发点；把消费者当人看待，研究人性的永恒性和共同性，遵循其规律和特点，顺势而为。**

广告心理学是研究用户心理和行为的交叉学科，历经百年发展，积累了大量的可以直接应用的研究成果。E.S. 刘易斯于 1898 年提出的 AIDMA（Attention，Interest，Desire，Memory，Action）法则，至今仍是研究消费心理最经典的理论，描述了消费者在购买商品前的心理过程。本书综合最新理论和实践，详细拆解 AIDMA 法则，提出更加具体的指导方法。

广告创意是凝聚广告心理学精髓的具体结晶，直接作用于消费者，可以直接检验广告营销从业者是否熟练掌握用户思维。本书基于大量实际案例，提出了广告创意的 5 个原则（营销任务导向、消费者至上、内容与形式共生、可信、适度）以及不同形态广告创意的要素，让读者可以具体实践。

底层思维 3：产品思维

产品思维就是理解和构建用户、商业化和客户三者之间的关系，即理解用户和客户的需求，通过科学方式规模化地设计和交付广告产品，从而构建稳定的商业关系，创造规模化的商业价值。产品思维示意图见图 0-5。广告，本质上是一种产品，是广告主从广告发布者手里购买的商业产品，因而广告发布者需要熟练掌握产品思维，从而实现最大化销售。所谓"知己知彼，百战不殆"，对于广告主来说，只要掌握产品思维，就能更好地选择产品，制定谈判策略。

图 0-5 产品思维示意图

用户,是广告产品的消费者,因而企业需要洞察用户的需求,让用户愿意甚至喜欢消费广告产品,而不是见到广告就换频道或者关闭网页。用户是广告营销的出发点,也是广告营销的终极服务对象,是广告产品设计的立足点。

商业化,通常意味着两点:①能否使用科学的方式大规模生产广告产品,从而成为一门至少短期内稳定的生意,同时又不会因为广告过多而导致用户严重流失;②能否采用通用交易指标和要素进行规模化、标准化交易,影响因素包括举办主体、制作周期及成本、广告形式、结算方式等。

客户,是广告产品的购买者,因而企业需要理解客户愿意付费的动机,给客户创造的价值是什么。广告产品对客户而言是投资品,不是消费品。投资品就意味着客户购买的动机是要看到投资回报,需要详细测算投资回报率(Return on Investment,ROI)。

本书从产品思维的角度剖析 14 种主流广告产品的特点,以便广告营销从业者更好地提供或者购买广告产品。

底层思维 4:流量思维

广告,无论付费广告还是非付费广告,都是面向潜在顾客进行售卖的行为，售卖的可以是商品、服务以及理念。带着明确的交易目的，寻找最多的潜在客流，这就是流量思维。如图 0-6 所示，**流量思维，就是一种以用户为中心的价值导向思维，重点关注流量获取、转化和留存，既要通过多渠道获取用户/流量，又要重视和提升服务质量以留存用户/流量，还要以终为始地思考如何将用户/流量转化为付费客户。**

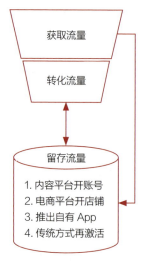

图 0-6　流量思维示意图

付费广告，因为几乎没有留存，所以又叫作公域流量，需要广告主持续进行广告投放。2017 年之前，企业以公域流量为主，导致广告价格年年攀升。根据媒体公开报道，《中国好声音》冠名费用第一季为 0.6 亿元，第四季涨到 3 亿元；《奔跑吧兄弟》冠名费用第一季为 1.3 亿元，第四季涨到 5 亿元；《爸爸去哪儿》冠名费用第一季为 0.3 亿元，第三季涨到 5 亿元。

在公域流量的高价压迫下，2018 年起企业将各公域流量获得的用户导流到其微信公众号、微信企业号、小红书账号等，通过持续发布内容、微信群运营、朋友圈精耕细作等，实现对消费者的反复触达和多次转化，诞生了私域流量这一概念。本质上，私域流量是非付费广告的子集。非付费广告主要包括 4 种：企业在内容或社交平台开设账号、企业在电商平台开设数字店铺、企业推出自有 App、传统方式再激活等，私域流量是前 3 种数字化营销手段的统称。

对于企业来说，公域流量和私域流量都很重要，公域流量虽然需要持续花钱，但是规模大、确定性强；私域流量需要投入时间和精力，规模有限，存在不确定性，但能留存用户。广告主既要追求极致性价比，又要减少不确定性带来的风险，这就需要全面了解各流量的特点，按需组合公域流量和私域流量，动态调整策略。

底层思维 5：市场思维

对于付费广告，需要通过购买来获得，至少涉及两个主体：买方和卖方。买方，是广告主；卖方，是广告发布者。根据不完全统计，中国广播节目频道超过 1900 个、电视频道超过 2000 个、网站超过 500 万个、App 超过 300 万个、企业商户超过 9600 万家，如此多的卖方和买方导致广告市场的交易极其复杂。

不仅交易主体庞杂繁多，而且广告产品的定价方法也极其复杂。广告产品，与普通商品不一样，尤其是广播电视广告、数字广告，不能储存，随时间流逝，成本很难核算，并且广告产品是投资品，买方更关注广告产品能带来的商业价值，因而广告的交易价格也很复杂。

市场思维，就是要理解付费广告在交易主体、交易方式和定价机

制上的复杂性,熟练记忆广告金字塔模型,记住 9 种主流广告交易方式的特点和使用范围,能分别从卖方和买方视角制定最优策略,实现最大化收益。

张茜博士于 2018 年年初提出广告市场双金字塔模型,如图 0-7 所示,具体内涵包括以下几点:

(1)卖方金字塔:卖方即广告发布者,根据流量的稀缺程度和质量,可以分为黄金产品、品牌产品和一般产品。

(2)买方金字塔:买方即广告主,按照其购买金额大小,可以分成超级大客户、大客户和中小客户。

(3)围绕卖方和买方,有众多的广告服务者提供服务,涵盖:营销策划、广告代理、广告创意、媒介购买、投放执行等。根据其与买方和卖方的亲疏关系,分成不同级别,从而构成双金字塔模型的主要参与者。

(4)根据广告市场交易的技术实现方式,可以分为线下交易和线上交易,具体有 9 种交易方式,本书会重点详细讲解。

图 0-7　广告市场双金字塔模型

底层思维 6：数据思维

数据思维，是指用数据来量化思考和描述业务问题，基于数据分析优化业务决策。量化思考，既包括多看数据，又包括从多个角度看待数据。以页面浏览量（Page View，PV）和电视收视率换算为例，我国电视观众近 13 亿人，假设 1 集电视剧收视率为 2%，也就是说，全国电视观众中平均每分钟有 2% 即 2600 万人在看这集电视剧。换算成流量，如果每看 1 分钟都计算为 1 次点击，则 PV（按 1 集电视剧 40 分钟计算）可高达 10 亿人次。所以，互联网上播出的电视剧动辄上亿的 PV，看似巨大，转化为收视率，不过是区区小数字。

在广告营销工作中引入数据思维，不仅指量化思考，还包括建立科学的工作流程。张茜博士提出五个步骤：①定义业务问题；②明确数据来源；③分析处理数据；④解读数据形成方案；⑤数据驱动业务。然后，本书分别从买方和卖方视角展开论述。

从买方视角，也就是广告主视角，张茜博士于 2021 年年初提出品效合一的沙漏模型，通过将时间和群体两个维度引入 ROI，纠正广告主对于 ROI 的认知误区；通过与市场通用的品牌价值量化指标相结合，解决数据的可得性，如图 0-8 所示。在此基础上，根据非数字化广告产品和数字广告产品各自在数据来源和数据分析处理方面的差异，分类详细介绍。

从卖方视角，即广告发布者视角，广告发布者最关注的问题是如何卖广告才能实现最大化收益。本书介绍 4 种收入估算模型（编辑分发、搜索分发、订阅分发和推荐分发）的特点及适用范围，并分别举例测算，以便卖方择优选用。

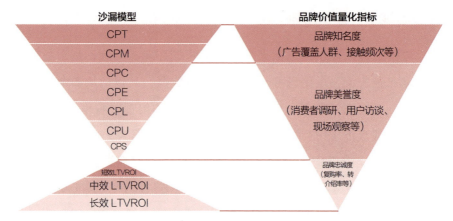

图 0-8　品效合一的沙漏模型 + 品牌价值量化指标

底层思维 7：商业模式思维

商业模式的好坏直接决定了一个企业能否创造商业利润、能否持续发展。除了企业可以通过构建广告营销商业模式获利外，个人也可以。在整个广告产业链中，个人几乎可以扮演所有角色，提供创意、制作广告内容、代言广告、发布广告等。**本书所提的商业模式思维，即将广告作为一门挣钱的生意，通过在广告产业链中提供价值从而获取收入，既适用于组织，也适用于个人。**

在广告营销产业链中，广告主位于产业链最左端，是整个产业链的付费方，广告只是其营销手段，虽然为广告主创造销售，但并不是广告主的商业模式，因而本书不从商业模式角度展开论述广告主。受众位于产业链最右端，是广告营销的对象，是广告主所营销产品和服务的购买者与消费者，不适合从商业模式角度论述。广告服务者的商业本质是通过服务广告主或者广告发布者赚取服务费，广告服务就是其商业模式，因而需要从商业模式角度细化分析。广告发布者包括媒体、平台、终端厂商等，通过帮助广告主发布广告来获利，因而其商业模式是售卖用户/受众的注意力给广告主，从而赚取广告发布费，所以也需要从商业模式角度深入分析。在整个广告产业链中，个人几乎可以扮演所有角色，值得从商业模式角度好好研究。

在具体分析方法上，本书基于汪寿阳教授等提出的商业模式冰山理论，从盈利模式视角分析显性知识，站在产业链角度快速洞察商业本质；结合具体案例分析隐性知识，以探求看似相同的商业模式但是产生不同绩效的原因，帮助企业和个人掌握运营具体商业模式的关键点。

广告营销的 **7** 个 |底层思维|

底层思维 1：理论思维
底层思维 2：用户思维
底层思维 3：产品思维
底层思维 4：流量思维
底层思维 5：市场思维
底层思维 6：数据思维
底层思维 7：商业模式思维

底层思维

1 理论思维

理论，是指在某一活动领域（如医学、物理、生物、数学、音乐等）中联系实际推演出来的概念、原理或规律。理论是无数杰出专家和从业者通过大量探索、思考、总结而提炼出来的规律和方法论，是人类宝贵知识的传承，是人类持续进化迭代的基石。通过学习理论，人们能快速了解一个专业领域，掌握看待现象的角度、思考问题的逻辑，找到解决问题的方法，从而更好地开展实践活动，减少试错成本，提高成功概率。理论思维，即掌握经典基础理论，洞悉理论精髓，在实际应用中借助经典理论剖析不断涌现的新现象，看到变化中的不变、不变中的变化，做到触类旁通、自我迭代。

思维模型：战略 - 策略 - 战术

战略，回答"Why"，即为什么要这样，是对企业愿景、使命、价值观的阶段性细化，解决的是企业前进方向和团队动力问题。搞明白为什么要这样，团队成员才有动力好好干。

策略，回答"How"，即怎样实现，选择什么样的途径，使用什么样的工具，解决的是实施路径和团队协同问题。策略相对具体，需要业务部门负责人一起讨论，选择具体实施路径，并明确各业务部门之间的协同机制，从组织上确保可行性。

战术，回答"What"，即具体怎么做，时间上可以具体到 5 分钟后的产品发布会演讲内容，范围上可以具体到下个季度广告片选择哪位代言人，涵盖范围极其广泛。

战略、策略和战术的关系可以用图 1-1 来描述，三者呈现出前后递进关系。

图 1-1　战略 – 策略 – 战术关系

下面以找对象结婚为例来理解战略、策略和战术之间的关系。

战略：通过相亲物色潜在结婚对象。为什么要通过相亲这种方式呢？因为自己的交友范围有限，需要拓展其他渠道，而相亲这种方式可以在短时间内快速接触很多异性。

策略：找婚介公司合作。相亲，有很多策略：找亲戚熟人介绍，不成功的话略显尴尬，更怕因此得罪人；上电视征婚，缺乏暴露在大众视线中的勇气和表现力；单位组织的相亲活动，同质化严重且数量少；婚介公司，专业且量大，花钱买服务，简单高效。

战术：找哪家婚介公司？选择标准是什么？可以接受的费用预算是多少？每周能投入多少时间相亲？相亲地点约在哪儿？每次相亲的开销是多少？要不要 AA 制？见面跟人聊什么？以什么样的精神面貌出现？……这些具体问题，就是战术要解决的问题。

广告营销，服务于企业目标，同样遵循战略、策略和战术这三个层级的关系，经过百年的理论沉淀，拥有丰富的理论工具。广告营销理论最显著的特点是博采各家之长，涉及经济学、心理学、社会学、管理学、艺术学等，这是由广告营销的核心任务所决定的，即解决企业的经营和发展问题，因此什么有用就用什么，秉持的是"拿来主义"。

广告营销理论历经百年发展，产生了丰富的学派、分析框架和工具，企业在具体应用中常常存在两个问题：①认为理论不切实际，拒绝使用，全靠直觉，野蛮生长，交了很多学费；②由于横跨多个学科，面对浩如烟海的理论，不知如何下手，错位应用，因果倒置，走了不少弯路。秉持"大道至简"原则，张茜博士精选在不同时代、不同领域甚至不同国家经历过重重验证，穿越时代、面向未来的经典理论，于2018年总结成一张图——广告营销分析框架，如图1-2所示。

图1-2 广告营销分析框架

广告营销分析框架分为3个维度：①战略维度，从宏观到微观有3种经典分析工具，本书详细阐述用于宏观分析的PEST模型、中观分析的SWOT模型以及微观分析的STP模型；②策略维度，从古到今，基于不同时代背景和行业特点诞生了一系列营销策略，本书详细阐述4P、4C、IMC、AISAS、ISMAS、5A、ISVA这7个经典策略；③战术维度，具体指导实践，可谓"八仙过海，各显神通"，但是有一些通用的方法和规律，本书以实践中最常用的传播模式为例详细阐述，并从提升传播效率和增强传播效果的角度补充其他理论以完善内容。

制定战略的 3 个步骤

战略，回答"Why"，因而需要客观全面的分析和论证，采用科学的方法和工具。如图 1-3 所示，在进行营销分析时，先用 PEST 进行外部环境扫描分析；然后用 SWOT 分析企业自身优劣势，面对外部机会和威胁做出战略选择；在此基础上，采用 STP 分析框架，确定企业进入某一细分市场时的定位。本书结合理论工具产生的时代背景，拆解其应用场景和优劣势，结合具体案例实践逐一阐述。

图 1-3 制定战略的步骤

PEST 模型

1980 年以后，经济全球化成为世界经济发展的主旋律，企业纷纷开始拓展全球市场，进入陌生的新市场，亟须分析评估宏观环境。随着社会发展越来越快，技术迭代加速，消费文化呈现短期流行的特点，经常审视本地市场的宏观环境也成为企业必须要做的重要工作。在这样的时代背景下，管理学学者约翰逊和斯科尔斯于 1999 年提出了 PEST 模型（见图 1-4），分析宏观环境中最重要的四个因素，帮助企业识别宏观环境的机会和威胁，并据此调整战略规划和经营策略。

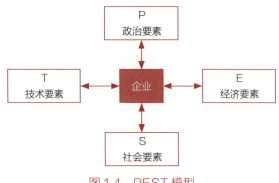

图 1-4　PEST 模型

（1）P 即 Politics，政治要素，是指对组织经营活动具有实际与潜在影响的政治力量和有关的法律法规等，如政府更迭、政策法规、税收、部门章程、安全规定等。当政府对组织所处行业的态度发生变化时，当政府发布了对企业经营具有约束力的法律法规时，企业的经营战略必须随之做出调整。

（2）E 即 Economic，经济要素，是指一个国家的经济制度、经济结构、产业布局、资源状况、经济发展水平、未来经济走势等，如 GDP、利率、通货膨胀率、失业率、居民可支配收入水平、汇率等。

（3）S 即 Society，社会要素，是指组织所在社会中成员的民族特征、文化传统、价值观念、宗教信仰、教育水平以及风俗习惯等，如人口规模、年龄结构、种族结构、收入分布、消费结构和水平、人口流动性、潮流风尚、文化道德等。

（4）T 即 Technology，技术要素，不仅包括那些引起革命性变化的创新发明，还包括与企业生产有关的新技术、新工艺、新材料，如研发投入、技术转化率、创新技术变革、移动互联网普及率、知识产权数量和质量等。

在 PEST 模型的基础上，后续有学者增加了生态要素（Ecology）、法律要素（Legal）、自然环境要素（Environment）、人口要素（Demographics）等，形成了 PESTLE、STEEPLE 等组合，但均没有 PEST 模型受欢迎。PEST 模型凭借其简洁有效的特点，不仅深受广告营销从业者的喜爱，而且成为企业经营管理者的常用工具，以及企业制定和调整战略的重要工具。

SWOT 模型

SWOT 模型产生于商品经济极大繁荣的后工业化时代，由管理学学者海因茨·韦里克于 20 世纪 80 年代初提出。如图 1-5 所示，SWOT 模型将与研究对象密切相关的各种主要内部优势（Strength）和劣势（Weakness）、外部机会（Opportunity）和威胁（Threat），通过调查列举出来，并依照矩阵形式排列，然后用系统分析的思想把各种因素相互匹配起来加以分析，从而得出一系列具有决策性的结论。

	内部因素	
外部因素	优势	劣势
机会	SO 依靠内部优势 利用外部机会	WO 克服内部劣势 利用外部机会
威胁	ST 依靠内部优势 回避外部威胁	WT 克服内部劣势 回避外部威胁

图 1-5　SWOT 模型

战略应是一个企业"能够做的"（即组织的优势和劣势）和"可能做的"（即外部环境的机会和威胁）之间的有机组合。SO 组合即企业自身优势与外部环境机会相匹配，这是最理想的状态，建议企业采用增长型战略，抓住机会快速发展；ST 组合即企业自身优势遭遇外部环境威胁，建议企业采用多元化战略，将自身优势部署到多个行业中，以回避外部威胁；WO 组合即虽然外部环境有机会，但企业自身不具备优势，建议企业采用扭转型战略，迅速扭转企业内部劣势；WT 组合即企业内部劣势遭遇外部环境威胁，这是最糟糕的状态，建议企业采用防御型战略，开源节流，在注重自身内部发展的同时静待时机。

SWOT 模型将外部环境与企业自身相结合，既可以承接 PEST 分析得出的宏观结论，又为 STP 选择指明具体方向，具有承上启下的作用，成为最常用的战略分析工具之一。

STP 模型

随着第二次世界大战结束，经济需要快速复苏，企业需要在自身能力与可开发市场之间做可行性评估和选择。美国市场学家温德尔·史密斯于 20 世纪 50 年代中期提出了 STP 模型（见图 1-6）。STP 包括市场细分（Segmenting）、选择目标市场（Targeting）和市场定位（Positioning），企业根据一定的标准对整体市场进行细分后，从中选择一个或者多个细分市场作为自身的目标市场，并针对目标市场进行市场定位，有针对性地生产和营销产品，避免同质化竞争。

图 1-6 STP 模型

市场细分，是指营销者通过市场调研，以消费者需求的某些特征或变量为依据，将整体市场区分为具有不同需求的消费者群体。经过市场细分，某一细分市场的消费者需求具有较多的共同性，企业可以针对这些共同性，有的放矢地进行产品研发。市场细分的维度包括：地理属性（国家、地区、城市、农村、气候、地形等）、人口属性（年龄、性别、职业、收入、教育、家庭类型等）、心理属性（社会阶层、生活方式、个性等）、行为属性（追求利益、使用者地位、产品使用率、忠诚度等）等。

STP 模型刚被提出时，并没有得到业界的广泛关注。直到 20 世纪 60 年代末期，美国再次出现经济危机，看似繁荣的商业市场突然崩溃，整个西方世界陷入了滞胀的泥潭，高失业、高通胀，企业面临产品同质化严重、存货积压、竞争激烈等问题。为了解决这些问题，1969 年美国学者杰克·特劳特发表论文提出定位理论，重申了 STP 模型的重要性，并细化了具体定位策略，迅速得到企业界的青睐。人类社会的生产力持续提高，并将一直提高，因而产品同质化现象只会愈演愈烈，企业间的竞争也只会越来越激烈，因而 STP 模型已成为企业制定具体营销战略的必备工具。

营销策略包：7 个可选策略

营销策略具有极强的时代特征，本书按照出现时间先后来阐述。在实际应用中，企业不能一味地求新，而要根据具体情况来选择，因为每个行业都有其特殊性，制造业适合历史最久远的 4P 营销组合，服务业则适合 4C 营销组合，餐饮行业更适合 ISMAS 模型。

4P 营销组合

4P 营销组合诞生于商品经济极大繁荣的后工业化时代，由美国密歇根州立大学的杰罗姆·麦卡锡教授于 1960 年在《基础营销学》一书中提出，包括产品（Product）、价格（Price）、渠道（Place）、促销（Promotion），如图1-7所示。菲利普·科特勒在其畅销书《营销管理：分析、计划、执行和控制》中进一步确认了以4P为核心的营销组合。

图1-7　4P营销组合

4P营销组合实际上是从管理决策的角度来研究市场营销问题，将影响企业市场营销活动的各种因素分为两大类：一是企业不可控因素，包括微观环境（如供应商、竞争者、营销中介、顾客、公众等）和宏观环境（如政治、文化、社会、经济等）；二是可控因素，即营销者自己可以控制的产品、商标、品牌、价格、广告、渠道等，而4P营销组合就是对各种可控因素的归纳。

（1）产品策略（Product Strategy），是指企业向目标市场提供各种适合消费者需求的有形或者无形的产品和服务，包括品种、规格、式样、质量、包装、特色、商标、品牌等。

（2）价格策略（Price Strategy），是指企业按照市场规律制定价格、调整价格等，包括基本价格、折扣价格、津贴、付款期限、商业信用以及各种定价方法和定价技巧。

（3）渠道策略（Place Strategy），是指企业建立分销渠道，组织商品实体流通，包括渠道覆盖面、商品流转环节、中间商、网点、储存运输等。

（4）促销策略（Promotion Strategy），是指企业利用各种信息传播手段刺激消费者进行购买，包括公关宣传、销售促进、人员推销、广告等。

后续有学者在4P营销组合的基础上增加过不同类型的P，如定位（Positioning）、人员（Participant）、有形展示（Physical Evidence）、过程管理（Process Management）等，但均没有超越经典的4P。4P营销组合作为企业最常用的营销策略，最适合实体商品的制造商和销售商。

4C营销组合

伴随着服务业的快速崛起和发展，消费者对消费体验越来越重视，1990年美国学者罗伯特·劳特朋教授在其发表的《4P退休，4C登场》一文中提出了与传统4P营销组合相对应的4C营销组合，包括顾客（Customer）、成本（Cost）、便利性（Convenience）和沟通（Communication），如图1-8所示。4C营销组合由于将顾客作为核心，自出现的那一天起就受到企业的普遍关注，成为重视品牌形象的服务业企业的首选营销策略。

（1）Customer（顾客）取代4P中的Product（产品），主要是指顾客的需求。企业必须首先了解和研究顾客，根据顾客的需求来提供产品。同时，企业提供的不仅仅是产品和服务，更重要的是由此产生的客户价值。

（2）Cost（成本）取代4P中的Price（价格），提出产品定价的理想情况应该是既低于顾客的心理价格，又能够让企业有盈利；还提出要考虑顾客的购买成本，顾客的购买成本包括其货币支出，耗费的时间、体力和精力，以及购买风险。

图1-8　4C营销组合

（3）Convenience（便利性）取代4P中的Place（渠道），即为顾客提供最大的购物和使用便利，强调企业在制定分销策略时要更多地考虑顾客是否方便，而不是企业自己方便。企业应通过良好的售前、售中和售后服务让顾客在购物的同时享受到便利。

（4）Communication（沟通）取代4P中的Promotion（促销），提出企业应通过同顾客进行积极有效的双向沟通，建立基于共同利益的新型企业顾客关系，而不是企业单向地促销和劝导顾客。4C中的Communication经历了三个阶段的发展：

第一阶段以1985年的关系营销为代表，强调建立、维系和发展与顾客的关系。在关系营销理论的影响下，企业陆续建立电话服务中心，主动联系顾客，进行客户关怀。伴随互联网的普及应用，客户信息处理技术（如数据仓库、商业智能、知识发现等技术）得到了长足的发展，高德纳公司提出了CRM（Customer Relationship Management，客户关系管理）的概念，从帮助企业建立客户数据库入手，先解决客户数据的收集和存储问题。

第二阶段以 2000 年前后的 360°客户视图为代表，以客户为中心搭建 360°数据库，全面涵盖销售、服务、营销、供应链、财务等数据，在销售和服务这两大核心业务流程上实现部分自动化，对提高顾客忠诚度、增加老顾客的复购次数，起到了极大的推动作用，但在如何获取新顾客上仍处于探索阶段。

第三阶段始于 2012 年，引爆事件是移动互联网和智能手机的普及，这使企业与顾客建立双向沟通渠道成为可能。传统方式主要是免费咨询电话或者呼叫中心，在互联网环境下诞生了网站、微博、微信公众号、社群、网店、电子会员系统等新型渠道。虽然这些新型渠道既可以发挥交易功能，又能起到双向沟通的作用，但本质上仍是广告营销渠道。

广告活动本质上是信息传播活动，发挥着沟通的作用。企业要建立与顾客的双向沟通渠道，获取更多新顾客，在很大程度上只能通过广告来实现，因而广告营销在 4C 营销组合应用场景中至关重要。

整合营销传播

1983 年，西奥多·莱维特发表文章《全球化的市场》并大胆预言："全球化已然来临，不久之后全球性公司将在世界的每个角落以同样的方式销售它们的商品与服务。"他在文章中明确提出了"全球营销"的概念，呼吁跨国公司向全世界提供统一的产品，并采用统一的传播手段。

一方面，进入 20 世纪 90 年代，全球一体化让企业直面全球竞争格局，竞争的强度和复杂性大大超越从前；另一方面，随着互联网技术的普及，信息传播呈现多元化趋势，新媒体崛起，大众传播遭遇瓶颈。1992年，唐·舒尔茨等人联合出版专著《整合营销传播》，系统提出了IMC（Integrated Marketing Communication，整合营销传播），即把广告、促销、公关、直销、组织识别系统、包装、新闻媒体等一切传播活动都纳入营销活动的范畴，强调企业应将统一的传播资讯传达给消费者，达到"一种形象，一个声音"的效果。整合营销传播强调"营销即传播，传播即营销，二者密不可分"，应摆脱粗放、单一的状态，走向高效、系统和整体。

整合营销传播提出6个具体实施步骤：①建立消费者资料库，因为消费者是营销活动的出发点和落脚点；②研究消费者，按照消费者的行为分类采取不同的营销策略；③接触管理，即企业要主动设计和管理"如何、何时与消费者接触"；④制定传播沟通策略，谋定而后动；⑤创新营销工具，围绕消费者媒介接触习惯的变化而变化；⑥传播手段的组合，选择所有可以达成营销目标的手段，包括但不限于广告、直销、公关、包装、商品展示、店面促销等。

整合营销传播理论是随着营销实践的发展而产生的，因而得到理论界和产业界的广泛关注，其概念的内涵仍处于不断丰富和完善中。本书提出的广告营销，也可以理解为整合营销传播的一个子概念，重点研究如何整合不同的广告形式来达到营销目标。

AISAS 模型

进入21世纪，互联网得到快速普及，诞生了数以百万计的网站，生产了难以计数的网络内容，以前需要通过查找书籍获得的内容在网络上一搜即得。全世界都在进行数字化转型，人们的工作和生活发生了巨大改变，商业社会进入洗牌、颠覆、弯道超车的时代。2005年，日本电通集团基于网络购买消费者行为提出AISAS模型：消费者注意到（Attention）广告，产生兴趣（Interest），就会上网搜索（Search）相关信息，经过比较后采取购买行动（Action），之后还会分享（Share）购买和使用体验，如图 1-9 所示。

图 1-9　AISAS 模型

AISAS 模型指出了互联网环境下消费者购买行为的变化：搜索和分享。

（1）借助互联网，消费者可以快速获知企业及产品的各种信息。由于网络搜索可以帮助消费者快速精准地查找信息，因此企业不得不投放搜索引擎广告，且将搜索引擎广告作为重要的营销手段。

（2）在互联网技术的支持下，消费者可以在网络上分享购物体验，PC 互联网时代的典型形式有：网站、E-mail（电子邮件）、BBS⊖、博客⊖等。因而，企业需要在互联网上建立网站，展示企业和产品的相关信息，即时回复消费者的 E-mail，还要在 BBS、博客等第三方平台上关注消费者发布的评价。

◎ 案例 1-1

谷歌公司：搜索广告领头羊

在 PC 互联网时代，也就是通常所说的 Web 1.0 时代，诞生了大量

⊖ BBS，是 Bulletin Board System 的首字母缩写，是指电子公告板或者网络论坛，涵盖基于网络技术的交流场所。

⊖ 博客，正式名称为网络日记，泛指个人在网络上发表的文章，包括文字、图像、网站等网页形式，支持读者评论、关注等。

的互联网网站。面对海量网站及内容，网民需要类似图书馆检索系统的搜索服务，即通过关键词查找相关网站及内容。1998年谷歌公司成立，推出了搜索服务，迅速得到广大网民的青睐，奠定了其英语搜索市场第一名的地位。

由于搜索服务是免费的，为了维持公司运营，谷歌公司开发了搜索广告业务，即售卖搜索结果中排序靠前的位置，根据网民的实际点击情况向企业收取广告费。谷歌公司在决定企业广告排序时，综合考虑广告出价和用户点击率，通过持续迭代算法，让用户看到的都是他们更愿意点击的信息，让广告主的广告投放更加精准，从而实现良性发展。

经过多年发展，使用谷歌公司的搜索功能已经成为网民消费行为中不可缺少的一环，该搜索平台也成为商家必须布局的营销战场。谷歌公司的财报数据显示，2020年搜索广告收入超过900亿美元。

ISMAS 模型

在移动互联网技术助推下，大众媒体单向传播的弊端逐渐显露出来，消费者更喜欢双向沟通，参与到营销传播环节，交换和分享资讯及看法，享受价值共创的过程。2013年，北京大学刘德寰教授基于移动互联网提出 ISMAS 模型：消费者对企业或者产品产生兴趣（Interest）后，就会上网搜索（Search）相关信息，查看其在网民中的口碑（Mouth），经过比较后采取购买行动（Action），之后还会在网上分享（Share）购买和使用体验，如图1-10所示。

ISMAS 模型指出了移动互联网环境下消费者购买行为的变化：口碑。移动互联网环境下，消费者人手一部手机，可以随时记录和发布关于企业产品或服务的体验。由于口碑是消费者发布的真实评价，比企业所投放的广告更有说服力，因此企业不应该只是在网上投放广告，更要重点经营消费者的评价，打造良好的口碑。在这个模型的指引下，企业更加重视消费者体验，在与消费者的互动中鼓励消费者发布正面评价。以淘宝、大众点评为例，平台向消费者开放了评价和评级权限，并根据这些评价和评级来管理店铺，调整相关费率。

图 1-10 ISMAS 模型

案例 1-2

小红书：消费分享平台独角兽

随着移动互联网时代的发展，消费者接触到网络的机会越来越多，铺天盖地的广告让消费者难以选择。面对网上信息的纷繁复杂和真假难辨，消费者在选购商品时更倾向于有其他消费者背书的品牌。

小红书从分享海外购物经验起家，发布的《小红书出境旅游攻略》一经推出便达到下载量 50 万次。差异化的领域选择，让小红书很快在细分领域中获得了大量的用户。后来，小红书除了有美妆、个护等内容，还逐渐增加了运动、旅游、家居、餐饮等，涵盖衣食住行的方方面面。小红书上的用户分享主要以丰富生活和真实体验为主，优质的内容和相对真实的评价，让很多用户逐渐形成了购买前查一下小红书的习惯。

对于商家而言，没有什么比基于用户口碑的营销转化效果更好的方式了。小红书基于口碑营销的独特优势，帮助很多企业实现了从零到全国知名，包括：完美日记、钟薛高、小仙炖等。以完美日记为例，成立于 2016 年的彩妆品牌完美日记于 2017 年开始在小红书发布内容，试水效果不错；2018 年开始聘请明星、KOL[⊖]、KOC[⊖]在小红书上分享消费体验，迅速提高品牌知名度，使销售额突飞猛进；2019 年开始加大广告投入力度，邀请普通用户在小红书上分享消费体验，打造出多个爆款……经过四年的持续投放，2020 年 11 月 19 日，完美日记母公司逸仙电商于纽约证券交易所上市，市值 122.45 亿美元，成为小红书助推新品牌的经典案例。

5A 模型

现代营销学之父菲利普·科特勒教授于 2013 年提出了客户转化路径 5A 模型：知晓（Aware）、吸引（Appeal）、询问（Ask）、行动（Act）和倡导（Advocate）。

（1）知晓阶段：顾客从过往经验、营销传播或来自其他人的推荐中，被动接收品牌信息。这一阶段是促使用户购买的闸口，也是企业最具有主导权的阶段。

（2）吸引阶段：顾客认知到几个品牌之后，会处理接触到的信息，锁定少数几个品牌。这一阶段最能体现广告创意的价值，是否更容易被记住、联想和唤醒。

（3）询问阶段：在好奇心的驱使下，顾客会通过多种方式了解品

[⊖] KOL，是 Key Opinion Leader 的首字母缩写，即关键意见领袖，指拥有更多、更准确的产品信息，且为相关群体所接受或信任，并对该群体的购买行为有较大影响力的人。

[⊖] KOC，是 Key Opinion Consumer 的首字母缩写，即关键意见消费者，一般指能影响自己的朋友和粉丝产生消费行为的消费者。相较于 KOL，KOC 的粉丝更少，影响力更小，优势是更垂直。

牌信息，如询问亲友、上网搜寻等。在询问阶段，顾客体验路径从个人转为社群，品牌诉求必须获得其他人认可，才能继续出现在顾客体验路径上。由于顾客获取信息的渠道越来越多，因此企业必须在尽可能多的渠道上曝光。

（4）行动阶段：如果顾客在询问阶段被进一步的信息说服，就会决定采取购买行动。在购买之后，顾客会通过消费、使用以及售后服务，进一步与品牌互动。当顾客有问题或抱怨时，企业必须密切注意，并确保问题得以解决。

（5）倡导阶段：随着时间推移，顾客可能会发展出对品牌的强烈忠诚度，这会反映在顾客保留率、重复购买，以及向其他人宣扬品牌的好处上。积极的倡导者会在没有人询问的情况下主动推荐，成为品牌的"传教士"。最忠诚的拥护者会在有人询问或出现负面宣传时发声，因为他们觉得自己有义务推荐或捍卫自己喜爱的品牌。

根据5个阶段的转化情况，科特勒提出了理想的领结式5A模型：注意到品牌的顾客，按照一定比例被吸引，这体现出品牌的吸引力。在好奇心的驱使下，会有一定比例的顾客进一步询问。这两个阶段的客户数量逐级衰减，呈现漏斗形状。从询问到行动，顾客与企业之间有了互动，通过更好的售前体验、产品或者服务过程中的超预期交付、售后的持续维护，顾客产生大量的复购，带动家人、朋友、同学、同事等购买，从而使得购买阶段的客户超过询问客户。不仅如此，客户还成为品牌的"传教士"，主动向陌生人宣传品牌，使得品牌覆盖到的客户越来越多。通过换算各阶段的用户转化率，就得到了理想状态下的领结式5A模型，如图1-11所示。

5A模型属于典型的传播模型，站在受众角度拆解企业与受众的互动环节，从内容设计到路径选择，均是广告传播的视角，进一步将广告营销的重要性提到前所未有的高度。在实践指导意义上，相比其他模型，5A 模型引入了各阶段转化数据，且各家企业可以自行定义各阶段的数据维度，因而其实践指导意义更强。得益于互联网技术的普及和企业的数字化转型，越来越多的企业开始搭建自身 5A 模型，全面转型数字化营销。

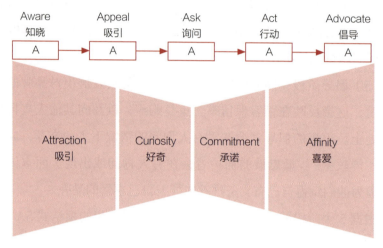

图 1-11　领结式 5A 模型

案例 1-3

字节跳动：5A 模型布道者

字节跳动作为中国领先的广告营销平台，为数十万广告主提供数字营销服务。字节跳动认为品牌资产是推动企业科学增长的关键动力，随着广告费用越来越高，长期用户的价值越来越重要，因而更需要去关注用户的全生命周期价值。基于科特勒的 5A 模型，字节跳动提出其特有的 5A 关系模型：

（1）知晓（Aware），是指用户观看广告、内容、直播、挑战赛等浅阅读行为，能起到让用户知晓的作用。

（2）吸引（Appeal），是指用户多次接触广告、内容、直播、挑战赛等，并表现浅层次互动行为，体现品牌对用户的吸引力，能起到让用户喜欢的作用。

（3）询问（Ask），是指用户通过搜索、评论、询问等行为，主动获取品牌信息，建立对品牌的信任。

（4）行动（Act），是指用户下载、注册、激活、购买等转化行为。

（5）倡导（Advocate），是指用户不光成为付费用户，还成为忠实用户，向别人推荐产品、订阅企业官方账号等。

基于 5A 模型，字节跳动将用户行为细化成 19 种，与 5A 模型各阶段做映射，并通过时间窗验证、行为频次验证、转化率验证、稳定性验证四个步骤，将人群细分到各个行业的 5A 模型中。通过分析 5A 模型中每一环节的用户流转效率、用户关系资产总量、用户关系资产结构健康度，制定用户流转分层经营策略，同时基于已曝光人群特征进行广告投放，不断拓展潜在用户群。

ISVA 模型

针对线下实体商店数字化转型问题，2016 年中国提出"新零售"概念，即企业以互联网为依托，通过运用大数据、人工智能等先进技术手段，对商品的生产、流通与销售过程进行升级改造，进而重塑业态结构与生态圈，并对线上服务、线下体验以及现代物流进行深度融合。围绕新零售的广告营销问题，张茜博士于 2017 年年初提出 ISVA 模型（见图 1-12）：消费者身处两个世界，即虚拟网络世界和真实物理世界，在这两个世界中，消费者都有可能对某一企业或者产品产生兴趣（Interest），然后上网搜索（Search）相关信息，去实体店面体验

(Visit)，经过比较后采取购买行动（Action），即在网上或者店面下单购买。

图 1-12　ISVA 模型

ISVA 模型正视了消费者所处的两个世界——虚拟网络世界和真实物理世界，分析了消费者在这两个世界的行动特点，提出了各个环节的重点运营指标，为线下实体商店数字化转型指明了方向。例如，以盒马鲜生为代表的超市，虽然是线下实体商店，但是通过小程序和 App，支持消费者在线下单，送货上门，极大地拓展了客户群体。同时，由于线下实体商店的体验感更强，更有助于转化客户，因此 ISVA 模型指出企业应该在网上销售渠道之外搭建线下体验中心。例如，手机制造商苹果和小米，主要采取网络销售方式，但是会在城市商业中心建设线下体验中心，让消费者亲身体验产品，提高转化率，增加与消费者的情感连接。

◎ 案例 1-4

苹果：体验即营销

苹果一直是全渠道零售，线上线下同时覆盖，通过官网、电商、线下门店、代理商等多渠道给消费者带来一体化的购物体验。产品发布前,苹果会通过内外部渠道进行宣传预热,然后以其标志性的产品发布会作为销售"发令枪",全渠道开始销售。苹果的产品销售是线上线下同步进行的,且同款同价,想要购买苹果产品的消费者可以到线下零售店免费试用,根据试用结果做出购买决策。

苹果极其关注消费者的体验和与消费者的互动,这在其线下门店的设计和定位上体现得尤为明显。苹果店的选址一般在城市核心位置的高端商场里,整个店面的设计以玻璃门和玻璃幕墙为主,简约、通透,符合苹果一贯的设计风格。作为销售终端,苹果与一般品牌的线下零售店不同,苹果的零售店更注重体验,而非销售本身。苹果店员工的主要工作是为消费者解答问题,帮助消费者找到最适合他们的解决方案,并经常推出一些免费课程给大家普及苹果产品的应用知识,向消费者推荐有折扣的购买方式。截至2021年6月,苹果全球门店已经超过500个。顾客在门店的体验和满意程度,已成为苹果品牌资产的一部分,逐渐成为苹果品牌价值增长的护城河。

丰富的战术武器库:以传播为例

具体到广告营销战术,可以用武器库来比喻,武器真的很多,且随着技术的发展,新武器越来越多,不胜枚举:电视广告、直播带货是武器,名人代言、KOL背书是武器,消费者数据库、智能竞价工具也是武器……广告营销的目的,就是要让更多人知道企业的营销信息,就是要传播出去,因而传播是广告营销战术的研究重点。传播本身是有一定规律的,本书精选3种极具实践指导意义的广告传播模式,并从提升效率和增强效果的角度补充其他理论加以完善。

设计传播模式：3 个理论

1. 5W 模式

1948 年，美国政治学家哈罗德·拉斯韦尔发表了《社会传播的结构与功能》一文，在文章中明确提出传播过程及其五个基本构成要素：谁（Who），说了什么（Says What），通过什么渠道（In Which Channel），对谁说（To Whom），取得了什么效果（With What Effect），即 5W 模式，如图 1-13 所示。5W 模式简单易懂，成为研究传播现象的经典理论。

图 1-13　5W 模式

（1）谁（Who），就是传播者，在传播过程中担负着信息的收集、加工和传递的任务。

（2）说了什么（Says What），是指传播的信息内容，它是有意义的符号形成的信息组合，包括语言符号和非语言符号。

（3）通过什么渠道（In Which Channel），是信息传递所必须经过的中介或借助的物质载体，可以是信件、电话等人际媒介，也可以是报纸、广播、电视等大众传播媒介。

（4）对谁说（To Whom），就是受传者或受众，是读者、听众、观众等的总称，它是传播的最终对象和目的地。

（5）取得了什么效果（With What Effect），是信息到达受众后在其认知、情感、行为各层面所引起的反应，是检验传播活动是否成功的重要尺度。

广告作为一种信息传播方式，也符合 5W 模式，广告主针对特定受众制作广告内容，借助特定的媒介渠道覆盖受众，从而影响受众的品牌认知和消费行为。5W 模式可以全流程指导广告营销活动：①传播者也就是广告主，需要事先制订具体的广告计划和预案，以使广告传播活动更可控；②广告内容、媒介特点和受众分析，三者需要综合起来考虑，协同发挥效果；③效果分析，是广告营销工作持续改进的关键，尤其是以终为始的事先策划，可以避免浪费广告预算。由于 5W 模式囊括了广告营销活动的全流程，因此它已成为制定具体广告营销活动的常用工具。

◎ 案例 1-5

妙可蓝多：5W 模式践行者

国产奶酪品牌妙可蓝多在品牌建设的过程中就结合分众传媒的楼宇广告，充分放大了品牌的传播效果，按照 5W 模式拆解如下：

传播者：妙可蓝多。

信息：适合中国人吃的奶酪产品，奶酪就选妙可蓝多。

媒介：楼宇广告。

受众：高消费家庭。

效果：提升城市高消费家庭的认知并完成转化。

首先，妙可蓝多把"适合中国人吃的奶酪产品"作为品牌定位，在广告中充分展现"奶酪就选妙可蓝多"这句标签化的广告语（Slogan），通过广告内容把妙可蓝多品牌和奶酪画上等号，影响大众认知，并把家喻户晓的儿歌《两只老虎》改编为广告歌曲，强化了传播力。其次，在媒介选择上，妙可蓝多重点投放分众传媒的楼宇广告，在信息碎片化的时代，每天多次触达目标受众，利用电梯中的显示屏不断向消费者强化自己的品牌内容。最后，在受众筛选上，妙可蓝多的目标消费者是城市高消费家庭，借助分众传媒可以筛选具体楼宇屏幕的优点，妙可蓝多把广告聚焦在高消费小区，以求提升广告的转化效果。

2. 多级传播模式

20世纪40年代，美国社会学家保罗·拉扎斯菲尔德通过对美国总统选举的调查研究发现，导致受众态度改变的因素有很多，人际传播甚至比大众传播在改变态度方面效果更好。因此，他提出了"两极传播模式"：第一级，信息从大众媒介到达"意见领袖"（Opinion Leader）；第二级，信息从"意见领袖"到达不活跃的大众。在大众信息传播过程中，活跃的、接触媒介多的、社会地位高的"意见领袖"起决定性作用，他们通过人际传播说服他人发生态度改变。拉扎斯菲尔德对人际传播的重视，开启了口碑营销的黄金时代，让后人越来越重视口碑营销，尤其是意见领袖的个人评价，这成为广告营销工作的关键。

在拉扎斯菲尔德的启发下，1962年罗杰斯在其专著《创新的扩散》中指出："大众媒介与人际传播的结合，是新观念传播和说服人们利用这些创新的最有效途径。"1973年，他和休梅克通过进一步研究，把创新采用者分为五类：①创新者，最有可能成为意见领袖；②早期采用者，最大规模的意见领袖；③早期众多跟进者；④晚期众多跟进者；⑤滞后者。创新者和早期采用者对跟进者产生示范和人际传播效应，形成了一个链式的多级传播模式，如图1-14所示。

图 1-14 多级传播模式

多级传播模式给广告营销者的启示是：①人际传播与大众媒介要结合采用，简单粗暴地投放广告而不重视人际传播，则营销效果事倍功半；②产品本身有生命周期，产品的推广也是有生命周期的，企业需要择时调整策略，根据不同阶段重点客户群体的特点动态调整；③受众的价值是不一样的，广告主应该将重点放在创新者和早期采用者身上，尤其是新品发布时，因为创新者和早期采用者更容易被说服，而且一旦被说服，就更容易转化为意见领袖，帮助企业进行人际传播，产生裂变效果。

"意见领袖"（Opinion Leader）一词，诞生于20世纪40年代，经过50年的发展成为当今社会热门新词：关键意见领袖（KOL）和关键意见消费者（KOC）。历史虽然没有重复，但是在重演，很多热门营销现象不过是老酒装新瓶。这就是经典理论的魅力，可以穿越时代；这就是前人的智慧，可以预判未来。

◎ **案例 1-6**

雷军：B 站意外爆红

在互联网时代，创造信息和传播信息的门槛变得更低，创新扩散的整个流程变得更加快捷，很容易形成爆款并再次传播。2015年，小米公司总裁雷军的一首单曲火爆全网，点击量超过千万次，给小米和雷军本人带来了强大的影响力，雷军的"Are you OK？"这个梗也被众多自媒体再次创作并传播。

这次传播素材来源于雷军在2015年4月23日印度小米发布会的发言视频，哔哩哔哩（本书简称为"B站"）账户名为"Mr.Lemon"的用户发现这段发言十分适合改编成鬼畜⊖视频，便开始了创作，并于4月30日发布，仅五一假期间点击量就超过两千万次。同一期间也有诸多其他自媒体人借用"Are you OK？"这个梗进行文字和视频内容再创作，得到了大量关注。

Mr.Lemon是典型的创新者，自主自愿地编辑并制作雷军的演讲视频，让很多个体通过其观看并了解雷军；其他自媒体作为早期采用者，快速加入自发传播的队伍，合力打造出多级传播模式，为小米市场部节省了数千万的广告营销费用。

3. 鼓形传播模式

日本营销协会专家中岛正之认为，要实现广告的最佳效果必须把大众媒介传播与口碑传播结合起来，于是他提出了"鼓形传播模式"。如图1-15所示，鼓形传播模式把整个传播过程分为前后两部分：前期是"由潜在顾客变成真正顾客"的阶段，庞大的潜在顾客群逐渐变成实际的顾客群，进而有一部分转化为"优良顾客"，在顾客数量上，这是一个逐步缩小的过程；后期是"由顾客向潜在顾客推荐"的阶段，在优良顾客的推荐下，一批顾客成为产品的顾客，而这批顾客再次向

⊖ "鬼畜"一词在ACGN爱好者中代指通过视频（或音频）剪辑，用频率极高的重复画面（或声音）组合而成一段节奏配合音画同步率极高的一类视频。

他人推荐，类似滚雪球，越来越多的顾客变成产品的潜在顾客。

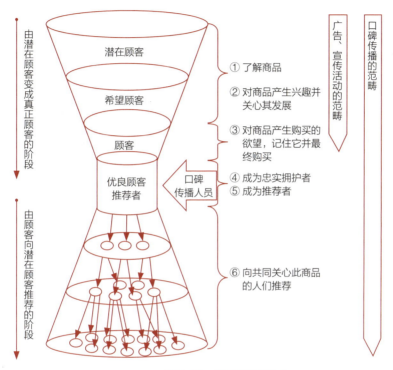

图 1-15　鼓形传播模式

图片来源：https://www.zhihu.com/question/62932279/answer/2119545839.

在整个信息传播过程中，消费者的心理不断发生变化，中岛正之将其分成六个阶段：①广告的目的主要在于告知信息，消费者初次接触广告信息，了解商品；②消费者对商品产生兴趣并关心其发展；③消费者对商品产生购买欲望，记住它并最终购买；④消费者通过体验和使用，加深了对产品的信任，表现出对产品的忠诚；⑤消费者成为推荐者，从顾客身份向传播者身份转变；⑥推荐者队伍越来越庞大，形成了良好的舆论环境。在这六个阶段中，投放广告的效果主要表现在前三个阶段，即告知信息、激发兴趣和刺激欲望。但是，由于消费者对广告常抱有警惕之心，因此广告在推动消费者发生购买行为上缺乏背书，而消费者相互之间的信任度高，因而消费者推荐在后三个阶段发挥着重要作用。

鼓形传播模式本质上与科特勒的领结式 5A 模型类似，只是表述略有差异，可谓殊途同归，给广告营销者的启示是：①大众媒介传播和口碑传播要结合使用；②口碑传播覆盖营销全流程，且能取得裂变效果，十分重要。在移动互联网时代，消费者可以便利地分享和查阅其他消费者的意见，因而口碑传播变得越来越重要，除了鼓励正面评价，还要减少负面评价，这对企业的产品和服务质量提出了更高要求，毕竟产品和服务质量才是企业的立足之本。

案例 1-7

大众点评：因鼓形传播模式而生

2003 年创办的大众点评采取评论方式把消费者和商家连接起来。在大众点评上，所有参与评论的消费者均需要在商家完成一次消费，消费后的消费者可以自主分享消费心得并对商家进行评价，这些评价全网公开，其他消费者可以看到。消费者的真实评价可以让潜在消费者打消顾虑，增加消费者对商家的信任度，也让消费者成为推荐者，由顾客的身份向传播者的身份转变，为商家营造良好的舆论氛围。

商家在大众点评上的广告营销活动就是典型的鼓形传播模式：通过在大众点评上开设电子商铺和进行广告投放，让消费者接触到广告信息、产生兴趣和购买消费，按照不同阶段的转化递减，形成漏斗形；商家通过提供优质服务，鼓励消费者发表评论，尤其是正面评论，影响其他潜在消费者，放大鼓形传播模式的后半段的效果。得益于鼓形传播模式的裂变效果，商家可以在有限广告预算的前提下实现多次传播裂变获客，因而餐厅、健身房、美甲店等生活服务类商家将大众点评作为广告营销的必选项。

提升传播效率：广告代言

广告代言在三个传播模式中都很重要：广告代言人就是5W模式里的Who，代表广告主发声，给予个人背书；广告代言人就是多级传播模式里的意见领袖，并且是具备很强的大众传播和人际传播能力的意见领袖；广告代言人就是鼓形传播模式里的推荐者，面向大众推荐广告主的产品和服务。使用广告代言人，确实能提升广告传播效率。

早在20世纪20年代，美国心理学家约翰·华生从理论和实践层面论证了广告代言人的作用和原理，强调了广告代言的本质是迎合人的向上模仿心理，这正式开启了广告代言人时代。华生认为崇拜英雄、羡慕名人是人的本性，通过模仿英雄和名人的行为，可以获取某种心理满足感，因而在罗马尼亚皇后访问美国，有大量媒体曝光时，他向皇后赠送了旁氏面霜样品，获得了皇后的认可，旁氏面霜自此扭转了销售劣势，成为那个时代的爆款面霜。罗马尼亚皇后被誉为欧洲最美皇后，广受人们尊敬和喜爱，她本人也是皇室时尚的风向标。上至贵族，下至平民百姓，更是希望获得皇室的驻颜之术，因而由罗马尼亚皇后代言的面霜自然能掀起效仿热潮，帮助品牌快速占领市场。图1-16是罗马尼亚皇后代言面霜的报纸广告。

选择代言人是一把双刃剑，品牌想借助代言人的背书，利用其是大众崇拜或者羡慕的对象来拓展市场，但又要谨防代言人自身的道德及法律风险，避免消费者因为鄙视、厌恶或者抛弃代言人而迁怒于品牌。然而，在具体实践中，个别企业会忘记广告代言的本质，如劳斯莱斯因为发布网红①代言广告而致歉。作为世界顶级豪奢品牌，劳斯莱斯深谙品牌秘诀，却也在选择代言人上犯了错，不得不中止广告代言活动。

图 1-16　罗马尼亚皇后代言面霜的报纸广告

图片来源：https://www.sohu.com/a/386623537_114819.

案例 1-8

劳斯莱斯：选错代言人

2021 年 9 月 24 日，劳斯莱斯在其官方微博上发布了某网红的试驾视频。在劳斯莱斯发布的视频中，该网红以某美术馆创始人的身份，试驾劳斯莱斯旗下车型库里南。

---

① 网红，网络红人的简称，是指在现实或者网络生活中因为某个事件或者某个行为被网民关注而走红的人，或因为长期持续输出专业知识而走红的人。

劳斯莱斯作为全球顶级豪奢品牌，将消费群体分为三类：①最高档的银灵系列，只出售给各国的首脑、政要以及皇室成员；②第二档的银羽系列，只出售给有影响力的企业、集团以及社会知名人士；③第三档的银影系列，面向无犯罪记录的普通有钱人。2020年，劳斯莱斯全球销量的1/3来自中国，且客户群呈现年轻化趋势，30岁以下车主占到16%。为了进一步拓展年轻客群，尤其是第三档普通有钱人，劳斯莱斯选择出生于1987年的年轻网红代言。

然而，劳斯莱斯选错了代言人，因为代言人须是大众崇拜或者羡慕的对象。但是该网红的代言人身份存在很大的争议。首先，她是网红出身，主要依托在豆瓣等社交媒体上晒服饰、晒高档消费而获得知名度和影响力，受众有限，且社会大众对她的评价褒贬不一，并非以喜爱和欣赏为主；后来创立某美术馆，虽然跻身艺术圈，收入颇丰，但自身经历缺乏代表性和对大众的引导性，缺少让人跟随其行为的条件和资本。

最致命的问题在于该网红深陷负面舆论中。2021年3月该美术馆发生了一起高楼坠落事故，导致1名工人死亡，经调查是"铁皮建筑"底部突然开裂造成的。在这次事故中，该网红没有及时公开道歉，也没有采取合理的补偿措施，因此引起公愤。劳斯莱斯发布该网红的试驾视频后，收到了一堆负面评论。因为对代言人的否定，进一步诱发了对企业品牌的否定。2021年10月，某社会名人在劳斯莱斯官方微博留言称以后不会买劳斯莱斯了，进一步将事件推上了微博热搜。2021年10月14日，劳斯莱斯致歉并下架了该网红的试驾视频。

增强传播效果：3个要素

企业无论选用哪种传播模式，必须有效才行。传播，作用于人，依赖于人，应用心理学之父沃尔特·迪尔·斯科特[①]瞄准人的自然属性提出有效广告的 3 个要素是：重复、强度和联系。斯科特提出的 3 个要素至今仍然有用，并且将在很长一段时间内有用，值得广告营销从业者熟记于心。

1. 重复

针对消费者会遗忘这个特点，斯科特提出广告应当重复。这个观点现在看来是正确的废话，但在那个年代还是必需的。1890 年以前，西方社会认为，"广告是有关商品或者服务的新闻"，而新闻追求新、奇、特，不能简单地重复。斯科特从心理学的角度提出广告需要重复，对抗人的遗忘曲线，从而改变了人们对广告传播的认知。

企业无论采用哪种广告传播模式，均需要重复。因此，广告主开始连续投放广告，常年投放广告，甚至在同一天内多次重复投放广告，以加强消费者对广告的记忆。

2. 强度

强度，强调广告内容不能平淡，要有一定强度的冲击力，无论是画面还是内容，都需要引起消费者的注意。20 世纪初，广告以文字为主，类似新闻，简单直接地传递信息。斯科特的观点打开了广告创意世界的大门，让企业家开始重视广告创意。

广告传播模式只是描述了传播路径，并没解决传播的前提——被消费者注意到。随着广告创意成为传播不可或缺的一个因素，广告进

[①] 沃尔特·迪尔·斯科特（1869—1955），应用心理学之父，美国心理学家，1908 年出版《广告心理学》一书，标志着广告学的正式诞生。斯科特指出，人类的经济行为通常建立在感性或情绪上，而不是建立在理性或逻辑上。所以，广告应该激发消费者的情绪，诱导消费者的感知，而不是给消费者算明细账，更不是给消费者讲逻辑。

入丰富多彩的世界，催生了专门制作广告创意的广告公司，诞生了李奥·贝纳、威廉·伯恩巴克、大卫·奥格威、罗瑟·瑞夫斯等广告创意大师。

3. 联系

联系，是把广告内容与购买者的生活联系起来，而非简单粗暴地介绍产品特点，必须站在购买者的角度暗示购买后的使用体验，给生活带来的美好改变。比如，展示男士系着领结的帅气和风采，要比列举选择某品牌领结的理由更能使人接受。

联系，能提高广告传播模式的效率。对于多级传播模式而言，广告内容与购买者生活相联系，能快速打动早期众多跟进者；对于鼓形传播模式而言，能优化各环节的转化率。

◎ 案例1-9

脑白金：有效广告的典范

"今年过年不收礼，收礼只收脑白金。"提起脑白金的这句广告词，全中国家喻户晓。在很长一段时间内，脑白金成为节日礼品的爆款，尤其是返乡过年的农民工，人手一盒脑白金送长辈。姑且不讨论脑白金这款产品本身的功效如何，单从广告的有效性来分析，脑白金的广告营销行为堪称典范。

根据公开媒体报道，脑白金诞生于1999年，2000年就创造了13亿元的销售奇迹，成为保健品的状元，在全国拥有200多个销售点。2003年9月，脑白金月销售额突破1亿元。到了2014年，脑白金连续16年荣获保健品单品销量第一。脑白金的成功，是对斯科特有效广告理论的现代演绎。

（1）重复，脑白金几乎与所有电视台都有合作，霸屏式投放广告，全天多次，重复到其广告词人人都能脱口而出。重复不仅体现在传播上，还体现在创意上，所有广告语都围绕"送礼"，人物形象固定为一个老头儿和一个老太太，十余年如此重复，深入人心。

（2）强度，脑白金展示了老人服用后的各种年轻化行为，如图1-17所示，跳草绳舞、牛仔舞、芭蕾舞、探戈等，各种高难度并充满活力的动作和洋溢着生命力的笑容，颠覆了受众对老人的刻板印象，极具冲击力。

（3）联系，中国老人有着独特的"广场舞"文化，广场舞是老人最喜爱的社交活动之一，大多数老人渴望成为广场舞队伍中最耀眼的那颗星，这一诉求与广告中老人跳舞极易产生联系和共鸣。

图1-17　2002～2010年脑白金广告的角色

图片来源：https://www.sohu.com/a/217830048_562590.

底层思维

2 用户思维

消费者的购买行为是比较容易观察到的，借助 IT 系统能实现数据化实时监控。但是，购买行为是结果，是一系列复杂心理过程的产物，而人的心理各不相同，既存在多元化特点，又有喜新厌旧的特征，因而很难一概而论。鉴于此，只有拆解消费者的心理过程，洞察其运行原理和机制，建立对"人"的底层认知，才可以从容应对变化，掌握成功的秘诀。**用户思维，即以人为本，将消费者作为广告营销工作的出发点；把消费者当人看待，研究人性的永恒性和共同性，遵循其规律和特点，顺势而为。**

思维模型：AIDMA 法则

　　AIDMA 法则由美国广告人 E. S. 刘易斯于 1898 年提出，至今仍是研究消费心理极其经典的理论，描述了消费者在购买商品前的心理过程。消费者先是注意（Attention）商品及其广告，对商品感兴趣（Interest），产生购买欲望（Desire），接下来是记忆（Memory）及采取购买行动（Action），将英文单词首字母合并，简称 AIDMA 法则，如图 2-1 所示。

图 2-1　AIDMA 法则

AIDMA 法则是广告营销领域的元老级理论，在营销策略包中提及的 AISAS 模型、ISMAS 模型、5A 模型、ISVA 模型，均由 AIDMA 法则衍生而来。AIDMA 法则诞生于 19 世纪末，当时媒体环境单一，不像后来的 AISAS 模型考虑到互联网搜索习惯、ISMAS 模型分析了口碑营销在移动互联网时代的放大效应、5A 模型围绕消费者力量的全面崛起、ISVA 模型兼顾虚拟世界和现实世界的交叉影响，AIDMA 法则仅分析广告是如何作用于消费者心理的，因而 AIDMA 法则逐渐退出营销策略包，成为研究用户的具体战术。

虽然 AIDMA 法则已有百年历史，人们的生活发生了很大变化，技术有了突飞猛进的进步，但是人作为高等动物，遵循自然规律，生理进化过程很慢，因而 AIDMA 法则至今仍然有用，已成为研究广告影响消费者心理的重要分析工具。AIDMA 法则在提出之时，虽然没有详细阐述各个环节的影响因素是什么、企业怎么做才能提升各环节转化率、是否有例外情况等，但经过后人的持续丰富和实践发展，AIDMA 法则得到了逐步完善和发扬光大，本书将进行汇总阐述。

A：注意

成功的广告必须引起消费者注意，否则就没有任何商业价值。注意是人的心理活动对外界一定事物的指向与集中，随着人们的认知、情感、意志等心理活动过程而表现出来。由于人类面对数千倍于自身处理能力的外界刺激，因而不得不有选择地注意，从本质上讲，注意是人类面对外界过载信息的一种自我保护机制。

具体到广告营销，有用、刺激、愉悦成为判断广告创意能否引起消费者注意的最简单标准，至少应涵盖一个。

1. 有用

对消费者有用，消费者就会格外注意，"鸡尾酒会效应"就是典型代表。

1958年英国心理学家唐纳德·布罗德本特通过双耳分听技术，用实验证明了选择性注意，并提出注意是人类认知系统信息流的过滤器。生活中，大家最直观的体验是"鸡尾酒会效应"，即在嘈杂的鸡尾酒会上，人能够从众多的声音中选择性地注意其中一个声音，无论有多少人说话，只要有人提及自己的名字，大概率会注意到。

当然，对消费者有用是一个概率事件，即广告展示的产品、价格、特点等正好匹配消费者需求，能为其做出购买决策提供信息支持。企业为消费者提供有用的产品时，还要在合适的时间、合适的地点、以合适的方式告知消费者，为消费者做出购买决策提供有用信息。

◆ 案例2-1

五菱汽车：春晚口罩红出圈

2020年新冠肺炎疫情席卷全球，口罩成为人们必备的标配，且由于戴了一年口罩，人们开始追求口罩的美观和个性。2021年央视春节联欢晚会中，观众戴的口罩美观新颖：口罩颜色丰富，红色喜庆、蓝色独特、粉色可爱；口罩上印有"2021年春节联欢晚会"字样，极具珍藏意义，还有吉祥物、祥云等极具吉祥喜庆寓意的图案。晚会播出之际，春晚口罩便在社交媒体上引起热议，微博话题阅读量超过2.9亿次。由于戴口罩是国家提倡的，因此以《人民日报》为代表的官媒也参与了话题讨论，进一步扩大了此次事件的影响力。

其实，这就是企业利用"对消费者有用"，从而引起消费者注意的成功案例。2021年央视春晚口罩是上汽通用五菱联合央视共同打造的，名叫"春晚红"，口罩上印有五菱汽车标识（Logo）。虽然标识小，但是消费者自发的注意力还是将五菱汽车推到了大众聚光灯之下。

鉴于网络热议持续不断，因而出现了很多仿造品，五菱汽车于2021年2月14日发表声明，明确其唯一授权制造商身份，并表示只赠不卖，提醒消费者不要上当受骗。这个声明展现了企业良好的社会责任感，提升了品牌美誉度。

作为一家汽车制造商，五菱汽车借机展现了其超强的制造能力，公布了口罩全流水线生产环节：布料上线、折叠压合、剪裁鼻梁夹、自动耳线焊接、质量检验、包装下线等，科技感十足，引起了媒体及网民的自发二次传播。

2. 刺激

对消费者有刺激性，是指广告创意新奇独特、出人意料、惊险刺激等，足以让广告在繁杂的信息中脱颖而出，进入"7±2"范畴内。

具体到注意的数量上，1956年美国心理学家乔治·米勒在《心理学评论》上发表文章《神奇的数字7±2：我们信息加工能力的局限》，明确提出人类可以同时注意"7±2"个单位的信息，也就是说，人类可以同时注意5～9个单位的信息。自此，"7±2"原则被广泛应用到各领域，比如：企业高管层数量、单个橱窗商品数量、单个广告中的信息数量等。

法国卫生部发布过一则公益广告，号召大家关注儿童肥胖问题。

画面是一个挺着大肚皮的冰激凌，标语是"肥胖始于年轻"（见图 2-2）。给孩子买冰激凌，是父母们宠爱孩子的常见行为，但冰激凌含糖量极高，特别容易导致肥胖。广告巧妙地将冰激凌顶部的形状设计成肥胖的肚子，把沉重的问题用搞笑可爱的方式呈现出来，让父母们看到不反感，且新奇的创意让人不禁多看一眼。

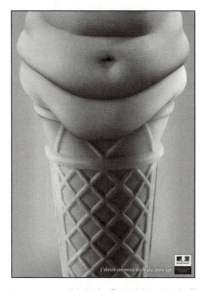

图 2-2　公益广告《肥胖始于年轻》

图片来源：https://weibo.com/2134919185/ACtrF8SCr?sudaref=www.baidu.com。

痔疮是难以启齿的隐疾，尤其在排便时，患者会疼痛不已。厄瓜多尔某医院专科治疗痔疮的广告《红辣椒》（见图 2-3），用辣椒的颜色、形状和痛感，形色具备地展示了痔疮患者的痛苦，引起患者的情感共鸣，令人不得不注意。常规的治疗痔疮的广告往往强调其功能，如何快速见效。在一堆直白无趣的广告中，该广告凭借画面的新奇独特成功进入"7±2"范畴内。

图 2-3　治疗痔疮的广告《红辣椒》

图片来源：https://www.shinerayad.com/news_info.asp?id=195.

3. 愉悦

优美大气、搞笑有趣、真挚感人的广告能让消费者产生愉悦感，从而强化消费者的注意。20 世纪末，神经营销学之父戴维·刘易斯曾经用仪器测量过大脑对电视幽默广告的反应。生理学的研究结果表明，人在大笑或微笑时，收缩的血管使更多的血液进入大脑，从而使大脑分泌内啡肽，产生良好情绪，进而使人们从一个更积极的角度来看待产品。研究结果同时显示，喜剧情节对大脑的刺激效果与催眠很相似，在这种状态中受众的注意力变得相当精准、热烈，因此幽默广告最容易给人们灌输品牌意识。

除了广告本身，广告所出现场合的情绪强度也很重要。以综艺节目为例，它是指以娱乐观众为主要目标的视频节目，电视台和视频网站是主要播出平台。由于综艺节目能给观众带来快乐，其产生的愉悦感能引起观众的注意，所以它成为品牌争抢的广告项目，价格比节目前后的广告高 20% 以上，且节目越火爆，溢价倍数越高，有的甚至达到 400% 以上。在中国，顶级综艺节目的广告冠名价格已经高达 5 亿元。

虽然恰到好处的愉悦感能获得最理想的注意力，但是过于兴奋、紧张、感动的情绪反而会降低消费者的注意力。以美国超级碗（Super Bowl）广告为例，有广告研究机构曾对超级碗决赛的广告效果做过对比测试，比赛双方城市的观众由于过度关注比赛结果，因而陷入极度紧张或者兴奋的情绪中，对播送广告的注意和记忆情况很差，显著低于其他城市的观众。因此，在做广告投放时，要合理评估节目的娱乐性，防止过犹不及。

◎ 案例 2-2

招商银行：《世界再大，大不过一盘番茄炒蛋》广告片

2017年11月2日午夜，一支《世界再大，大不过一盘番茄炒蛋》的广告片，让很多人泪目并在微信朋友圈和微博上大量转发。这是招商银行留学生信用卡广告。广告片讲述一名留学生要做番茄炒蛋招待美国同学，但不知道怎么做，于是通过微信联系在中国的母亲，母亲通过微信视频演示做法，帮助这名留学生做出一盘令人满意的番茄炒蛋。在与同学的欢声笑语中，这名留学生突然意识到中美时差有12个小时，彼时父母是凌晨睡觉的时间，他顿感愧疚。这样的经历，触动了万千留学生的泪点，打动了亿万父母的爱子之心，因而得到广泛喜爱。

但是，因为广告片过于煽情，导致消费者根本没注意到招商银行信用卡，甚至误认为是微信推出的广告片。这个案例如同人们坐过山车，从过山车下来基本记不清沿途看到了什么风景，由此可见，当人的情绪过于饱和时，注意力就下降了。

I：兴趣

如何让消费者对广告内容或者企业本身产生兴趣，心理学家和广告营销从业者做了大量的研究与实践尝试，发现主要有三个因素：认知、需要和好奇。其中,"需要"与前述"有用"类似,因为被需要所以才会有用;"好奇"是追求刺激和愉悦的动力,与前述"刺激"和"愉悦"类似,本节不再赘述,重点讲述"认知"。

认知是指对特定事物具备一定的知识基础。当人对事物一无所知的时候,一般不会对它产生任何兴趣;当人对某种事物具备了一定的认识后,就会对其背后的故事或者相关事物感兴趣。消费者的认知包括长期认知和短期认知。

长期认知主要是指共同的文化、所接受的教育、生活积累的常识等,具有一定的长期性和稳定性。长期认知与消费者成长的文化环境密切相关。文化,既是走进消费者内心世界的必经之路,又是广告创意的素材宝藏。日本汽车进入中国市场时,设计了广告语"车到山前必有路,有路必有丰田车",巧妙地借鉴中国广为流传的俗语,使中国消费者产生亲切感和认同感,且该广告语朗朗上口,易于记忆。随着中国经济的发展,国际影响力的增强,"90后"消费者对中国文化的认同感越来越强。2010年前后,诞生了大量的新国潮品牌,凭借对中国文化的深挖而一举成名。彩妆品牌花西子强调其"东方彩妆,以花养妆"的文化理念,在视觉上彰显中国审美特点,利用品牌故事引经据典,深挖中国传统文化,在竞争激烈的中国彩妆市场中脱颖而出。

案例2-3

伯恩巴克:打造大众对甲壳虫汽车的长期认知

20世纪60年代,威廉·伯恩巴克[一]开始为甲壳虫汽车提供广告营

[一] 威廉·伯恩巴克(1911—1982),广告文学派的代表,倡导广告创意的先锋。1949年,伯恩巴克与道尔和戴恩在麦迪逊大道上共同创办了DDB广告公司。伯恩巴克为大众汽车、安飞士出租汽车、宝丽来便携相机、美国航空、百威啤酒等公司服务,创作了一系列至今仍被奉为经典的广告。

销服务。甲壳虫汽车进入美国市场不久,销售一直很惨淡,主要有两方面问题:①在那个时代,二战结束后不久,美国人对德国人存在偏见,认为德国制造是山寨和粗制滥造的代名词;②美国人喜欢空间宽敞的私家车,认为甲壳虫汽车空间太小,甚至有点小气。伯恩巴克的首要任务就是要改变美国人对甲壳虫汽车的偏见,建立有利于甲壳虫汽车的长期认知。

伯恩巴克亲自飞到德国沃尔夫斯堡的工厂调研甲壳虫汽车的生产流程,看到工厂为避免生产错误而投资了浩大的检查系统,杜绝不合格产品出厂。伯恩巴克将广告诉求确定为告诉美国公众——甲壳虫是一部诚实的车子。广告画面中只有一辆车子和一个标题"柠檬"(Lemon),如图2-4所示,柠檬代指令人不满意的车子。配文描述的是一名苛刻的大众公司检查员认为这辆车子是令人不满意的车子(Lemon),仅仅是因为在某处有一点肉眼几乎看不见的微伤。这则广告通过朴实的文风、简洁的画面,建立了大众对甲壳虫汽车的长期认知——质量好。

图 2-4　甲壳虫汽车广告"Lemon"

图片来源:https://www.sohu.com/a/367258105_99907325.

紧接着，伯恩巴克又主导设计了"Think small"这一广告创意，如图 2-5 所示。广告画面巨幅留白，小小的甲壳虫占了不到 1/25 的版面，明确突出了"小"这一卖点。配图文字内容是"想一想小的好处。我们的小车不再是个新奇事物了……尤其是当你停车找不到大的泊位或为很高的保险费、修理费，或者为换不到一辆称心的车而烦恼时，请你考虑一下小甲壳虫车吧！"这则广告通过对比强烈的画面、言简意赅的文字，建立了大众对甲壳虫汽车的长期认知——小有小的好处。经过 3 年的持续宣传，甲壳虫的年销量从 15 万辆涨到了超过 100 万辆。

图 2-5　甲壳虫汽车广告"Think small"

图片来源：https://www.zhihu.com/question/274341436/answer/566377198.

为了改变美国人认为甲壳虫汽车小气的偏见，伯恩巴克还给甲壳虫设计了《送葬车队》广告创意，如图 2-6 所示，用诙谐的方式表达"甲壳虫是千亿富豪的选择"，避免甲壳虫因为经济实惠而陷入低档品牌的窘境。画面是"隆重的送葬车队"，标题是"车中的每个人都是下边遗嘱的受益人",文案内容"遗嘱:我——麦克斯韦尔·斯内弗尔,趁清醒时发布以下遗嘱:给我那花钱如流水的太太罗丝留下100美元和1本日历;我的儿子罗德内和维克多把我的每一枚5分币都花在时髦车和女人身上,我给他们留下50美元的5分币……最后是我的侄子哈罗德,他常说省一分钱等于挣一分钱,还说买一辆甲壳虫车肯定很划算。我呀,决定把我所有的1000亿美元财产都留给他!"这则广告通过幽默的故事、反转的结局,建立了大众对甲壳虫汽车的长期认知——富人的选择。

图2-6 甲壳虫汽车广告《送葬车队》

图片来源:https://site.douban.com/107794/widget/notes/139937/note/91612806/.

短期认知主要由情景而生,在个体层面呈现出显著的差异性,但在社会公共话题上具有广泛的群体共同性,在短期内可以自发快速传播,比如:世界杯足球赛是球迷们的集体狂欢、重大自然灾害前的万众一心等。新浪微博是互联网领域重要的资讯和观点平台,媒体属性很强,是公共事件的重要传播阵地,也是很多舆论热点事件的传播源头。微博热搜，就是微博上最热门的资讯，直接反映网民近期的兴趣点，一旦登上热搜榜，就能达到事半功倍的效果。

案例 2-4

鸿星尔克：意料之外的微博热搜

2021年7月17日至23日，河南省遭遇历史罕见特大暴雨，发生严重洪涝灾害。一方有难，八方支援，全国人民纷纷自愿捐款捐物，以各种方式密切关注灾情进展。7月21日，鸿星尔克在新浪微博上发布消息，为河南灾区捐款5000万元，而这家企业产品价格仅百元左右，2020年亏损超过2亿元，这一破产式捐款行为引起网友们的异常关注。

7月22日晚，微博话题#鸿星尔克的微博评论好心酸#登顶热搜榜，直播间的商品瞬间卖断货，公司老板连夜走入直播间劝网友理性消费。即使这样，也拦不住广大网友在鸿星尔克线上线下旗舰店"野性消费"，以表达对爱国企业的支持。7月23日，鸿星尔克当日销售额同比增长超52倍。截至7月26日19时，微博话题阅读量已达10.2亿次，评论数超17万条，鸿星尔克官方捐款声明微博转载数达22.9万次，评论数超28.4万条。

D：欲望

AIDMA模型中Demand被翻译为欲望、需要或需求，在本节中不严格区分。说到需求，不得不提到美国著名心理学家马斯洛，1943年他首次提出了需求层次论，最终形成成熟的马斯洛需求理论（见图2-7），主要包括三方面内容：人类有五种基本需求；需求是有层次的；行为是由优势需求决定的。

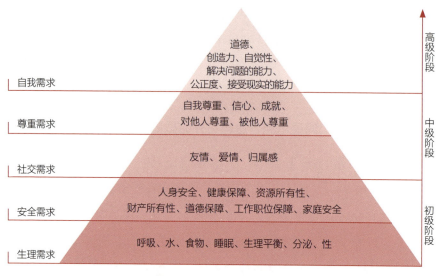

图 2-7　马斯洛需求理论

图片来源：http://cnshan.org/Protal/agency_news_detail?id=142&news_id=23845.

五种基本需求包括：①生理需求，是指衣食住行等维持人类生存的基本需求；②安全需求，是指人身安全、财产安全、社会稳定等；③社交需求，是指结交朋友、拥有伴侣、有集体归属感等；④尊重需求，是指希望得到他人的尊重、对他人尊重等；⑤自我需求，是指实现个人理想抱负、获得成功等成就感。在此基础上，马斯洛后续补充了认知需求、审美需求、超越需求等，本书暂且归到自我需求里面。

马斯洛认为通常情况下，这五种需求由低到高呈金字塔形。高级需求出现之前，必须先满足低级需求。在从动物到人的进化中，高级需求出现得比较晚，婴儿有生理需求和安全需求，成人后才有自我需求。低级需求直接关系着个体的生存，得不到满足就会直接危及生命；高级需求不是维持个体生存所必需的，但是满足这种需求能使人健康、长寿、精力旺盛，所以这叫作生长需求。

此外，马斯洛认为需求层次的顺序并非绝对"刻板"，并提出优势需求决定行为。马斯洛认为人的需求是复杂并存的，由占优势地位的需求决定人的行为。在一种需求被满足以后，它就不再是行为的积极推动力，比如：人吃饱饭后就不会继续到处找食物，处于热恋期的情侣不会继续求偶，拥有财富的企业家更看重其公众形象，等等。人们对优势需求的选择与判断各不相同，比如：足球运动员更看重团队社交需求里的集体归属感，网球运动员更看重自我需求里的个人成就感，模特更看重自我需求里的美丽因而能忍饥挨饿，流量明星更看重自我需求里的名气因而能暂时放弃爱情。

马斯洛对需求的研究，给广告营销从业者提供了很多具体指导原则。在广告中明示产品的功能，满足消费者哪个具体需求，这是基础要求。具体到食品广告，要强调产品给消费者带来的极致体验，比如：吃美食时张大的口、满足的微笑、咀嚼的声音等，将五官的刺激反应充分展现出来。售卖奢侈品时，不应强调服装的御寒功能，而应瞄准高级需求，展现穿戴者的优雅美丽、成功幸福、被尊重、被欣赏等。在广告传播过程中，更要利用人的社交需求，鼓励用户去分享。

○ **案例 2-5**

奥格威：打造"穿哈撒韦衬衫的男人"

大卫·奥格威[○]开始为哈撒韦衬衫提供广告营销服务时，哈撒韦衬

○ 大卫·奥格威（1911—1999），被誉为"广告教父"，创办了奥美广告公司，是品牌形象理论的开创者。奥格威认为品牌形象不是产品固有的，而是消费者对产品的质量、价格、历史等产生的综合印象，企业的一切活动都是为了建立自己的品牌，使自己的品牌在消费者心中形成一个不同于其他产品的形象，因而每一则广告都是构成整个品牌长期投资的一部分。奥格威是很多国际品牌的幕后推手，如劳斯莱斯、美国运通、福特、壳牌、西尔斯百货、雅芳、庞氏、强生、IBM等。

衫已有上百年历史，但是一直默默无闻。奥格威在哈撒韦衬衫广告创意中充分展现对人性的洞察，激发起人们内心的欲望。

在那个年代，衬衫是严谨的象征，是去掉个性、职业规范的形象代名词，然而自由和个性是每个人的自我需求。奥格威大胆使用了戴眼罩的男人这一形象，戴眼罩在当时被认为是特立独行者的行为，强烈的人物冲突打破了大众对衬衫的刻板印象，迎合消费者追求个性的自我需求，成功引起消费者的注意和好奇。

不仅如此，奥格威在一系列广告中展现男模特的生活场景，将男模特打造成每个男人的梦中形象：在卡耐基大厅指挥纽约爱乐乐团、临摹戈雅的画、击剑、驾驶游艇等。这种与众不同、凌驾世俗的超然生活，是每个男人心中渴望的生活。

在具体的广告创意上，基本3/4版面是戴眼罩的男人形象，1/4版面是广告文案，如图2-8所示。奥格威通过类似连载的文案，借助大量的文字，详细描述了衬衫生产的全部细节，涵盖选料、设计、裁剪、缝纫等，把每一件衬衫塑造成了艺术品。哈撒韦衬衫在30余年内沿用了这个广告创意，成功在消费者心目中打造出高档男士衬衫的形象。

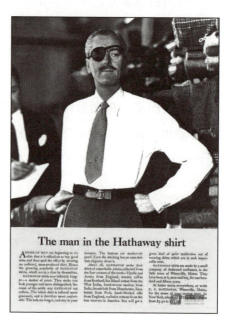

图 2-8　哈撒韦衬衫广告

图片来源：https://www.zhihu.com/question/29343336。

M：记忆

消费者记忆广告的过程，可以分为三个环节：识记、保持和回忆。识记，是对广告内容的输入和加工；保持，则是防止遗忘；回忆，是调用大脑内已存储的信息。

1. 识记

广告识记是记忆的开始，是保持记忆的前提，因而非常重要。识记，需要大脑对广告信息进行感知和思考。通常情况下，消费者是被动接受广告，不会刻意识记，除非与需求、兴趣、情感产生某种关系。由于消费者每天接触的广告越来越多，自动免疫或者屏蔽广告的能力越来越强，因而对广告创意要求也越来越高。广告内容不能太多，否则会给消费者带来认知负担；应当充分考虑受众的文化和知识结构，不要出现过于深奥的信息；尽量贴近消费者的生活和情感，降低消费者的认知困难。

消费者不是简单地识记广告，还会对广告内容进行二次加工，即受众在接收到广告时，会将广告内容进行还原或翻译，把代表信息的元素符号转换成自己能理解与记忆的信息。这个过程与受众自身的生活经验相关，受个性、感情、心理、环境等各种因素的影响，是对广告的二次创造。广告中出现的元素符号在受众心目中有一定的意义范围，他们会联系既有的感知经验来加工这些信息，在头脑中再造出一条完整的信息或一个完整的故事情节，广告制作者无法完全控制。因此，广告制作者进行广告创意时，需要考虑所选取的元素符号是否有歧义，以及如何更好地激发和利用受众的二次创造。

◐ 案例 2-6

罗瑟·瑞夫斯[一]：创造 M&M 巧克力豆经典广告语

1954 年美国玛氏公司苦于新开发的巧克力豆不能打开销路而找到瑞夫斯。20 世纪中叶美国市场上有很多种巧克力豆，要让消费者记住 M&M 巧克力豆，就需要找到 M&M 巧克力豆与众不同的特点。瑞夫斯发现 M&M 豆是当时美国唯一用糖衣包裹的巧克力豆。有了这个与众不同的特点，瑞夫斯仅仅花了 10 分钟，便形成了广告创意——M&M 巧克力豆"只溶在口，不溶在手"。随后，瑞夫斯为 M&M 巧克力豆策划了电视广告片（见图 2-9）："画面：一只脏手，一只干净的手。画外音：哪只手里有 M&M 巧克力豆？不是这只脏手，而是这只手。因为 M&M 巧克力豆只溶在口，不溶在手。"

图 2-9　M&M 巧克力豆广告

图片来源：https://baijiahao.baidu.com/s?id=1689566497665110732&wfr=spider&for=pc.

[一] 罗瑟·瑞夫斯（1910—1984），曾任达彼思广告公司董事长，提出了著名的"USP 理论"，对广告界产生了经久不衰的影响。USP（Unique Selling Proposition）理论，即"独特销售主张"，强调广告应发掘每件商品的独特性，将其转化成广告传播的独特购买理由，进而诱导消费者购买。他创造了很多经典广告案例，如高露洁牙膏、总督牌香烟、安诺星止疼药等。

简单而清晰的广告语"只溶在口,不溶在手",让消费者轻松识记,且与消费者的生活经验紧密联系,让消费者自然而然地对广告内容进行二次加工。消费者看到这个广告时,就会想到拿其他巧克力豆弄脏手的不适感,开始幻想吃 M&M 巧克力豆时两手干净的美好。这一广告语让 M&M 巧克力豆不粘手的特点深入人心,从此名声大振,家喻户晓,成为人们争相购买的糖果。

2. 保持

保持记忆,就是与遗忘做斗争。1885 年,德国心理学家艾宾浩斯提出了著名的"艾宾浩斯遗忘曲线"。艾宾浩斯通过研究发现,遗忘在学习之后立即开始,而且遗忘的进程并不是均匀的,最初遗忘速度很快,以后逐渐变得缓慢,于是他根据实验数据绘成描述遗忘进程的曲线,即著名的艾宾浩斯遗忘曲线,如图 2-10 所示。

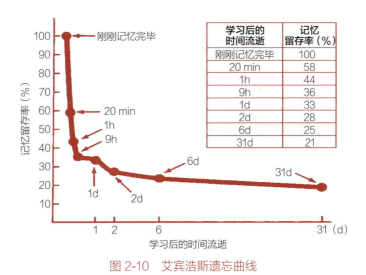

图 2-10　艾宾浩斯遗忘曲线

图片来源:https://www.sohu.com/a/46331233_182548.

重复，是对抗遗忘最有效的办法。鉴于最初的遗忘速度最快，因而广告很有必要在同一天内反复出现。具体到广告投放上，做户外广告投放时，尤其是公交站台广告，通常建议广告主按照公交车运行路线购买3处以上，以达到同一天内多次出现在消费者眼前的目的。在投放周期上，建议广告投放周期不低于1个月，通过持续重复来强化记忆。日用消费品需要全年不停地投放广告，这也是日用消费品常年占据广告主投放量榜首的原因。

3. 回忆

回忆是指调用大脑内已存储的信息。我们或多或少都有过"话到嘴边却忘了"的尴尬经历，并不是我们没有记住，而是突然想不起来了。举例来说，大脑就像一个巨大的图书馆，识记过程相当于按照一定的存储规则往大脑这个图书馆里放书，保持过程相当于维持图书馆清洁可用等日常运营，回忆过程则相当于在图书馆检索和取书。因而，广告信息与其他记忆内容产生的联系越多，越容易被检索，也就越容易被联想到、被回忆起来。

如果广告信息与消费者的高频或者刚需记忆内容相联系，则更容易被联想到、被回忆起来。产品定位理论中的品类原则，即成功的品牌应当是品类的代名词，就是通过与品类强联系，从而让消费者更容易想起企业品牌。

2005年，百度确定其品牌广告语"百度一下，你就知道"，成功抢占搜索引擎这个品类市场。所谓"百度一下"，就是搜索一下。通过持续投放广告，百度公司将"百度一下"成功打造成了人们进行搜索的新动词，使其成为人们进行中文网上搜索时想到的第一品牌。

王老吉作为传统凉茶品牌，数年来是广东地区的区域品牌和地方饮料，很难有所突破，2002年的销售额不到2亿元。2003年，王老吉重新定位其为预防上火的饮料，正式推出广告语"怕上火，喝王老吉"，通过大量投放广告，抢占"怕上火"这一品类市场，让消费者一看到或者想到"上火"，就会想到王老吉，从而实现一年销售额增长330%。如今，王老吉已经成为家喻户晓的全国品牌，年销售额过百亿元。王老吉已经成为凉茶的代名词，"怕上火"这一消费痛点的第一饮料品牌。⊖

A：行动

消费者的行为包括很多，比如：搜索、寻找、到店、询问他人、体验、购买等，需要根据不同的消费场景细化分析。并且，一旦进入到行动环节，广告的作用就会弱化，人员推销、交易便利性、现场体验等将具有更重要的作用。

1. 培养消费习惯

培养消费习惯，能增加消费者行为的可控性和预测性，是广告营销的重要课题。一旦形成消费习惯，就能让消费行为成为潜意识行为，缩短冗长的心理过程，减少干扰因素，形成持续稳定的复购。

早在20世纪初，美国行为主义心理学家华生就进行了大量研究和论证，提出可以通过将具体场景、时间或者气氛与企业品牌深度绑定，培养潜意识的消费习惯。在华生所处的时代，卖咖啡的常规创意是宣传咖啡的香浓，而华生另辟蹊径，发起了一场"咖啡时间"广告活动，在广告中展现大家相聚喝咖啡的温馨时刻，涵盖办公室、工厂、家庭等场景，如图2-11所示。这场"咖啡时间"广告活动改变了美国人的

⊖ 根据媒体公开报道整理。

生活习惯，使"咖啡时间"成为美国人居家办公的日常习惯，成功将麦斯威尔这一咖啡品牌打造成行业翘楚。

图 2-11　麦斯威尔广告《咖啡时间》

图片来源：https://xw.qq.com/cmsid/20200514A09IFB00。

沿用至今且最典型的消费习惯案例就是双 11 购物节。双 11 购物节是指每年 11 月 11 日的网络促销日，源于淘宝商城（后更名为"天猫"）于 2009 年 11 月 11 日举办的网络促销活动，目前已成为电子商务网站全年最重要的促销活动。双 11 购物节期间，以天猫为代表的电商网站会集结各大企业给出全年最大优惠力度，且电商网站也会给予全年最大力度的补贴，通过十余年的发展，双 11 购物节已经成为消费者最重视的购物活动，每年等到双 11 购物节疯狂购买商品。因而，双 11 购物节的交易记录屡创新高。2020 年双 11 购物节，虽然在新冠肺炎疫情笼罩下，但天猫交易额依然高达 3723 亿元。㊀

㊀　根据企业公开数据整理。

在中国，几乎所有的电商网站都会加入双 11 购物节，包括京东、拼多多、唯品会、苏宁易购等，线下店铺也陆续加入。双 11 购物节已经成为全民狂欢节，不仅可以买日用品，甚至还能买房；不仅抢购商品，还有电视直播晚会，有了春晚的气氛；11 月 11 日的零点抢购，更是年轻人必做的功课，部分公司为了让员工买得尽兴，甚至给员工放假。

除了双 11 购物节，还有 618 购物节、527 吃货节等，都是商家创造的节日，目的就是培养用户的消费习惯。

2. 客观看待非理性消费

（1）典型的非理性消费。非理性消费，是指没有经过理性思考所产生的消费行为，大多数情况下 AIDMA 法则会失效。进入 21 世纪，消费行为发生了巨大变化，出现了许多新的消费趋势：为情感买单，为信仰充值；移动支付让消费者变得对价格没有那么敏感……伴随网络购物和移动支付的快速普及，购物越来越便捷，客观上助推了非理性消费行为。

非理性消费的典型行为包括冲动消费、从众消费和顺从消费。

1）冲动消费：购物网站上的促销广告、商场中摆放的促销广告、销售人员推荐的优惠活动等，都是在诱导消费者进行冲动消费。每年双 11 购物节之后，疯狂购物的消费者就会发现自己买了一些一年都用不完的商品而后悔不已，"剁手"一词生动地揭示了消费者冲动消费之后的懊恼。由于冲动消费是利用消费者占便宜的心理，因而广告语应当直接说明优惠力度，比如：有史以来最大规模促销、价保 30 天等。

2）从众消费：看着别人买，自己也跟着买。香飘飘奶茶在广告中说其 "2009 年卖出 7 亿多杯奶茶，杯子连起来可绕地球 2 圈"，就是在明示消费者香飘飘奶茶拥有"深厚的群众基础",是大多数人的选择,更应该成为你的选择。中国移动针对校园师生推出品牌"动感地带",根据老师和学生的电话消费特点设计了专属优惠套餐,主打广告语"用动感地带,相信90%师生的共同选择",就是在利用从众消费心理。

3)顺从消费:利用名人效应、明星光环等引导消费者消费。顺从消费在"00后"人群中表现得最为突出,"为情感买单,为信仰充值"是他们的消费理念,他们热衷于为自己喜欢的明星买单,不管自己是否需要,也不管价格是否合理。明星代言广告用在普通消费者身上,是为了让广告更加容易被注意、被记忆;用在重度粉丝身上,就能让粉丝跳过理性思考,进行顺从消费。例如,某当红男明星,代言雅诗兰黛口红。作为一名男性去代言女性口红,从功能角度讲不具有说服力。但是作为当红男明星,他有众多女粉丝,仅代言这一消息,微博话题阅读量就超过5.5亿次,可见其对消费者顺从消费行为的影响力极强。

(2)非理性消费的理论依据。关于非理性消费产生的原因及呈现的规律,AIDMA法则显然失效了,有两位诺贝尔经济学奖获得者分别进行了科学阐述。

2017年诺贝尔经济学奖获得者、著名行为经济学家理查德·泰勒在1980年提出了"双重自我模型"。泰勒认为,人类的大脑不是一个决策整体,而是两种同时存在的自我联合体,其中一个是"短视的冲动者",只想获得快速、高效的及时满足;另一个是"长远的计划者",负责理性思考,管理"短视的冲动者"。人们的决策过程由这两个同时存在的自我来确定,而短期利益与长期利益之间经常出现冲突,"短视的冲动者"常常获胜,从而导致非理性行为产生,比如:减肥者不能抵御眼前美食的诱惑、戒烟者常常半途而废等。

2002年诺贝尔经济学奖获得者、著名心理学家丹尼尔·卡尼曼在其2011年出版的《思考，快与慢》一书中，详细阐述了双脑通道：人类的大脑有快与慢两种做决定的方式。常用的无意识的"系统1"，依赖情感、记忆和经验，能对眼前情况做出快速反应。但"系统1"很容易上当，任由损失厌恶、乐观偏见等错觉引导我们做出错误选择。有意识的"系统2"通过调动注意力来分析和解决问题，比较慢，但不容易出错，只是很懒惰，经常直接采用"系统1"的结论。通过行为实验和科学分析，卡尼曼科学论证和剖析了这些原理，并提出避免犯错的方法。

两位学者的主要结论基本相同，"短视的冲动者"和"系统1"支配下的消费行为呈现非理性特点，"长远的计划者"和"系统2"更多地进行理性消费决策，两大阵营均有主导时刻，因而消费者的行为既有非理性消费，又有理性消费，且非理性消费经常占据上风。但是，非理性消费会让消费者产生后悔情绪，甚至产生排斥行为，因而需要妥善处理好"系统1"和"系统2"之间的关系，在引导消费者进行非理性消费时要适度，如此才能实现基业长青。

◎ 案例2-7

直播带货："系统1"+"系统2"

直播带货是近年来兴起的一种营销方式，它集广告、渠道、销售终端于一体，缩短了营销供应链条，降低了营销渠道成本，深受商家和消费者的欢迎。作为互联网行业依然火热的领域，它总是以各种方式冲击着人们的想象力，不时登上微博热搜：五分钟卖出一万五千支口红、直播卖火箭、直播间卖断货……根据艾瑞咨询的数据，截至2020年年底，中国直播带货市场规模超过12 000亿元，直播带货已经逐渐成为企业常用的广告营销手段。

以某知名主播为例,"OH MY GOD!""所有女生!""买它!""我的妈呀!""太好看了吧!"这些口头语极具感染力,加上价格优惠和数量限制,很容易让消费者的"系统1"占上风,"系统2"还没反应过来就已做出购买决策。这种方式为商家创造了价值,但也难免让一些消费者在购买完商品后产生后悔情绪,甚至有些消费者为了避免自己冲动消费,克制自己打开直播间。

在2021年双11购物节预热中,该知名主播团队整理了直播间购买攻略,并提前发给消费者,涵盖439种商品,详细罗列产品导航、直播顺序、价格优惠、购买攻略等。在这样的预热策略下,消费者有充足的时间来调动"系统2"思考,那些曾经害怕冲动消费的消费者,可以通过前期"精打细算"选择更适合他们的产品和更适合他们的直播时间段。

通过妥善平衡"系统1"和"系统2",该知名主播实现了直播带货事业的可持续发展。

广告创意

广告是一门艺术性和科学性并重的学科。艺术,依据情感和审美法则来描述客观世界,表达丰富多变的人类心理活动,创造激动人心的情景,让人们得到美的享受和情感体验。科学,则是经验发现和理性证明的产物,区别于艺术的个体化差异,呈现出普适性和一致性。广告营销活动本身是带有明确商业目的的市场行为,是跨部门协作的复杂过程,需要科学地规划和管理,如市场分析、消费者调研、广告效果测算等;但是,广告营销的对象和原点是消费者,消费者具有丰富的情感和复杂的心理,且随着物质生活的持续提高,审美水平和艺术品位越来越高，对广告创意的要求也越来越高。广告创意是广告艺术属性的主要体现。

广告创意对于广告营销工作至关重要，但什么是广告创意，目前产业界和学术界尚无统一定义。从实践角度看，产业界普遍认为广告创意是对广告主题、内容和表现形式所进行的创造性思考和构想。从广义来讲，广告创意包含广告活动中的创造性思维，涵盖广告营销活动的全流程，从战略到战术，再到具体的广告媒介等。从狭义来讲，广告创意仅指通过大胆新奇的手法来创造与众不同的视听效果，从而最大限度地吸引消费者。本书更认同广义定义，**广告创意是一项创造性的思维活动，涵盖广告内容和广告形式，体现在广告活动的全过程中**。

广告创意没有方程式，没有普适方法论。广告创意具有很强的艺术性，对其好坏的评价，既主观又存在显著的个体差异。不同的文化背景、不同的受教育程度、不同身份职业的人，对同一个广告创意的评价，可谓"仁者见仁，智者见智"。然而，广告创意不是纯粹的艺术创造，是带有明确目的的商业行为，需要产生商业价值，因而需要一些通用原则来指导创意方向、约束创意的天马行空。著名艺术家斯坦尼斯拉夫斯基曾说过："认为艺术家的自由在于他想干什么就干什么，这是错误的。这是胡作非为者的自由。"这个世界原本没有绝对的自由，广告创意就是在有限自由中寻找更高境界的自由。

广告创意的 5 个原则

广告创意的原则源于商业实践，是对成功广告案例的剖析与总结，是对失败广告经验的复盘思考，各家有各家的独门秘籍。基于 20 余年广告实战经验，张茜博士提出广告创意的 5 个原则：营销任务导向、消费者至上、内容与形式共生、可信和适度。

1. 营销任务导向

以营销为目标，说明广告创意是带着任务的，而且是明确的商业目标。也正因为这个特点，广告创意被誉为商业化的艺术。同样是创意，艺术家追求的是个体化表达，从个体感受出发，表现个人的内心体验，不太在意别人的看法和评价。广告创意最在意的就是消费者的看法和评价，表达的是企业的营销诉求，而将艺术家的个体化表达局限在一定的范围内，可以用"戴着镣铐跳舞"来形容。

案例 2-8

埃及地产公司的广告片《艺术生活》

埃及地产公司 Palm Hills Development 制作的广告片《艺术生活》形象地阐述了广告创意的营销导向。《艺术生活》为了宣传其地产项目 Badya，一个充满艺术气息的社区，在不到 2 分钟的视频中，用地产实景再现世界名画，充满了艺术气息。如图 2-12 至图 2-14 所示，左图是艺术家呈现的世界，右图是广告片中呈现的世界，虽然构图、意境、色调等都很相似，但是名画表达的是艺术家的内心，而广告片表现的是 Badya 地产项目。

图 2-12 《麦田里的丝柏树》(文森特·梵高) 以及广告画面

图 2-13 《女神游乐厅的吧台》(爱德华·马奈) 以及广告画面

图 2-14 《倒牛奶的女佣人》(约翰内斯·维米尔) 以及广告画面

图片为视频截图,视频来源:https://iwebad.com/video/3314.html.

广告是手段,营销是目的。广告创意作为广告的一部分,更应该以终为始,将营销任务放在第一位。有一些广告创意虽然有趣生动,但是消费者只记住广告创意而没有记住企业和产品,不得不说还是失败的。

◎ 案例 2-9

卫仕 NOURSE:喧宾夺主

卫仕 NOURSE 成立于 2004 年,专门生产宠物猫的保健食品,涵盖维生素、化毛球片、卵磷脂等。2021 年卫仕聘请中国当红明星胡歌代言,请其在广告片中饰演一只16岁的橘猫(见图2-15)。广告片一经推出,就引发粉丝的热情关注,并在互联网上引起了热议。胡歌作为当红实力派男演员,首次出演一只猫,且还是广告片中的猫,这本身就是一个新闻事件,能引起消费者的强烈关注。尽管广告片中有产品出镜、有品牌广告语(Slogan)定版,但是消费者依然记不住卫仕NOURSE这个品牌,而将所有的关注都集中在胡歌的演技上了。不得不说,广告创意虽好,但是喧宾夺主,没有完成营销任务。

 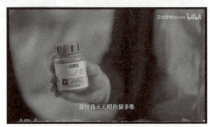

图 2-15　卫仕 NOURSE 广告《橘猫》

图片为视频截图,视频来源:https://www.bilibili.com/video/BV1y541137ac?spm_id_from=333.999.0.0。

2. 消费者至上

对消费者的研究卷帙浩繁，不断有新的发现。然而，大道至简，张茜博士认为，消费者至上的关键是"找痛点、造嗨点、挠痒点"。

（1）痛点，对应人类的恐惧，诸如害怕失业、渴望安全、生老病死等。广告创意应当找到消费者的痛点，简单直接地告知产品能解决这一痛点。找痛点，崇尚深度研究产品，发掘产品的独特性，并匹配解决消费者的具体痛点，从而构成消费者的购买理由。

◎ 案例2-10

江小白：懂年轻人的痛

2012年，江小白开始在已经几近成熟的白酒市场建立自己的品牌。没有像其他酒类品牌一样主打中高端路线，江小白在成立之初就奉行"年轻态和轻松时刻"，选择从消费者出发，把自己定位成一个年轻人消费的品牌，通过详细的市场调研和产品迭代，研发出了符合年轻人口味的白酒。当然，仅仅有这种产品的差异化还是不够的，一个品牌的发展还需要让它的目标受众认同它的价值。

酒，几乎是聚会社交、情绪发泄的必备单品，消费场景十分明确。江小白要想通过广告实现年轻人对它的认可，需要真正了解这个场景下的年轻人的痛点。年轻人敢想、敢拼、热情、真实，喜欢新鲜感，也有自己的小情绪；初入社会的年轻人，有理想也有遗憾，有期待也有失落；年轻人期待别人看见，又害怕过分表达。

江小白在《致我们情绪的青春》一文中这样写道："我们捕捉每一个青春个体的丰富情绪，并向你提供一种带有酒精度的神奇饮料，它能放大我们的情绪。它能让我们更幸福、更快乐、更激情、更兄弟、更姐妹，也可能让我们更孤独、更悲伤、更恐惧、更沮丧。我们喜欢的情绪，就让它淋漓尽致，我们回避不了的情绪，就让它来得更猛烈！"

通过语录包装，帮助年轻人说出一些他们想表达又十分应景的话，无疑能够戳中他们的内心。年轻人聚会喝江小白，酒足饭饱后可以拍个语录的照片，顺势吐露心声，真实、不做作、温暖、不冷漠。

通过这种贴合年轻人痛点、戳中年轻人内心的行为，江小白迅速打开了年轻人这个消费群体的入口，让年轻人的酒文化通过年轻人自己的选择重新表达出来，并再次引起了极大的传播和热议，提升了广告传播的效果。

（2）嗨点，对应人类的快乐，本质上强调产品给人带来的快感。快乐，谁不喜欢呢？可口可乐，不是必需饮料，且含糖量高，属于不健康饮品。但是，人们就是喜欢喝可口可乐，喜欢其红色包装的活力、气泡在口中爆炸的刺激、甜甜味道带来的幸福感、冰爽口感的畅快……这些快乐的体验，都是可口可乐广告片中刻意设计的元素，直击消费者嗨点。

❖ **案例2-11**

网易云音乐：大家一起"嗨"⊖

2017年3月20日，网易云音乐联合杭州地铁发起了"看见音乐的力量"营销活动，把点赞量最高的5000条优质乐评印满了杭州市地铁1号线和整个江陵路地铁站。3月21日，活动第二天，官方微信号主传播文案阅读量超过10万次，是平时阅读量的5倍。专列上线4天，网易云音乐App下载量就升至同类App排行榜首位。

⊖ 资料来源：媒体公开报道和企业公开数据资料。

从内容上看，广告展示的是 UGC（User Generated Content，用户生产内容）评论本身。自 2013 年网易云音乐 App 上线以来，评论功能一直就是产品的核心功能，日均产生 64 万条评论，很多用户已经养成了"边听歌边评论"的习惯。这些评论真实、有力量，具有很强的情绪价值。

从传播载体上看，地铁是很好的情感载体，上班族本身就是 App 的受众，在上下班的途中看到带有情感的乐评，内心的柔软被触及，很容易完成情绪的传播和扩散。评论的位置和编排十分讲究，与地铁和地铁站浑然一体，给足了大众拍照留念的位置。无数人驻足拍照，在社交媒体上传播，甚至吸引了其他地区的人到当地打卡。

本次活动之所以取得巨大成功，是因为网易云音乐让消费者"嗨"起来了：在广告中照搬用户评论，给予用户展示的舞台，满足用户被看到的内心期待；以真实、正面的评论为主，让大家得到温暖，给疲惫的打工族创造情绪价值；巧妙的拍照打卡设计，借助社交媒体的传播，给每一个传播者带来分享的欢乐。

（3）痒点，对应人类的梦想，人们渴望追求还有一定距离的目标。豪车广告展现成功人士高大上的生活，护肤品广告展现女人完美无瑕的肌肤，洗发水广告展现如丝绸般柔顺的秀发……这些都是在给消费者造梦，给普通人的生活加料，将购买动机深植消费者心里。

案例 2-12

奔驰：撩拨人的痒点

奔驰在 2021 年春节发布广告片《心之所向》，展现了 3 个实现梦想的小故事。经历了 2020 年年初的新冠肺炎疫情，2021 年春节团圆对所有中国人来说都变得更加重要。《心之所向》用三个贴近生活的故事，把不同群体对爱的追寻和表达，与奔驰汽车融合起来，形成了绝佳的传播效果。

【故事1】 情侣在餐馆分手，转场见两人开车背道出发，伴随着汽车驶离，轰鸣声渐行渐远。两人开着车，脑海里涌现种种回忆，给汽车的导航下了语音指令："带我去一个我没去过的地方。"一个现实中不太会出现的指令，体现出两人对爱情的向往和迷茫。最后，两人在高楼楼顶相遇，感动重逢，携手看日出。广告片给了一个两人相依看日出的特写，象征相伴和相爱像每天的日出一样都会发生，用视觉刺激诠释了"爱是什么"。

【故事2】 海鲜馆的夫妻忙碌地做着海鲜面，厨房的油烟、应接不暇的订单象征着一家人忙碌的生活，只是所有人都在重复一句话："来不及了。"这个"来不及了"指的是来不及回到母亲家过年了，短短四个字，体现出对回家的期待。店铺关门后，丈夫以为已经来不及赶回母亲家，妻子开着新买的奔驰车过来了，他们踏上了归家的旅途。在装年货的过程中，妻子用脚踢了一下汽车尾部底盘，后备箱车盖自动翻开，简单的触觉激发设计体现了新车的便利功能。转眼间一家人已经回到了母亲家，本来以为孩子们回不来的母亲，开心地坐着孩子们的新车，冲窗外大喊："我女儿回来了！"一句话饱含了所有父母对孩子的思念。

【故事3】 爱登山的女孩春节要去参加训练营，父亲不让，两人吵了起来，正在做饭的祖父拿出奔驰车钥匙，要送女孩去机场。爷孙二人启动车辆上路，开车门、点启动按钮，满满的生疏感，却体现出爷爷对孙女的支持和爱。到了机场，爷爷把象征着传统年味的食物交给女孩。女孩顺利到达目的地，开始吃爷爷给的食物，充满年味的食物让她开始想家。女孩给父亲打电话说新年快乐，一回头，看见父亲站在身后。原来父亲担心女儿的安全，也来到了这个地方，父女二人和解。

在整支广告片中，奔驰汽车是助人实现梦想的工具，加上强烈的情感共鸣，直击消费者痒点，将购买动机潜移默化地植入消费者心中。

无论广告创意是找痛点、造嗨点还是挠痒点，在具体呈现上都要求原创，拒绝雷同，因此要求不断创新。对于同样的广告创意，即使是纯属巧合的雷同，后来人也是"东施效颦"，在效果上不能引起消费者的注意，甚至招来消费者的鄙夷。2015年苹果为iPad Pro推出手写笔Apple Pencil，广告语为"看似熟悉，却尽是创新"，画面展示了iPad Pro的薄如纸张、使用手写笔跟传统执笔书写的类似，这都生动呼应和阐释了广告语，如图2-16所示。精妙的广告创意，很好地突出了产品的特点，成功引起了消费者的注意。新加坡宜家家居公司迅速创作了一个平面广告，主角是宜家免费派发的小铅笔，文案是"绝对熟悉，完全免费"，配上全白背景和构图，明目张胆地抄袭苹果广告创意。宜家家居的这则广告引发了消费者的热烈讨论，传播范围很大。本书认为其虽收获了知名度，但是伤害了美誉度。

图2-16　苹果广告"Apple Pencil"以及宜家广告《小铅笔》

图片来源：https://baijiahao.baidu.com/s?id=1703448301760861225&wfr=spider&for=pc.

3. 内容与形式共生

广告创意必须考虑具体的广告形式，因为内容与形式共生，形式是广告的物理呈现，否则广告创意只能停留在创作者的脑海里。具体形式包括：是文字还是图片？是静止图片还是动态影像？是否有声音或者音乐？是电视大屏播出还是以互联网小屏为主？如果是动态影像的话，时长为多少？如果是户外广告的话，所处环境的光线、客流、噪声如何？这些都是要考虑的细节，做好细节才有可能成功。

考虑到当今世界广告传播形式的多样性，本节主要强调在进行广告创意时，需要考虑到适配多种广告形式。苹果推出iPhone 12 Pro，升级了拍照功能，尤其是夜间拍照效果远胜从前，因而推出了"In the dark"广告创意。具体到电视广告片，展现了一个小伙子在夜晚解锁各种自拍姿势，完美演绎手机在黑夜中的惊人拍照功能，紧扣黑夜主题，如图2-17所示；具体到户外广告，采用纯黑色背景衬托手机屏幕流光溢彩的颜色，贴合黑夜主题，且对比强烈的颜色在黑夜和白天都可以清晰看见，如图2-18所示；具体到网络广告，还是纯黑色背景，画面刻意放大摄像头，构图神秘炫酷，文字详细描述相机技术参数，科学理性地阐释其强大的拍照功能，意图促成消费者直接在线购买，如图2-19所示。同样一个广告创意，根据不同广告形式做了不同版本，既协调统一、相互呼应，又能发挥各个广告形式的优势，实现综合效果最佳。

4. 可信

广告的目的是说服消费者，因而广告内容必须可信。为了增加广告的可信度，可以在广告中列数据、讲原理，从科学角度进行论证。以戴森吸尘器广告为例，其海报广告有着强烈的工程师视角，列举关键数据、揭示工作原理，其中夹杂一些普通观众似懂非懂的专业术语，增强了消费者对其高科技的信任感，如图 2-20 所示。

图 2-17　iPhone 12 Pro "In the dark" 电视广告片

图片为视频截图，视频来源：https://www.iqiyi.com/v_1wv1pzkgat4.html.

图 2-18　iPhone 12 Pro "In the dark" 户外广告

图片来源：https://www.sohu.com/picture/411772746.

图 2-19　iPhone 12 Pro "In the dark" 网络广告

图片来源：https://item.jd.com/10030151867477.html.

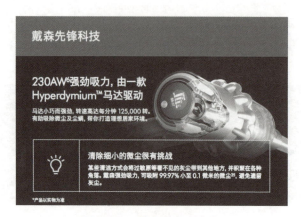

图 2-20 戴森吸尘器广告

图片来源：https://item.jd.com/100025745420.html.

请专业人士背书，也是增加广告可信度的一种有效方法。例如，光明牛奶聘请中国女排代言，用运动员的超强体魄为光明牛奶的健康做背书。中国女排是中国人的骄傲，作为运动员，每一位都身高体健，健康的体魄是摘取冠军的基础。用冠军的选择来支持光明牛奶的健康承诺。又如，佳洁士和舒肤佳广告，在很长一段时间内让模特穿着白大褂，貌似医生或者科研人员，就是在利用专业人士形象做背书，让人相信产品的疗效。这种假借专业人士形象的广告创意，虽然没有明说其是医生，但是能误导消费者相信其是医生，从而更加信任其推荐的产品。这些广告创意游走在法律边缘，近些年在中国被禁止。

5. 适度

为了吸引消费者的注意力，广告经常会采用夸张的艺术手法，但是要适度，否则会招来消费者的唾弃，甚至违反法律法规。

BRAUN 剃须刀在广告中呈现一个男士的胡子被剃成了蝙蝠形状，如图 2-21 所示。现实生活中，人们不会剃这种复杂造型的胡子，但是需要剃成简单一点儿的形状,尤其是需要将胡子边角整理干净。这略显夸张的胡子造型,让消费者相信其实是可以做到的,至少 BRAUN 剃须刀可以做到,从而相信 BRAUN 剃须刀的精准剃须功能。这就是适度夸张的成功案例,高于生活,源于生活。

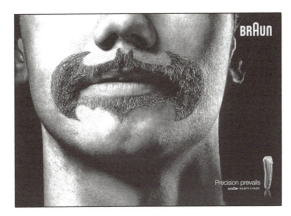

图 2-21　BRAUN 剃须刀广告

图片来源:https://www.lanrentuku.com/show/guanggao/braun-tixudao.html.

当然,也有些失败案例。在中国房地产行业爆发时期,房地产商为了推销其楼盘,纷纷在广告中夸大项目情况,在小区里挖个水池子,广告词就变成了"东方威尼斯"。过于夸张,就是在玩弄消费者的智商,必将被消费者抛弃。

除了夸张,其他艺术创作手法同样需要适度。进入 21 世纪,消费者越来越聪明,对广告有着很强的戒备心,抱着审视的心态来看待广告,深谙各种艺术创作手法:消费者知道真实的方便面没有广告中的各种配菜,真实的汉堡没有广告中的汉堡大,广告中的秀发依靠着灯光和特效……广告创意在融入各元素时要均衡,表现方式要适度,不可急功近利,即要返璞归真。

广告创意的要素

广告创意最终体现在具体的广告里，是一张张具体的海报、一句句明确的广告语、一个个客观存在的广告片。因而，广告创意不只存在于创作者的头脑里，还必须以具体的广告形式呈现给受众。由于广告创意从构想到制作交付，包括文案、美工、导演、演员、服装、道具、化妆、摄像、修片、印刷、录制等环节，所以广告主通常委托专业广告公司提供一条龙服务。在这样的合作中，广告主就成为业界俗称的"甲方"，广告公司也就是"乙方"，双方需要约定工作交付的标准，具体到不同形式的广告，包括声音、文字、图片、视频等，有一定的规范，即应当包括什么要素、验收的标准等。

1. 声音广告：叫卖、广播、音频

人类对声音有着极强的识别能力和记忆能力，3个月的婴儿就能闻声识人，阔别多年的童年玩伴一句"你好"就能让你回忆出名字，熟人之间只听声音就能快速识别。人类对声音的敏感是生物本能，不需要学习，完全自动自发。早在远古时代，人类就需要通过声音识别出远处的动物是什么，是否危险，以便提前应对，这是生存的需要；没有发明语言之前，人类就需要区分伙伴的音色，从声音中猜测伙伴的情绪和意图，这是社交的需要。

正因为人们对声音很敏感，而且是潜意识层面的敏感，所以声音广告一直是广告创意人员的秘密武器。声音广告以叫卖、广播、音频等为代表。对于叫卖和广播广告，大家比较熟悉了，对于音频广告可能有些陌生。音频广告主要指在喜马拉雅、懒人听书、樊登读书、微信听书等音频内容平台播出的广告。声音广告包括三大要素：语言、音乐和音响，如图2-22所示。

图 2-22　声音广告的要素

（1）语言。声音广告主要依靠语言来表达，如口播解说、人物对白等，包括三方面：①说什么，即文案内容，需要广告创意人员通过文字描述清楚，且必须是口语化、生活化的语言；②谁来说，语言主要通过人声来实现，因而需要考虑说话者的性别、年龄、音色、音调、语言习惯等，这就需要广告创意人员描绘出人物画像以便寻找合适的演员，尤其是当一则广告中出现多个人物时，人物的声音要有明显区别；③在什么场景下说话，即需要演员以什么样的身份、情绪、节奏等表演手法来反映人物和场景，增加广告的真实感和代入感，这些都需要广告创意人员详细描述，甚至撰写人物分析。

（2）音乐。虽然声音广告缺乏视觉辅助，但可以借助音乐来营造气氛、调动观众情绪、加强联想和记忆。对音乐的使用有两种方法：背景音乐和广告歌曲。背景音乐用以表现主题、烘托气氛、暗示产品的时代特征。广告歌曲是指专门为广告而创造的音乐，要求旋律新颖独特，歌词简单通俗，让人一听就明白。最著名的广告歌曲是英特尔公司推出的只有四个音符的"噔噔噔噔"，极具识别度，经过计算机厂商的大力推广，这四个音符深植于消费者的潜意识中，成为让人难以忘记的旋律。

（3）音响。音响也是常用要素，借助专门的工具和巧妙的技法，模拟现实生活中的各种声响，如风声、雨声、雷声、商品生产或使用时的声音、街道的嘈杂声、清晨的鸟鸣声等，再现或烘托环境气氛，增强声音广告的感染力，强化广告的识别度。可口可乐最有标志性的声音，就是打开时的气泡声，带给人沁人心脾的凉爽感觉。发现这一声音的独特性后，可口可乐在广播中反复播放打开可乐时的气泡声，通过音响反复刺激人们回忆享用可乐时的畅快感，从而激发和强化消费者的需求。

对于声音广告创意，在团队工作以及面向客户交付时，通常需要提供脚本，载明：客户、时长、播出媒介、播出时间、角色、音乐、音响、对白/旁白等要素，以便各方基于同一工作内容来开展协作。

案例 2-13

某房地产项目电台广告脚本

客户：某房地产项目。

时长：30秒。

播出媒介：某城市交通电台。

播出时间：周一至周五 16:00～19:00。

角色：男性（约30岁，都市白领，成功自信），女性（约30岁，都市白领，温柔独立）。

音乐：《回家》萨克斯版。

音响：咖啡店内人声、音乐声、煮咖啡声。

男声（厚实、低缓）：我不在家，就在咖啡馆；不在咖啡馆，就在去咖啡馆的路上。

女声（感性、优雅）：住某楼盘，就像生活在咖啡馆，醇香而悠闲。

男声（厚实、低缓）：燕莎以东2.5公里，一个轻松惬意的美式生活社区，专为 CBD 白领打造。

女声（感性、优雅）：详情请咨询 4008888888。

2.图文广告：报纸、杂志、户外、网站、海报

图文广告，又叫作平面广告，是指将图片和文字作为主要表现手段的广告形式。声音广告主要靠耳朵，图文广告则主要靠眼睛，是一种阅读性的视觉艺术表达。图文广告包括常见的报纸广告、杂志广告、户外广告、门户网站上的静态图文广告等，面积大的有 $100m^2$，小的才 $1cm^2$，方寸之间创意无穷。

对于广告创意人员来说，图文广告须包括 5 个要素（见图 2-23）。①标题，是表达广告主题的文字内容，在整个构图和版面中处于最醒目的位置，负责吸引消费者的注意力，引导消费者阅读广告正文，观看广告细节。②正文，是对标题的延伸和进一步说明，阐释和具体履行广告的营销任务。③广告语，也就是 Slogan，是广告创意的一句话总结，必须言简意赅、朗朗上口。④图片，是广告创意的形象化表达，是图文广告成功的关键。文字是抽象化的符号语言，需要消费者自行解读和畅想，但是每个人的教育背景、生活阅历不同，对同一个词语的理解存在个体差异。而图片却可以将广告营销人员要描绘的场景直观地呈现在消费者面前，给予消费者强烈的视觉冲击，从而更能引起消费者的关注和记忆。⑤商业信息，包括但不限于产品名称及型号、企业名称、商标、联系方式等，是图文广告的"临门一脚"。

图 2-23　图文广告的要素

上述 5 个要素是团队工作以及面向客户时要交付的成果，只是针对不同媒介形式会有所侧重：①报纸广告，需要考虑版面大小、是否支持彩色印刷、印刷质量如何等；②杂志广告，通常印刷质量很高，可以展现精美的图片，可以还原丰富艳丽的色彩，甚至还可以配合做一些形状设计，以增加广告的趣味性；③户外广告的版面通常很大，对图片像素的要求高，且用色需要考虑当地自然采光情况，是否有灯箱或者电子屏等；④网站上的图文广告一般尺寸小，需要调整构图，突出重点，商业信息可以通过链接跳转到达；⑤海报广告或者传单广告以成交为目的，需重点突出商业信息，简单直观。

3. 视频广告：TVC、短视频

视频广告融合了声音广告和图文广告，给予消费者更丰富的感官体验，因而广告效果更好，深受广告主的青睐。当然，视频广告的创意和制作更加复杂，除了有广告主题、广告语、商业元素等，还需要提供分镜头脚本，详细说明广告创意。分镜头脚本需要明确时间（精确到秒）、画面内容、语言内容、音乐、音响、字幕、镜头等。有些广告公司为了方便展示，还会请设计人员绘制图画，简单配乐，制作视频广告样片（demo），以便给广告主更直观的感受。

◆ 案例 2-14

《国窖 1573（历史篇）》电视广告分镜头脚本

图 2-24 所示是《国窖 1573（历史篇）》电视广告分镜头脚本。

底层思维2：用户思维　　105

镜号	时间	电视画面	画面内容	镜头变化	旁白	字幕	对白 角色A	对白 角色B	对白 角色C	音乐	音响
9	2秒		镜头切换至另一组旧照片，放大镜从左往右移动，放大镜中的图像模糊，周围清晰	切换，摇镜头（与放大镜移动的方向相同）俯拍	（与）你能看到的历史162年（起）	你能看到的历史162年 右下角：1839年照相术产生				柔和、轻缓的女声哼唱声	平缓
10	0.5秒		一张正在冲洗的清朝一对夫妻的结婚照片	切换至照片全景 俯拍	同上	同上				同上	同上
11	0.5秒	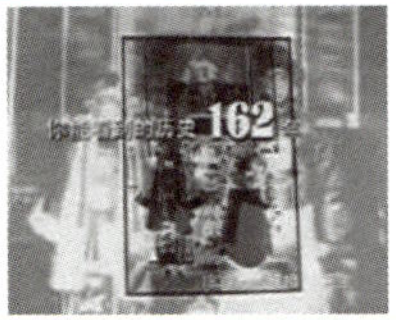	照片的近景逐渐呈现，与照片的全景叠在一起	叠画 固定镜头	同上	同上				同上	同上
12	1秒		照片中夫妻的近景全身像在泛起微波的药水中逐渐清晰	近景 固定镜头	同上	同上				同上	同上

图 2-24 《国窖 1573（历史篇）》电视广告分镜头脚本

图片来源：http://www.cctvad.org/%E5%A4%AE%E8%A7%86%E5%B9%BF%E5%91%8A/%E5%A4%AE%E8%A7%86%E5%B9%B
F%E5%91%8A%E5%88%9B%E6%84%8F/%E5%A4%AE%E8%A7%86%E5%B9%BF%E5%91%8A%E5%88%9B%E6%
84%8F-2261.html.

TVC（Television Commercial）是视频广告的典型代表，原本指以电视摄像机为工具拍摄的电视广告影片，现在泛指由高端摄影摄像器材拍摄的广告片，包括电视广告、电影院广告、会展广告等。高端摄影摄像器材价格昂贵，成套设备需要几十万元，因而TVC制作精良，制作成本以几十万元居多，也有百万元级别的大投入。

进入移动互联网时代，短视频广告凭借其制作成本低、制作周期短、适合用手机观看等优势，成为新的潮流。短视频广告通常在1分钟以内，不需要像TVC那样聘请专业演员、化妆师、造型师等，可以由普通人来演绎，也不需要像TVC那样搭建昂贵的拍摄场地、制作精细的道具，通常用手机实景拍摄，靠真实还原生活而取胜。一个人自编自导自演自剪辑，一天时间就能完成，成本最低的才几百元。

视频广告的发展趋势，势必会呈现两极化：一方面，追求极致体验，制作越来越精良，给予消费者越来越丰富的感官体验和视听冲击，直击消费者的嗨点和痒点；另一方面，追求极致真实，呈现普通人的真实生活，激发消费者的同理心，直击消费者的痛点。

底层思维

3 产品思维

广告本质上是一种产品,是广告主向发布者购买的商业产品。与制造业的产品负责人和互联网的产品经理类似,广告发布者也有产品经理岗位。对于广告主来说,作为广告产品的购买者,只有掌握产品特点才能更好地使用产品。广告公司作为连接广告主和发布者的黏合剂,更应该好好研究广告产品。因而,对于广告发布者、广告主、广告公司而言,必须将各种广告产品的特点熟记于心,在此基础上建立产品思维。到底什么是产品思维呢?截至目前尚无统一定义,即使同为互联网公司,大家对产品思维的理解也不一样。对应到广告营销工作,张茜博士认为**产品思维就是理解和构建用户、商业化和客户三者之间的关系,理解用户和客户的需求,通过科学方式规模化地设计和交付广告产品,从而构建稳定的商业关系,创造规模化的商业价值**。

思维模型:用户、商业化和客户

用户

  用户在传统媒体领域通常叫受众或者观众,是广告产品的消费者,因而企业需要洞察用户的需求,让用户愿意甚至喜欢消费广告产品,而不是见到广告就换频道或者关闭网页。用户是广告营销的出发点，也是广告营销的终极服务对象，是广告产品设计的立足点。

在设计广告产品时需要将用户体验放在第一位，否则会招来用户的反感和抗议。2011年之前，电视台在电视剧中插播广告，通常1集45分钟的电视剧中插2段各2.5分钟的广告，而且为了提升广告的收视情况，经常选择在剧情最紧张的时刻插播广告，严重影响了电视观众的观看体验，引发电视观众频频投诉。2011年国家广播电视总局（简称广电总局）下发《关于进一步加强广播电视广告播出管理的通知》和《〈广播电视广告播出管理办法〉的补充规定》，规定自2012年1月1日起，全国各电视台播出电视剧时，每集电视剧中间不得再以任何形式插播广告。

商业化

商业化通常意味着以下两点。

（1）能否规模化：能否使用科学的方式大规模生产广告产品，从而成为一项至少在短期内稳定的生意，同时又不会因为广告过多而导致用户严重流失。早期的自有广告就不能称作广告产品。叫卖广告通常是广告主安排员工去叫卖本企业商品，不收取广告费，不能规模化，因而不可以商业化。招牌和传单，与叫卖广告类似，不具备商业化属性，因而不能成为主流广告产品。

（2）通用交易指标和要素：与大米、钢材等类似，在交易时需要有通用的交易指标，比如，是按斤还是按吨，货物交接地是产地还是港口，技术/等级指标如何，等等，以便进行规模化的报价交易。对于不同的广告产品，其交易指标和要素各不相同，如报纸要看版面和位置、电视要看栏目和时间、网络要看人群画像等。目前主流广告产品均有通用的交易指标和要素，体现在类似产品说明书的广告招商方案或者广告投放协议里，以便交易各方能快速达成共识，提升交易效率和安全性。

客户

客户是广告产品的购买者，因而企业需要理解客户愿意付费的动机，给客户创造的价值是什么。客户通常是指广告主，通过购买广告产品来提升品牌知名度、扩大销售额等。客户也包括广告公司，有些广告发布者不具备招徕广告主的能力，就会委托广告公司销售广告，在这种情况下，广告公司就是广告发布者的客户。

无论是广告主，还是广告公司，广告产品对他们而言是投资品，不是消费品。投资品就意味着客户购买的动机是要看到投资回报，如花出去10万元广告费能带来多少消费者，产生多少销售额。投资决策与消费决策不同，会更理性，需要详细测算ROI，购买决策流程也更长，涉及对比招标（俗称比稿）、商务谈判、协议磋商、风险控制、交付约定、分期付款、优化策略、投后评估、违约补偿等。整个交易环节中，最重要的是让客户相信这是一个正确的投资决策。

本书列举了14种主流广告产品，按照是否数字化分成两大类，从产品思维的角度剖析了各自的特点，以便广告营销从业者更好地提供或者购买广告产品。

非数字化广告产品

非数字化广告产品（Non-Digital Advertising）相对于数字广告产品（Digital Advertising）而言，即不依赖于数字化媒体或者平台的广告产品，通常包括报纸广告、杂志广告、传统户外广告、广播广告、电视广告。

报纸广告

报纸广告是最常见的广告产品，以荣耀手机报纸广告为例，如图3-1所示。

图3-1　荣耀手机报纸广告

图片来源：https://www.sohu.com/a/213057766_812890.

1. 用户

报纸广告以图文为主，且要求阅读者识字，即具有一定的文化水平。国家统计局第七次全国人口普查数据显示，中国具有大学文化程度的人口为2.2亿人，全国还有2.67%的人口是文盲。因而，以文字为主的报纸，其覆盖的人群有限。另外，报纸以新闻为主，话题相对严肃，且没有声音或者动态视觉刺激，阅读体验相对枯燥，因而主动阅读报纸，甚至付费购买报纸的人群，以高素质的城镇人群为主。当然，具体到不同报纸，需要更详细地描述读者特点，如年龄、性别、地区、兴趣、受教育程度、职业、收入等。

2. 商业化

典型的报纸广告产品应当包括以下要素：

（1）举办主体。

举办主体体现的是报纸的权威性，对受众的影响力，在中国越是官方的报纸，其可信度越高。中国的报纸可以分为国家级、省级及其他级别，国家级报纸由国家部委事业单位、全国性团体、组织、机关、学术机构主办，省级报纸由各省、自治区、直辖市所属事业单位主办，其他级别不限制举办主体，其中国家级和省级报纸由国家新闻出版署审批，其他级别的报纸由主办单位向所在地省级出版行政主管部门申请。

（2）制作周期及成本。

报纸广告可以是纯文字，因而制作周期极短且制作成本几乎为零。正因为如此，截至目前，报纸广告的广告主还有普通群众，刊登诸如寻人启事、征婚、出租房屋等广告。报纸广告的图片对画面质量要求不高，提供照片就可以刊登，因而制作周期短、成本低。

（3）重点指标：发行量、发行地区、阅读人口。

发行量即一份刊物每期实际发行到读者手上的份数，可以细分为订阅发行量（用户长期订阅部分的发行量，数据相对稳定，典型的销售渠道是邮政物流）、零售发行量（用户按期购买的发行量，数据波动较大，典型的销售渠道是城市街角的报刊亭）、赠阅发行量（非付费方式的发行量，以城市日报及晚报为主，在人流密集区免费派送），其中订阅用户是忠诚读者，具有较高的广告价值，赠送用户对报纸内容的关注度较低，广告价值也较低。

由于报纸是实物，需要通过物流系统才能到达读者手里，中国幅员辽阔且存在很强的地区差异，因而在选择报纸时，广告主需要关注发行地区，根据营销目标的区域特点来选择匹配的报纸，而不应只看发行量。

阅读人口即特定时间内阅读特定报纸的人数，阅读人口＝发行量×传阅率，其中传阅率是指每份报纸被传阅的比率，这个数字因报纸而异，《语文报》是中小学语文老师的常读报纸，还会在班级里跟全体学生分享，其传阅率能超过10，而《新京报》这样的免费报纸，其传阅率不到2。对于广告主来说，阅读人口比发行量重要，且目标消费者的阅读数据更为重要。

（4）细节指标：版面规格、形式、交易指标。

版面规格是指广告位置和大小，以某报纸广告刊例价为例（见表3-1），"版别"是指广告在报纸的具体页数，"规格面积"是指广告的长和宽以及出现在报纸上的具体位置。

表3-1 某报纸广告刊例价

规格面积 [宽×高（毫米）]	不同版别刊例价（元/次）					
	一版 （彩色）	四版 （彩色）	五、九、 十三版 （彩色）	八、十二、 十六版 （彩色）	二、三版 （黑白）	其他内页 （黑白）
整版（310×480）	—	120 000	—	100 000	—	60 000
1/2版（310×240）	—	60 000	60 000	50 000	—	30 000
横通1/3版（310×160） 竖通1/3版（100×480）	—	40 000 50 000	40 000 50 000	35 000 45 500	—	20 000 26 000
1/4版（310×120）	60 000	30 000	30 000	25 000	20 000	15 000
1/8版（155×120）	—	15 000	15 000	12 500	10 000	7 500
1/12版（95×120）	—	10 000	10 000	8 400	6 700	5 000
1/24版（95×60）	10 000	5 000	5 000	4 200	3 350	2 500
报眼（130×66）	30 000	—	—	—	—	—
栏目冠名（46×30）	3 000	—	2 000	—	1 200	1 200
栏头（46×30）	1 800	—	1 600	—	1 000	1 000

注：需要设计制作，另外加收5%制作费。指定版面，加收15%定版费（1、4版除外）。

资料来源：http://www.yzggw.net/bzcm/sort0166/21120.html.

报纸广告的形式包括常规广告和软性广告、黑白广告和彩色广告。常规广告包括通栏、底通（底部通栏）、整版等，软性广告是指专访、深度报道等。虽然报纸的大多数版面是黑白的，但是可以根据广告主的要求进行彩色印刷，考虑到彩色印刷的成本较高，因而广告价格相对高一些。

交易指标包括 CPT 和 CPM。CPT（Cost Per Time）是指一条广告在指定报纸的指定期数刊出一次的价格，包括刊例价和折扣系数。刊例价即公开报价，而实际成交价格通常是在刊例价的基础上乘以折扣比例，而折扣比例是不公开的，在一定范围内波动。在新媒体的冲击下，纸质印刷报纸的发行量越来越低，有些报纸的折扣比例能低到 0.05。CPM（Cost Per Mille）是指覆盖每千人读者所支付的价格，是广告交易中最常用的交易指标，可以实现跨广告产品换算和比较。对于报纸来说，CPM=（广告单价 ×1000）/ 阅读人口 =（广告单价 ×1000）/（发行量 × 传阅率）。

3. 客户

报纸具有印刷媒体的典型特征，不随时间而消失，可以反复阅读、相互传阅，从而达到一份报纸多人阅读的效果。报纸广告通常与内文同时呈现，受众可以依自己的意愿自由选择，因而对主动选择阅读的受众来说，其对广告的记忆度较高。在阅读习惯上，由于阅读报纸需要高度集中注意力，因而受众的注意力较集中，可以消化比较庞杂的信息，所以报纸广告可以展示信息量较大、较复杂的广告信息，特别适合说明形式的广告创意。报纸广告依赖于报纸这一物理载体，而报纸有一定的发行范围，比如全国、某个省或者某个市，因而可以根据企业的营销目标来覆盖指定范围，是企业单点爆破的有力武器。考虑到报纸投放门槛低、制作成本低，因此个人也可以投放报纸广告。

杂志广告

相比报纸广告，杂志广告的印刷和制作更加精美，并且可以做出异形广告，因而其广告创意空间更大。以物流公司 DHL 在某杂志上的广告为例，DHL 快递员那页采用的是透明塑料，翻页时就实现了将快递从女士手里传递到男士手里，从而激发读者的参与感和乐趣，精准传递其快递形象，取得了很好的效果，如图 3-2 所示。

图 3-2　DHL 的杂志广告

图片来源：https://huaban.com/pins/91705342/.

1. 用户

相较于报纸，杂志的时效性没有那么强，按月发行的居多，因为杂志的内容相对而言更加聚焦，围绕特定人群的共同兴趣做深度内容，因此对读者的影响更深。相较于报纸，杂志的制作更为精美，图片占比大，有些杂志甚至全部是图片，极少有文字说明，因而对读者的文化水平要求很低，极大地拓宽了读者范围。总体而言，杂志的读者通常是垂直人群，不一定需要文化基础。

2. 商业化

作为图文广告，杂志广告与报纸广告具有很多相似点，比如：可以反复阅读、相互传阅、主动阅读居多、受限于发行范围等。典型的杂志广告产品与报纸类似，举办主体、重点指标（发行量、发行地区、阅读人口）、细节指标（版面规格、形式、交易指标）基本相同，此处不再赘述，仅阐述杂志广告产品的特殊点。

杂志广告以图片为主，画面质量要求高，尤其是时尚类杂志的广告画面，要聘请专业模特、专业制作团队，设计专业场景，人工费用昂贵，实施周期长，个别广告图片的制作成本能高达百万元。

另外，杂志是所有媒体中"最懒"的，报纸、广播、电视等每天播出，户外、网站、App 等 24 小时展示，但是杂志以月刊居多，即每月才发行一期，因而其广告容量极其有限，广告主需要提前跟杂志社预订版面，有些杂志需提前 6 个月，这是实际广告营销工作必须要注意的问题。

3. 客户

虽然杂志可以展示精美的图片，给读者带来愉悦的视觉体验，但制作成本高，因而特别适合中高端消费类广告主。杂志基本需要读者付费购买，且价格还不便宜，尤其是印刷精美的时尚杂志，要几十元一本。也正因为其价格昂贵，对读者起到了"过滤"作用，因此读者阅读起来更认真，对广告的关注度更高，可以帮助广告主在用户心中建立深度感情。

传统户外广告

传统户外广告本质上也是图文广告，但与杂志广告和报纸广告有很多不同之处。传统户外广告通常是指存在于公共空间但尚未接入互联网的媒介，通常分为两类：①交通类（见图3-3），包括机场、高铁、船舶、公交车、电话亭等悬挂的广告；②建筑类（见图3-4），包括球场、商场、写字楼、电梯间、小区门禁等建筑物上悬挂的广告。与其他广告不同，户外广告仅能覆盖所处位置附近的人群，因而其位置是最重要的。

图3-3　红牛公交车身广告

图片来源：http://www.gloriamedia.com/index.php?c=article&id=16823.

图3-4　小米户外楼宇广告

图片来源：https://www.sohu.com/a/190239573_415292.

1. 用户

区别于报纸广告和杂志广告，受众对户外广告是被动阅读，因而只有给受众愉悦的视觉体验，才能吸引受众的注意力。户外广告是城市容貌和精神文明的一部分，市政部门和普通居民均有权对不合适的内容提出撤换要求，因而不光是视觉体验，其文案创意也应具备正能量，对城市和城区产生积极作用。户外广告对图文的精美程度要求高，适合进行品牌宣传而非产品说明。同时，为了增加被用户注意到的概率，户外广告的尺寸和悬挂高度就变得异常重要。

2. 商业化

（1）举办主体。

户外广告的举办主体没有明确限制，交通工具的所有者、建筑物的产权人，无论企业还是个人，均可以发布广告，只需要报当地政府职能部门审批即可。正是由于户外广告举办主体不具备权威性，因此对广告没有背书效果。

由于户外广告位的所有权通常归属于建筑物业主、交通工具的所有者，相对分散且不具备招徕广告主的能力，大多委托专业广告公司来经营，因而在签约时需要重点审核广告公司是否具备代理资质、广告位是否符合城市规范，从而降低广告投放的风险。同时，在进行户外广告投放时，需要集合多点投放才能达到覆盖一定人群和强化记忆的效果，因而建议选择规模大的公司，一站式解决投放问题，减少商务沟通成本和时间。

（2）制作周期及成本。

户外广告通常面积大，对画面质量要求极高，与杂志广告类似，因此其拍摄周期和成本相对较高。同时，传统户外广告需要人工悬挂，或者重新喷绘交通工具，因此成本较高。

（3）重点指标：位置、客流量、广告观看率。

位置是传统户外广告最重要的指标，因为户外广告的本质就是卖位置。除了考察交通路线和地理位置，还要调研周边人口特点，如此才能获取受众的真实数据。

客流量既包括人流量，也包括车流量，以便预估实际观看人数。无论是人流量，还是车流量，通常采取实地调研方式，在指定日期安排工作人员在可以看到户外广告的区域蹲守记录，也会借助监控摄像头、售票数据辅助计算，但能获得的数据可信度不高，以经验判断为主。

广告观看率，即看到广告的人数占客流量的百分比，这是一个比较复杂的数据，取决于诸多因素，如人们的习惯、广告高度、广告尺寸、天气、广告创意等，通常采取抽样调查的方式获得一个参考值。

（4）细节指标：材质规格、交易指标。

材质规格是对广告高度、尺寸、视距、材质等的统称。具体到不同的户外广告，广告高度的意义不同，原则上越高的广告能覆盖的人群越多，但是都市内狭窄的街道和人们低头看手机的习惯，让人们越来越少地抬头看广告，超高写字楼户外广告更多出现在影视剧里，伴随影视剧的播出而达到曝光目的。户外广告的尺寸越大，给受众的视觉体验越好。视距是指正常情况下多少米以内的地方能看清内容，除了跟高度和大小有关外，还跟当地的气候有关，多云多雾的四川地区就比以晴空为主的北京的有效视距短。材质上的选择就比较多了，防水布、亚克力板材、PVC 板材、金属等呈现的效果略有差异，使用寿命周期和成本也不尽相同。如果是静态户外广告，就可以全天候悬挂呈现，但是翻板或者走马灯类型广告是多家轮流呈现的，这就需要约定每天的最低呈现频次及呈现时长。

交易指标包括 CPT 和 CPM。CPT（Cost Per Time）是指一条广告在指定户外广告上刊播一段时间的价格。区别于报纸广告和杂志广告按期售卖，户外广告按时间售卖，需要明确按周、按月、按季还是按年。折扣系数跟广告主的投放周期相关，因为户外广告的制作和呈现涉及昂贵的印刷和人工成本，周期长就能摊薄这些刚性成本，折扣系数在 0.05～0.7 之间。具体到户外广告，CPM（Cost Per Mille）是指覆盖每千人受众所支付的价格，CPM=（广告单价×1000）/（∑客流量×广告观看率）。由于户外广告的观看数据很难获得，因此，在实际交易中，CPM 这个指标用得越来越少。

3. 客户

由于户外广告只能影响一定范围内的用户，因而最适合区域性广告主。由于户外广告的制作和更换成本较高，因此不适合投放短期促销广告信息。考虑到户外广告是被动收看的，需要调动受众的兴趣，因而对广告创意要求较高，更适合宣传品牌。

广播广告

广播广告出现在广播节目间歇，通过声音的方式进行广告宣传。在电视普及之前，广播曾经是最受欢迎的娱乐休闲方式，目前主要出现在交通工具内，由于不需要用眼观看，不影响驾驶员操作汽车，能提供资讯和娱乐功能，因而深受驾驶员的青睐。播出广告时，需要暂停节目，虽然驾驶员是被动收听广告，但在没有其他更好的娱乐方式的有限空间内，能成功进入驾驶员的耳朵，形成一定的记忆。作为声音广告的代表，广播广告有着许多独有的特点。

1. 用户

具体到广播，用户是指听众，听众的特点包括年龄、性别、地区、兴趣、受教育程度、职业、收入等，与报纸和杂志类似，主要取决于电台节目的听众特点，有专业第三方公司常年跟踪调研，提供受众研究报告。以北京交通广播（FM103.9）为例，北京地区人群为主要收听群体，整体上男性居多，且以车载收听为主，呈现以高收入、高学历、中青年为主的特点。2017年北京交通广播收听人群中，月收入为5001元及以上的高收入群体占比28.0%，而全国平均数据为12.2%[一]；大学本科以上高学历群体占比22.7%，而全国平均数据为4%[二]；25～54岁中青年群体占比61.9%。

2. 商业化

（1）举办主体。

中国广播电台按照行政级别划分主要有国家级电台、省级电台、市级电台、县级电台四级。

国家级电台以中央人民广播电台为代表，覆盖全国，覆盖人数最多。省级电台通常覆盖所在省份。市级和县级电台的覆盖范围相对较小，通常局限在本市及市郊、农村，覆盖人口相对有限。但是受地理环境、发射功率、信号衰减、信号干扰等多种因素的影响，规划覆盖区域和人口规模与实际情况存在一定偏差。国家级电台和市级电台在非中心城区或偏远郊县的信号较弱，导致规划覆盖人口小于实际覆盖人口。市级和县级电台发射塔选址贴近本地地理状况，信号传输相对有保证，还可外溢覆盖附近市县的部分区域，使覆盖区域与人口规模

[一] 根据中金公司研报整理。
[二] 根据历年毕业本科大学生占总人口比例测算。

扩大。即便目前大多数广播媒体已经实现了网络在线收听，但由于目前网络在线收听的听众数量与规模相对基于传统发射方式收听的听众数量与规模明显偏小，所以在评估广播电台覆盖区域与人口规模时主要基于传统发射方式。

除了覆盖人群，举办主体的级别越高，其权威性越强，对广告的品牌背书效果越好，对受众的说服力越强。另外，广播节目的类型很重要，一般分为四类：交通、经济、音乐、综艺，城市人口因为开车需要更喜欢交通台，农村地区人口更喜欢音乐台。以北京交通广播（FM103.9）为例，通常播出新闻资讯、汽车资讯、路况信息，是北京人民广播电台与北京市公安交通管理局合办的，其发布的交通信息权威可靠，是北京地区开车人群的首选电台，在诸多电台中常年位列北京地区榜首。

（2）制作周期及成本。

广播作为音频媒体，其技术手段相对简单，这使得广播广告具有成本低、制作简单、发布快速、更换方便等特点。从制作周期看，广播广告的制作环节较少，技术简单，基本上可在机房内完成，可以日或周为单位制作，从而实现快速制作、快速发布、快速更换。从制作成本看，广播广告的制作费用通常少则数百元，多则上万元，涉及的人工费用少，且专业配音演员可以模仿和演绎很多种声音，因而小团队即可在短期内制作多个版本、多个创意的广播广告。

（3）重点指标：听众规模、收听率。

广播广告的收听数据通常由第三方专业调研机构提供，因为广播的特点是无线电波传输，只要有个类似收音机的接收器就能免费接收到一定频段范围内的广播信号，且这种传播是单向的，不像报纸和杂志可以通过汇总各分销渠道的销售数据来计算，不像互联网能识别和记录到接收方，因而只能采用抽样调研方式，由第三方专业调研机构来执行。

听众规模是指一定时间、一定范围内实际收听某个电台的总人数，听众规模＝收听率×推及总人口。收听率通常是指某电台每日的听众占抽样调研人群总体的比例，推及总人口则是指根据抽样调研方法可以推及的总人口。由于推及总人口相对稳定，基本取决于电台所覆盖的范围，因而更需要关注收听率。收听率直接反映了听众对广播电台的喜爱程度，收听率数据的高低代表着收听人数的多少，收听人数越多，广告触达的消费者就越多，广告效果越好。收听率又可以进一步细化为分类人群收听率，根据听众社会背景特征进行细分，如性别、年龄、职业、收入、是否驾车等，对瞄准特定目标消费者的广告主更有价值。

（4）细节指标：广告形式、广告环境、交易指标。

1）广告形式：硬性广告和软性广告。

硬性广告（简称硬广）是指节目暂停时播出的广告，是最常见的广播广告形式。广播作为时间线性媒体，售卖的是时间，而时间不可储存，且一去不返，因而长广告比短广告贵，通用广播广告时长为5秒、10秒、15秒、30秒、60秒、120秒。据测算，15秒广告最多能说60个字，基本能够展示企业和产品的品牌信息，是主流硬广时长。30秒广告能阐述更多产品功能，塑造差异化产品特点。120秒广告可以讲述品牌故事、产品独特卖点、购买联系方式等，从而全面展示企业和产品。5分钟以上的硬广，又叫专题广告，信息全面、鼓动性强，经常出现在06:00～07:00、16:00～17:00或者22:00～23:00这些收听率不高的时间段。

套播广告是不同时段硬广的组合，至少4次／天，对抗听众的遗忘曲线，强化听众的记忆，形成轰炸式效果。在实际操作中，套播广告一般涵盖高收听率时段和低收听率时段，流量方会给予一定的价格折扣，性价比较高。在高收听率时段，听众多，价格昂贵，但是能在短时间内覆盖目标人群，有助于快速提升品牌知名度。在低收听率时段，虽然听众少，但价格便宜，且与高收听率时段的人群存在差异，有助于增强收听人群的丰富度，强化在重度收听人群中的知名度。

软性广告（简称软广）是指广告与栏目或频道相融合，比如整点报时、栏目赞助、主持人口播等，深度与广播主体绑定，更有利于传播企业的品牌形象，因而价格也较高。

整点报时广告的常见形式为："××品牌为您整点报时，现在是北京时间×点整"，有些整点报时广告后还会播出5秒企业广告。

栏目赞助广告的常见形式为："××栏目由××品牌独家冠名/特约/赞助播出"，通常后面紧接着15秒企业广告，以强化广告效果。

主持人口播形式很丰富灵活，主持人在节目的不同时间点将品牌或者产品信息植入到恰当的环节。主持人口播让产品和节目内容无缝对接，更易被听众接受，并且主持人自带光环，有一定的粉丝影响力，对听众更有号召力。

2）广告环境。

广告环境是指广告所处的前后环境。如果广告前后紧挨着节目，通常听众还来不及换台，收听率接近节目收听率；但如果处于广告段中间，且这个广告段长达3分钟，甚至更长，很多听众会换台，且心情已经不太好了。如果品牌广告前后挨着聒噪的促销广告，品牌广告的效果也会大打折扣。如果品牌广告前面是竞品广告，会影响听众对品牌地位的判断，甚至混淆听众对品牌的认知，因而建议尽量与竞品广告分开。

3）交易指标：CPT、CPM。

CPT（Cost Per Time）具体到广播广告，是指一条广告在指定广播频道的指定时间播出一次的价格。以2019年北京交通广播常规广告价格为例，15 秒广告在 7:45 播出一次的价格为 8860 元，这个价格叫作刊例价。实际成交时，会根据总体广告金额给予一定的折扣优惠，尤其是套播广告的折扣系数更小。另外，春节期间、指定广告位置（如正一位置，即节目后第一条广告）则会在刊例价的基础上按照一定系数加价。软性广告通常基于硬性广告的刊例价和折扣系数，根据广告形式和时长设置一定的换算系数，从而计算出软性广告的价格。

CPM（Cost Per Mille）具体到广播广告，是指覆盖每千人听众所支付的价格，CPM=（广告单价 × 1000）/ 听众规模 =（广告单价 × 1000）/（收听率 × 推及总人口）。与报纸广告和杂志广告不同，在每天的不同时间点，广播广告的受众都在变化，因而要具体衡量广告播出时间点的收听率，从而更加科学地评估广告效果。

3. 客户

广播广告的制作成本低，投放门槛低至百元，适合所有广告主。考虑到听众将广播作为伴随媒体，一边开车或者干活，一边听广播，因而广告不应当包含复杂难记的内容，适合进行品牌宣传或者提示。

电视广告

与广播广告类似，电视广告出现在电视节目间歇，通过声音和画面的方式进行广告宣传。电视画面的视听体验较丰富，且随着电视机越来越大，给观众带来的视听体验越来越好，电视广告被誉为"客厅第一媒体"。电视广告作为动态视频可以有很多创新广告形式，比如，节目中加字幕、摆放实物、背景墙张贴广告、虚拟动画短片等。

1. 用户

与广播类似，电视广告的受众特点主要取决于电视节目的受众特点，有专业的第三方公司常年跟踪调研，提供受众研究报告。以湖南卫视为例，2020年女性观众占比51.6%，男性观众占比48.4%；初等文化程度观众占比42%，中等文化程度观众占比30%，高等文化程度观众占比28%；家庭人均收入以1000～1999元及3000元以上者居多[⊖]。

2. 商业化

（1）举办主体。

与广播相同，中国电视台按照行政级别划分主要有国家级电视台、省级电视台、市级电视台、县级电视台四级，其中国家电视台是党和国家的"喉舌"，极具权威性。区别于广播仅靠无线微波信号，电视既有无线微波信号，又有有线电视信号。有线电视信号稳定，抗干扰能力强，在各地区有稳定的运营维护单位，目前已经百分之百覆盖各大城市乡镇，仅有少数边远山区未铺设有线电视光缆，因而其规划覆盖区域和人口规模与实际情况差异不大。以CCTV-1为例，通过中星6B、中星9号、鑫诺3号卫星覆盖全国，全国入户率高达99.61%，收视人口超过13亿，城市入户率则高达100%。省级卫视通过有线电视基本覆盖全国，以湖南卫视为例，在中国国内所有省会城市实现完全入户，2020年全国覆盖人口12.9亿，覆盖率达96.8%。

（2）制作周期及成本。

电视广告对声音和画面的质量要求高，精确到1/24秒，通常由专业的广告公司策划和制作。即便是在县级电视台播放广告，一条15秒广告的制作成本也在千元以上。有些广告主为了制作精美的电视广告片，甚至会花费千万元聘请明星出演，耗资数百万元制作广告歌曲。在所有广告中，电视广告的制作周期最长、制作成本最高。

⊖ 根据湖南卫视公开数据整理。

（3）重点指标：观众规模、收视率。

观众规模是指一定时间、一定范围内实际收看某个电视频道的总人数，观众规模=收视率×推及总人口。收视率通常是指某个时段内收看某个电视频道的观众占抽样调研人群总体的比例，推及总人口则是指根据抽样调研方法可以推及的总人口。由于推及总人口相对稳定，基本取决于电视台所覆盖的范围，因而更需要关注收视率，且收视率又可以进一步细化为分类人群收视率。

以河南广播电视台电视剧频道为例，CSM媒介研究数据显示，2021年1月1日至2月28日，在郑州市的推及总人口为574.7万人，在河南省的推及总人口为8637.1万人，19:00～19:30郑州市的平均收视率为0.98%，河南省的平均收视率为0.955%，则该频道在郑州市的观众规模=0.98%×574.7万人=5.63万人，在河南省的观众规模=0.955%×8637.1万人=82.48万人。

（4）细节指标：广告形式、交易指标。

电视广告的广告环境与广播广告基本相同，此处不再赘述。围绕广告形式和交易指标，本书主要阐述电视广告的特殊性。

1）广告形式：硬广和软广。

硬广是指节目暂停时播出的广告，是最常见的电视广告形式。与广播广告类似，广告越长则价格越高，通用电视广告时长为5秒、10秒、15秒、30秒、60秒、120秒。5分钟以上的硬广又叫专题广告，经常出现在06:00～07:00、16:00～17:00或者22:00～23:00这些收视率不高的时间段。套播广告是不同时段硬广的组合，一般涵盖高收视率时段和低收视率时段，电视台会给予一定的价格折扣，性价比较高。

电视的软广形式丰富，除了整点报时、栏目赞助、主持人口播等，还有角标、现场摆放、背景标识（Logo）、嘉宾互动、环节定制等。以湖南卫视某知名季播综艺节目第 5 季为例，该节目设计了 10 个广告产品（见表 3-2），包括独家冠名、首席合作伙伴、合作伙伴、指定产品、单期植入等，最便宜的 170 万元，最贵的上亿元。

表 3-2　某知名综艺节目第 5 季广告招商方案

产品	库存量	价格	备注
独家冠名	1 席	洽谈	
首席合作伙伴	1 席	8 000 万元	
合作伙伴	3 席	6 000 万元	
指定产品	4 席	4 000 万元	
台网臻选	4 席	2 200 万元	
加购包	1 套	1 300 万元	1. 加购包仅限身份客户，按层级优先顺序购买，同层级按签约顺序购买
引流包	7 套	170 万元	2. 引流包按期出售，每期限 1 个，单品牌限购 3 个
原生广告 A、B 套餐	28 套	A 套餐 500 万元，B 套餐 280 万元（制作费用另计）	每套为"拍 1 播 2"，每集最多播 2 条，按签约顺序优先选择播出位置
明星播报	2 套	700 万元（制作费用另计）	拍 1 播 7
单期植入	7 套	600 万元	单客户限购 2 套

　　冠名广告是软广最丰富的广告产品，是了解和掌握电视软广的最好样本。以该综艺节目独家冠名广告产品为例，如表 3-3 所示，主要包括 4 个板块。①授权板块，湖南卫视授权广告客户在其他场合使用冠名商身份及节目部分素材内容，这是广告主极其看重的，其可以充分享受电视频道和节目带来的品牌背书。②节目板块可细分为四类：在频道播出节目宣传片时植入广告主标识，在频道包装中出现广告主标识，在节目包装（片头、开关板、转场、片尾、角标等）中出现广告主标识，以及最重要的节目内植入（内容植入、品牌露出等）。节目内植入通常需要节目组与广告主共同策划，在不影响节目播出效果的前提下，尽可能展现广告主的商业信息。③硬广板块是打包的套播广告，且通常有指定位置。④推广板块通常指电视台在其他媒体或者平台推广栏目时植入广告主标识，是广告主电视广告权益的跨平台延伸。

底层思维3：产品思维

表3-3 某知名综艺节目独家冠名广告产品

回报板块	回报类型	播出平台	回报名称/位置	回报明细	频次	周期	总量
授权板块	基础素材使用	一	官方认证授权	授权客户以湖南卫视认可的权益身份进行宣传			自授权书下发日至2021年12月31日
			节目主视觉使用	自营渠道可用基础素材（节目主视觉）装潢搭配主题宣传活动，需提前交由湖南卫视审核后方可实施，具体使用方式及规范使用方式以授权书约定为准			
	节目物料授权		节目官方宣传海报使用	授权完整使用海报，具体使用方式及规范以授权书约定为准			
			节目官方宣传片使用	授权客户使用节目官方宣传片，具体使用方式及规范以授权书约定为准			
			节目官方剧照使用	授权使用节目官方剧照，具体使用方式及规范以授权书约定为准			
节目板块	频道宣传	湖南卫视	宣传片	将品牌标识与栏目名称相结合，形成统一的联合标识 1. 宣传片内品牌广告视觉表现形式 形式：宣传片内容+落幅+5秒品牌广告片（2/3屏、无声） 落幅描述：联合标识演绎 2. 宣传片内品牌广告声音表现形式 落幅配音：×××"××××××（节目名称）"（只含品牌名称） 5秒品牌广告片配音：×××（品牌）广告语和品牌名称，总字数不超过15个字	白天30次/周，晚上12次/周	15周	白天450次，晚上180次
				宣传片播出时段：白天8:00~17:59，晚间18:00~次日00:30，前后漂移30分钟视为正常播出			
	频道包装		欢迎进入	形式：频道设计统一识别的欢迎进入，内含联合标识落幅 配音：欢迎进入×××"××××××（节目名称）"（只含品牌名称）	1次/期	14期	14次

（续）

回报板块	回报类型	播出平台	回报名称/位置	回报明细	频次	周期	总量
节目板块	频道包装	湖南卫视	冠名标版	形式：频道设计统一识别的冠名标版，内含5秒品牌广告（2/3屏，无声）及品牌广告语，品牌标识 配音：嗨，我是×××，我为"××××××（节目名称）"冠名（品牌广告语和品牌名称，总字数不超过15个字） 位置：欢迎进入后	1次/期		14次
			冠名片头	形式：片头内容+落幅 落幅表现：联合标识演绎	1次/期		14次
			开关版	形式：开关版落幅中出现联合标识演绎 配音："×××××××××（节目名称）"下节更精彩/现在继续（只含品牌名称） 位置：插播广告段前后	6次/期	14期	84次
	节目包装	湖南卫视+芒果TV	解说词+字幕条+空镜	解说词内容：这里是×××品牌冠名播出的"××××××（节目名称）"+广告语（品牌广告语和品牌名称，总字数不超过15个字） 字幕条内容：品牌标识+广告语（品牌广告语和品牌名称，总字数不超过15个字） 空镜形式：结合节目场景，以产品外观或品牌元素为镜头主体设计展示片段 时长：5秒/次	3次/期		42次
			转场	联合标识演绎	3次/期		42次
			片尾压屏	形式：5秒品牌广告片（2/3屏，无声） 位置：片尾正一	1次/期		14次
			片尾鸣谢	片尾正一	1次/期		14次
			台网角标	包含品牌标识与统一识别的联合标识（芒果TV）角标PC端+PAD端+PHONE端正片100%流量占比	占节目时长的30%左右		100%流量占比，不承诺保底CPM

板块	类别	项目	描述	单位	数量	合计
节目板块	植入	内容植入	根据节目内容及录制环境设计，结合品牌关键词进行植入设计，时长为30秒/次	4次/季		
		mini-talk	结合节目内容和品牌属性，设计花式演绎或趣味对白，不超过15秒/次	8次/季		
		包装植入	根据节目内容设计含品牌元素的特殊包装，包含但不限于花字、挂角等，时长为3秒/次	42次/季		
		品牌露出	根据节目内容及录制环境设计，设计体现品牌外观或成品牌元素的露出	500秒/季		
硬广板块	湖南卫视	台端硬广	在节目首播时段第一、二、三广告插播窗口中，各插播一条15秒品牌硬广（正一位序）	3次/期	14期	42次
	芒果TV	网端硬广	节目视频播放框内5S冠名标版PC端+PAD端+PHONE端100%流量占比 包含口播："×××××（节目名称）"由×××独家冠名播出（总字数不超过15个字） 标版位置：节目播出内容之前，贴片广告倒一位序之后	—		100%流量占比，不承诺保底CPM
			节目视频播放框内节目前贴片尊享正一位 PC端+PAD端+PHONE端80%流量占比	CPM		520 000
		节目重播	节目包装，植入	1套/期	14期	14套
		节目官方微博推广	节目相关微博推广，体现客户品牌权益（发布形式及内容需与平台协商）	1次/季	1季	1次
推广板块	湖南卫视推广	"×××××（节目名称）"专辑页PC端	头图中加入客户标识（享受冠名位置，头图非独占，标注：独家冠名）			1季
	芒果TV推广	PC端	尾屏鸣谢1帧，体现客户标识（分享）			1帧/天，共14天
			首页巨幕广告 1/3轮播			1轮/天，共7天
		PHONE端	焦点图1帧，体现客户标识+合作身份			1帧/天，共14天
		PAD端	焦点图1帧，体现客户标识+合作身份			1帧/天，共14天

备注：关于CPM量，PC+PAD+PHONE端，各端不承诺比例，不够的话协商补足，节目专辑包含节目正片以及节目片花等相关视频

2）交易指标：CPT、CPM。

CPT（Cost Per Time）具体到电视广告，是指一条广告在指定电视频道的指定时间播出一次的价格，涉及的刊例价、折扣系数、加价系数、软广换算系数与广播广告的概念相同，具体可参见《湖南卫视2021年广告价格表》，如表3-4所示，在"说明"里详细约定了折扣系数、指定位置加价系数、30秒价格换算系数等。

CPM（Cost Per Mille）具体到电视广告，是指覆盖每千人观众所支付的价格，CPM=（广告单价×1000）/观众规模=（广告单价×1000）/（收视率×推及总人口）。

表3-4 湖南卫视2021年广告价格表 （单位：元）

广告时段		播出时间	5秒	10秒	15秒
白天	7:00之前节目	7:00之前	4 800	8 400	12 000
	偶像独播剧场一	7:30～9:00	6 000	10 500	15 000
	偶像独播剧场二	9:00～10:00	8 000	14 000	20 000
	偶像独播剧场三	10:00～11:00	12 400	21 700	31 000
	偶像独播剧场四	周一至周五11:00～12:10	14 000	24 500	35 000
	偶像独播剧场五/周间午间综艺	周一至周五12:30～13:30	16 800	29 400	42 000
	偶像独播剧场六、七	周一至周五13:30～16:00	14 000	24 500	35 000
	周间16点档	周一至周五16:00～18:00	12 000	21 000	30 000
深夜	零点档	00:00～01:00	8 000	14 000	20 000
	1:00以后节目	01:00之后	4 800	8 400	12 000
周末白天	偶像独播剧场四/周末午间综艺	周六、周日11:00～12:30	20 000	35 000	50 000
	周末12点档	周六、周日12:30～14:20	20 000	35 000	50 000
	周末14点档	周六、周日14:20～16:10	20 000	35 000	50 000
	周末16点档	周六、周日16:10～18:00	20 000	35 000	50 000
傍晚	18点档栏目插播	18:00～18:29	11 600	20 300	29 000
	A段	18:29	11 600	20 300	29 000
	黄金时刻	18:59	19 200	33 600	48 000

（续）

广告时段		播出时间	5秒	10秒	15秒
周间晚间	730节目带插播	周一至周四19:30～20:00	32 000	56 000	80 000
	《金鹰独播剧场》一片头	周一至周四约20:00，周五至周日约19:30	43 200	75 600	108 000
	《金鹰独播剧场》一片尾/二片头	周一至周四约21:00，周日约20:15	55 200	96 600	138 000
	《金鹰独播剧场》二片尾	周一至周四约21:55	51 200	89 600	128 000
	周四22点档节目插播	周四22:00～23:50	28 000	49 000	70 000
周末晚间	《快乐大本营》插播	周六20:20～22:00	120 000	210 000	300 000
	《天天云时间》插播	周日21:00～22:00	40 000	70 000	100 000
	《天天向上》插播	周日22:00～23:50	40 000	70 000	100 000
	《天天大直播》插播	周日21:00～23:50	40 000	70 000	100 000
	《向往的生活》插播	周五22:00～24:00	100 000	175 000	250 000
	周五黄金档季播节目插播	周五20:20～22:00	64 000	112 000	160 000
	周五、周六22点档季播节目插播	周五、周六22:00～23:50	64 000	112 000	160 000

说明：

1. 此价格表限2020年10月9日至12月31日招商期使用。

2. 表中所列广告播出时间为大致时间，具体播出时间以媒体最终节目编排为准。

3. 18:00～24:00无折扣，周六、周日11:00～18:00为6折，其余时段均为2.5折。

4. 周五黄金档，周五、周六22点档在季播节目定档后，其插播广告可能另行定价销售；大剧广告可能另行定价销售。具体以商业运营中心价格通知为准。

5. 上述价格表及折扣体系不适用于2021年春节白天；2021年春节，即2月11日至2月17日白天（7:30～18:00）广告按以下价格执行（无折扣）：

广告时段	播出时间	5秒	10秒	15秒
春节8点档	7:30～10:00	5 200	9 100	13 000
春节10点档	10:00～12:10	10 000	17 500	25 000
春节12点档	12:10～14:00	14 000	24 500	35 000
春节下午档	14:00～18:00	12 000	21 000	30 000

6. 如需指定播出位置，正一加收40%，正二、倒一加收30%，正三、倒二加收20%，正四、倒三加收10%，正五、倒四加收5%，正六、倒五加收3%，正七、倒六加收2%，正八、倒七加收1%。（招标时段位序广告除外。）

7. 广告长度≥15秒方可指定播出位置。标版、OS版等特殊广告形式不计入位序。

8. 30秒广告价格按15秒×2计算。

9. 此价格表最终解释权归湖南卫视商业运营中心所有。

资料来源：湖南卫视公开发布数据。

3. 客户

电视广告的制作成本高，投放门槛高，适合有一定规模的广告主。电视广告的视听体验丰富，可以实现多元化的广告目的，从品牌到促销均可以。对于快速消费品而言，电视广告能形象地呈现产品的特点，直观营造消费时的愉悦场景，因而成为快速消费品最青睐的广告产品。

数字广告产品

数字广告（Digital Advertising）是指呈现广告内容的载体是数字媒体或者平台，比如：常规网站广告、智能户外广告、搜索 / 电商广告、本地服务广告、原生广告、信息流广告、激励广告、短视频广告、直播带货广告等。虽然数字广告产品的形式很丰富，但从产品思维角度看，其本质相同。

1. 用户

数字广告产品依赖于互联网，而要实现上网就需要提供 ID（Identity Document，身份识别号码），PC 互联网里是 IP 地址，移动互联网里是 IMEI（International Mobile Equipment Identity，国际移动设备识别码）或者 IDFA（Identifier for Advertising，广告标识符）。这就意味着，基于 ID 可以追踪和记录用户的上网行为，从而可以给用户打标签，通过标签组合就形成了用户画像，以描述用户的年龄、性别、地区、兴趣等特点，根据用户画像与广告主的目标用户特点做匹配，就能实现定向精准广告投放。掌握用户的海量数据信息，是数字广告产品与非数字化广告产品的最大区别和优势，是广告营销工作数据化的基础，是精准广告投放的基础。

2. 商业化

（1）数字广告的举办主体涵盖全社会，只要办理相关的备案登记即可，也正因为如此，网络上充斥着不实信息，导致数字广告的可信度有待提高。

（2）数字广告的制作可以很简单，广告主提供文字之后，媒体或者平台方就能播出，因而其制作周期及成本都很低，甚至可以为零。也有特别复杂的数字广告产品，需要平台方撰写代码进行程序研发，最典型的就是激励广告。

（3）细节指标主要包括广告形式和交易指标。

1）广告形式。

数字广告的广告形式极其丰富，因为其涵盖了声音广告、图文广告和视频广告，常见的有横幅（Banner）、开屏、贴片、暂停、富媒体、搜索、原生、信息流、激励、植入等，各家都有自己的定义和格式，需要广告主逐家沟通确认。

2）交易指标。

交易指标包括CPT、CPM、CPU、CPC、CPL、CPS，基本涵盖广告主的所有需求。

CPT=刊例价×折扣比例，可以是投放一次的价格，也可以是投放一段时间的价格，具体看广告发布者提供的价格表。

CPM=（广告单价×1000）/PV，其中的PV（Page View）是页面浏览量，展现一次就计算一次，因而一个ID可能产生多个PV。

CPU=广告单价/UV，UV（Unique Visitor）是独立访客数，即不重复ID。

数字广告产品最大的优势是允许广告主加载链接，网民点击感兴趣的链接后可以直接跳转到广告主指定网页，因而支持量化行为指标，以及按照网民的行为指标进行交易,从而诞生了一系列的 CPA 交易指标。CPA(Cost Per Action)是指每个访问者对网络广告所采取的每次行动的价格,包括 CPC(Cost Per Click,每次点击的费用)、CPL(Cost Per Lead,每次注册、留下联系信息或完成指定动作的费用)、CPS(Cost Per Sale,每次成功签约销售的费用)。后面章节会结合具体广告产品讲解常用交易指标。

3. 客户

由于数字广告产品形式丰富、投放门槛低、可以满足多元化需求,因而普遍适合所有企业和个人。

常见的数字广告产品有 9 种,包括:常规网站广告、智能户外广告、搜索/电商广告、本地服务广告、原生广告、信息流广告、激励广告、短视频广告、直播带货广告,本书将逐一详细讲解。

常规网站广告

常规网站广告是伴随门户网站而出现的广告产品,门户网站使用超文本链接技术完成了信息供给的线上化,本质上没有改变传统的信息分发方式,只是把报纸、杂志、广播、电视的内容分发方式数字化了,因而还是专业团队生产内容(Professional Generated Content,PGC),并决定给受众看什么内容,信息的生产和传播决策权掌握在编辑手中,因而广告产品逻辑并没有突破式创新,与非数字化广告产品类似,以展示广告为主。

常规网站广告既包括 PC 端网页,也包括手机、iPad、智能点读机等设备端中的广告,其广告位置和形式相对固定,支持 CPT、CPM、CPU、CPC、CPL、CPS 交易。

网页常见广告形式主要包括顶部通栏、中部通栏、底部通栏、焦点图、画中画、视频贴片、视频暂停、视频播放器横幅、视频播放角标、下拉幕、对联、弹窗等。App 里常见广告形式主要包括启动图、横幅、焦点图、icon、视频贴片、视频暂停等。

常规网站广告产品是数字广告产品的基础，通过组合和二次开发形成其他广告产品。在进行广告投放意向沟通时，广告发布者会提供每个广告位置历史 PV、预估 PV、用户画像、广告素材规格和技术指标等，以辅助广告主评估决策。为了方便检测实际投放效果，广告主可以要求在广告素材中嵌入追踪程序，通常是软件开发工具包（Software Development Kit，SDK）或者应用程序接口（Application Programming Interface，API）。

智能户外广告

与传统户外广告类似，智能户外广告连接的是人与位置，通常是指存在于公共空间且已经接入互联网的电子广告屏，可分为两类：①交通类，包括机场、高铁、船舶、公交车、出租车等内部悬挂的电子广告屏；②建筑类，包括商场、写字楼、电梯间、小区门禁等建筑物上悬挂的电子广告屏。

经过持续技术迭代和互联网化改造，这些电子屏可以联网、远程管控，功能可以视为 iPad，兼顾传统户外和常规网站的优势。智能户外广告不需要像传统户外广告那样印刷制作广告，节省了大量的人工费用，直接通过互联网传输广告素材，显著降低了广告投放的成本和周期，将传统户外广告按周甚至按月售卖升级为按次售卖。为了方便统计客流数据，掌握用户特点，智能户外广告电子屏通过内置蓝牙⊖、

⊖ 蓝牙技术是一种无线数据和语音通信开放的全球规范，是基于低成本的近距离无线连接，为固定和移动设备建立通信环境的一种特殊的近距离无线技术连接。

Wi-Fi○㈠、NFC○㈡等探测器，获取周边手机 ID 信息，从而掌握用户画像数据，可以像网站广告产品那样提供用户数据，按照人群进行精准投放○㈢。

虽然智能户外广告有很多优点，但是也存在客观问题：①硬件成本高，电子屏小的数百元，大的数万元，相对于传统框架户外广告，对广告运营主体的初期资本投入要求高，因而运营主体会选择将其放置在高价值位置，即人流量大或者高收入群体密集区；②软件成本高，要实现对电子屏的远程管控，必然要搭建数字化广告交易平台，相应的软件开发成本高达上千万元，因而只有具备一定规模的互联网背景的广告公司才愿意投入，目前中国最大的智能户外广告运营平台是分众传媒。截至 2021 年上半年，分众传媒经营电梯电视共计 97 万台○㈣，其中自营 67.2 万台，参股投资 27.4 万台，加盟 2.4 万台，稳居智能户外广告市占率第一名。

目前智能户外广告支持 CPT、CPM、CPU 交易，其中 CPT 和 CPM 与传统网站广告类似。CPU（Cost Per User）交易主要指居民社区、公司写字楼等人员相对稳定的场所，基于实际覆盖用户数来计算单个受众费用。以居民楼内电梯广告为例，基本以小区住户为主，外来访客占比少，上班人员每天上下楼约 2 次，不上班人员外出买菜等上下楼 4 次，物业人员等上下楼可以达 10 次以上，人均产生的 PV 数量差异大，因而采用 CPU 交易更合理。

㈠ Wi-Fi 是一个创建于 IEEE 802.11 标准的无线局域网技术，在无线路由器电波覆盖的有效范围可以采用 Wi-Fi 连接方式进行联网。

㈡ NFC（Near Field Communication，近场通信技术），使用 NFC 技术的设备可以在彼此靠近的情况下进行数据交换。

㈢ 技术可行，不代表法律允许，根据 2021 年 11 月 1 日起执行的《中华人民共和国个人信息保护法》的规定，上述信息收集方式需征得用户同意。

㈣ 资料来源：分众传媒公司公告。

对于智能户外广告，虽然广告投放是互联网模式，但是由于无法加载链接，因此广告效果更接近电视广告，可以帮助品牌建立、唤新和维护用户，最适合日用消费品广告主。以分众传媒为例，2019 年第三季度日用消费品广告主占比约 35%[⊖]。

搜索 / 电商广告

PC 时代互联网的基础设施是网站，网站生存的好坏看流量的高低，搜索引擎则是最有效地分配网站流量的平台，因此，快速提高网站流量的方法就是做搜索广告。与传统媒体"地毯式"的轰炸不同，搜索广告可以通过选取关键词来控制目标范围，通过追踪还能看到实时效果，而且后续可以根据效果随时调节优化，实现"精确制导"，让广告主的预算更加有效，因而它成为规模化效果广告的开创者。

搜索引擎采用爬虫技术直接爬取各网站页面内对应的信息，将用户需求（关键词）和对应信息（相应页面）进行匹配。这些匹配出来的页面按照匹配的相关性，会一条一条地呈现在搜索结果页面中，这些结果统称为搜索的自然结果。而搜索广告则是广告主通过购买一系列用户搜索的关键词，使得自己的网站排在自然结果前面，通常带有"广告"字样。由于广告排在前面，而普通网民习惯于优先看靠前的，因而靠前的网址链接更容易被点击。企业为了让自己的网址往前排，增加点击可能性，愿意付费，从而诞生了搜索广告，即搜索引擎营销（Search Engine Marketing，SEM），是指在搜索引擎平台进行广告推广和管理，也就是通过付费竞价，实现排名靠前的目的。

由于搜索结果可以呈现多家广告主，而搜索引擎平台通常按照点击收费，即 CPC 结算，因而搜索引擎平台不能只看谁的出价高，还要

⊖ 资料来源：分众传媒公司公告。

预估网民点击的可能性，如此才能实现广告收益的最大化。基于互联网技术的在线实时拍卖（Real Time Bidding，RTB）竞价平台被引入到搜索广告交易中，广告主可以在线实时修改和提交广告报价，搜索引擎在收到每个网民的每次关键词检索行为时，会根据竞价机制确定各家广告主的价格和位置。

关于竞价机制，各家略有不同，通常涵盖两个指标：①广告主的报价 b，完全由广告主自己确定；②媒体为每条广告分配的质量系数 q，这个系数由搜索引擎平台确定，基本上等同于搜索引擎平台预估的点击率，其实际影响因素比较复杂，如与网民搜索关键词的相关度、网站质量、历史点击率等。b 与 q 的乘积是排名指数，排名指数越大的越往前排，从而确定各广告的相对位置排序。为了减少广告主出高价的顾虑，有些搜索引擎平台会采用广义二阶价格机制（General Second Price），即广告主的实际支付价格不是自己的出价，而是能确保压住下一名的最低价格，即支付价格不高于出价。用公式表述如下：

$$p_s = b_{s+1} \times q_{s+1} / q_s$$

因为 $b_s \times q_s \geqslant b_{s+1} \times q_{s+1}$，所以 $p_s \leqslant b_s$。

这里，b_s 是指排在第 s 位的广告主的出价，q_s 是指排在第 s 位的广告主的质量系数，p_s 是指排在第 s 位的广告主的支付价格。

SEM 见效快，只要愿意支付广告费，就能快速提升网站的搜索排名，但是一旦停止广告投放就没有效果。为了减少广告预算，甚至不进行广告投放，但又希望尽量往前排，可以使用搜索引擎优化（Search Engine Optimization，SEO）。SEO 是指在了解搜索引擎自然排名机制的基础上，对网站进行内部及外部的调整优化，改进网站在搜索引擎中的关键词自然排名，获得更多的展现机会，从而达成网站销售及品牌建设的目标。虽然 SEO 的效果相对稳定，但是有技术门槛，需要懂搜索引擎自然排名机制的专业人员通过一定时间周期才能取得较好的位置。

具体到商业实践，SEM 是服药的效果，重在短期快速突破起量；SEO 是保健品的效果，关注长期持续稳定展现，两者都需要发展。SEM 需要优化创意，提升广告物料点击率，研究投放规律，控制竞价水平和转化效果之间的平衡；而 SEO 则需要花钱进行技术投入或委托专业机构，在了解搜索引擎自然排名机制的基础上，对网站进行内部及外部的调整优化，改进网站在搜索引擎中的关键词自然排名。在商业实践中，SEM+SEO 已经成为大多数网站的标配营销手段。

当观众看了一条电视广告或阅读了报纸上的图文广告之后，这次"广告"就结束了。而当广告主的推广信息展示在搜索结果页面上时，网民不仅会关注推广信息，还会进一步地点击、浏览企业网站、在线留言、在线咨询、在线订货、直接拨打企业联系电话等，这意味着搜索广告不仅能像传统媒体一样，通过展现推广信息让潜在客户记住企业、加深印象、提升好感度，还能真真正正把潜在客户带到广告主的网站，最终做成生意。经过多年不断地创新实践，搜索广告不仅涵盖 PC 端，还有手机端；广告形式也越来越丰富，涵盖常规文字、图片、视频等，支持网民录入联系信息、直接拨打电话等，还有品牌专区，根据大广告主的需求定制搜索结果。

人们在上网时不仅会搜索信息，还会搜索商品，因此电商网站也开发搜索广告。以淘宝网为例，当网民搜索"毛巾"时，淘宝网会呈现多家淘宝店的商品信息，这些商品信息的位置有相对排序，位置靠前的商业价值高，因而可以作为广告产品拿出来售卖。淘宝将其搜索广告产品命名为"淘宝直通车"，即为淘宝和天猫卖家量身定制的，按点击付费的效果营销工具，为卖家实现商品的精准推广。每件商品可以设置200个关键词，卖家可以针对每个关键词自由定价，按实际被点击次数付费。这样的广告产品，被京东、拼多多、唯品会等电商网站广泛借鉴，成为电商网站的主要广告产品和收入来源。不同于搜索引擎平台，电商网站为每条广告分配的质量系数 q，通常包括以下因素：①商品本身的类目、属性、标题、图片、详情页等信息和买家搜索意向的匹配度；②商品的标题、图片、视频是否更有吸引力；③商品的历史成交转化率；④商家的等级、好评度等。

在 PC 时代，网站是开放的，搜索引擎可以依靠爬虫技术整合几乎所有的网站内容，成为流量入口。在移动时代，App 是主流，超级 App 可以自成生态系统，且相对独立封闭，于是搜索引擎技术就下沉为 App 内的一个功能，搜索广告也就成为基础广告产品，成为各互联网产品的标配广告产品，且越来越普及。在统计广告收入时，因为只能按照各家企业的数据来统计，因而统计口径基本按照企业的定位来分类，这导致阿里巴巴、京东等电商平台的"搜索广告"被归入"电商广告"，目前对"搜索广告"的统计基本只包括百度、搜狗等明确将自己定位为"搜索引擎"的公司。

搜索广告可以说适合一切广告主，投放门槛千元起。搜索广告尤其适合低频消费品，比如墓地、婚庆、出国留学等，人们一生中基本只使用一次，到具体需要使用时才会去搜索和了解。这样低频的消费品，不适合大规模进行常态广告投放，特别适合搜索广告这样按照 CPC 结算的效果广告。

本地服务广告

本地服务有很多特殊性。首先，作为服务，与商品很不一样，严重依赖于人力，不能规模化批量生产，更不能通过物流系统大范围派送服务人员。其次,"本地"这个限定语,强调了服务半径,需要顾客到店,而顾客不可能不计算交通成本,通常会选择离家不远的商家。因而,本地服务受时间和地点制约,需要基于其位置进行广告营销,从而诞生了本地服务广告。本地服务广告,即基于位置的服务（Location Based Services,LBS）技术,围绕商家服务半径（通常是10公里以内）进行推广,典型场景包括外出就餐、美容按摩、美发美甲、看电影演出等,通常按照CPT、CPM、CPC结算。

本地服务广告的典型代表是美团和大众点评,基于顾客到店及商家服务半径,帮助商户进行推广。当用户打开美团或者大众点评App,点击美食或者搜索美食时,平台会呈现周边餐厅,显示附近餐厅距离。点击餐厅的页面,还能显示去餐厅的交通路线,方便用户到店消费。

由于外出就餐、美容按摩、美发美甲、旅游度假等广告市场巨大,因而短视频平台抖音推出了门店推广服务,帮助本地门店进行线上品牌宣传,获取潜在客户。在具体实践中,就是基于LBS技术,有针对性地向用户展示附近门店的短视频,并且增设门店主页,基于视频关联的位置信息汇聚展示相关短视频。

本地服务广告适合需要到店消费的以及可以上门服务的广告主,广告投放门槛千元起,小广告主也能做。

原生广告

原生广告（Native Ads）兴起于2013年的互联网圈,是指不拘于形式,结合平台特征、用户体验、内容环境而呈现的广告,其特点是自然、不易察觉,不会对用户的浏览体验造成过度的干扰,可以达到"广告即内容,内容即广告"的目的。从本质上讲,原生广告对应的是以电视为代表的传统媒体所采用的植入广告，只是互联网圈提出的一个新概念而已。

也正是因为原生广告本质上就是植入广告，所以其涵盖的范围特别广，样式变化多端，常见形式有以下四类。

（1）视频：视频类的原生广告可以是某个视频背景中的一个广告牌，也可以是视频人物手中拿的一个物品，还可以是视频暂停、加载、结束后弹出的广告插屏。某美食网红曾在一期短视频中，用自来水洗手机，把手机当菜板，用手机拍大蒜，之后用手机玩游戏、拍照片，将华为手机防水、屏幕坚硬、机身防碰撞的特点展现得淋漓尽致。该视频全网播放量破4亿，成为视频类原生广告的经典。

（2）游戏关卡：在游戏关卡、通关奖励以及场景中植入广告。游戏《保卫萝卜》曾跟必胜客合作，让游戏角色手持比萨，衣服上悬挂必胜客标识，场景设置为必胜客餐厅等，广告植入不仅没有干扰玩家，还让玩家觉得贴近生活、真实有趣。在线网络抽奖经常出现的转盘也可以呈现原生广告，即由广告主提供奖品，虽然实际抽中奖品的概率很低，但是能实现大量的广告曝光。

（3）场景植入：将广告信息制作成各种主题、皮肤等。天气预报类App墨迹，曾在主题背景里植入Jeep汽车广告，结合天气推出《Jeep雨季行车指南》，贴心且暖心，车模形象可爱，增添了页面的趣味性，文案"据说能看见Jeep形状云朵的，都是敢于探索的冒险家"彰显品牌精神，这样的广告形式让用户喜闻乐见。

（4）信息流广告：广告夹杂在用户浏览的信息中，与信息载体平台所对应的功能混在一起，是目前最主流的广告产品，下一小节将专门讲解。

原生广告支持按照CPM、CPC结算，基本适合所有广告主。由于其植入广告的本质属性，对广告创意要求较高，因此各大流量平台提供了辅助广告创意工具。

信息流广告

信息流广告的核心是推荐算法，载体是信息流，是人类解决信息过载和信息爆炸问题的有效方案。

在互联网发展初期，信息的分发方式是编辑和订阅，由专业人士精选内容，网民看到的信息是一样的。随着互联网内容的增多，有了搜索引擎，网民可以根据个人喜好查找自己感兴趣的内容，满足部分个性化需求。进入移动互联网时期后，每个人都可以在网络上创作内容，面对海量内容以及人们未知的信息需求，信息流应运而生，可以让网民看到非计划性内容，拓展眼界，找到自己所爱。信息流的核心在于推荐算法：对于内容而言，根据用户的反馈，被认可的内容得以进一步扩散，不被认可的内容则被系统纠偏；对于用户而言，每一次行为反馈都在不断地完善自己的用户画像，帮助系统持续优化推荐的精准度，从而实现个性化推荐。

信息流广告就是夹在这些信息流中的广告，其形式与平台内容接近，其分发机制基于平台的推荐算法。从 2006 年信息流广告诞生于 Facebook[一]，2013 年新浪微博推出"粉丝通"，到 2018 年成为 App 上的主要广告产品，信息流广告已成为各大 App 的基础能力。根据艾瑞咨询不完全统计，2020 年信息流广告市场规模已突破 2000 亿元，跻身互联网广告产品 TOP3[二]。

信息流的核心是推荐算法，各家平台略有差异，大致逻辑类似。

[一] 2021 年 10 月 28 日，Facebook 宣布品牌部分更名为 Meta。
[二] 互联网广告 TOP3 通常指信息流广告、电商广告、搜索广告。

以抖音为例，抖音系统基于内容质量、创作者粉丝量、用户兴趣进行流量池的初始分配，同时在初始分配后基于用户互动反馈进行流量的二次分配，重点考核指标包括完播率、点赞率、评论率、关注率等，以评价内容对于用户的吸引力。若以上指标表现不俗，则获得更多流量进行三次分配、四次分配……只要是用户喜欢的内容，就能持续得到曝光，因而很容易产生爆款。

同为短视频平台，快手的推荐算法略有不同，是"基础曝光量／爬坡机制＋基尼系数"。一方面，快手推荐引擎一开始自动完成流量池的原始分配，而后结合用户喜好、评论率、点赞率、播放率等指标构建"热度权重"，将高热度的优质视频贴上兴趣标签并进行全网分发；另一方面，随着火爆视频的热度达到引擎设定的阈值后，社区内部"基尼系数"机制会开始逐步生效，以降低热门视频的热度权重及曝光量，从而确保社区内的新作品及其他创作者都能得到曝光，最终社区流量池得以"公平普惠"地分配给不同内容，令高热度／低热度内容、新／旧内容等均得以曝光。

信息流广告夹杂在信息流当中，每几条信息中夹杂一条广告，概率为5%～25%，大致逻辑分为三步：①用户浏览信息流平台，在刷新内容时，系统会根据用户标签从海量广告创意中找到与这个用户匹配的广告。在这个环节中，最关键的是数据，包括用户标签、广告标签两个维度，具体分类标签已达上千种，可以实现精准匹配。②系统根据预估点击率、出价等指标，决定所筛选出的广告的出现位置和顺序。其中，预估点击率由系统计算给出，综合参考历史点击率、内容相关性、落地页质量、广告主品质等，出价策略由广告主自行确定，支持CPM、CPC、CPA、CPV（Cost Per View，播放5秒以上算一次有效播放，方可计费）等。③系统展示广告，并反馈各方数据。

以西瓜视频信息流为例，2019年第四季度广告报价涵盖CPM、CPT，形式包括大图、视频、全画幅，支持按照城市、性别、年龄、兴趣、操作平台、网络环境、内容分类、内容关键词、人群包、时间段等进行定向投放。产品位置按照用户刷新页面的相对位置来售卖，以 $X\text{-}Y$ 表示，X 表示页面的第 X 个位置，Y 表示用户第 Y 次刷新，举例来说，4-1指用户每天第一次刷新时第4位的广告，4-3指用户每天第三次刷新时第4位的广告。

激励广告

激励广告，是指利用激励（积分、物质奖励、红包等）让用户接受广告（或至少减少对广告的抗拒），从而引导用户做出指定行为。最典型的案例是瑞幸咖啡在其App上呈现的拉新广告，点击广告图文"免费送给好友咖啡各自得一杯"，系统自动生成邀请链接和文案，方便用户分发给微信好友，发表在微信朋友圈，或者生成带二维码的拉新海报。

拼多多作为新电商开创者，将激励广告做到了教科书级别。在拼多多平台上，邀请好友加入团购可以获得优惠价格，邀请好友点击"砍一刀"可以获得优惠价格，邀请好友参与活动还能领取现金……这些营销活动本质上都是激励广告，通过物质激励，让用户完成拉新、激活、成交转化等任务。得益于这些激励广告，拼多多后来者居上，跻身中国电商第一阵营。

趣头条是一个资讯聚合App，激励广告是其拉新和激活的主要手段。邀请新用户，1～2位则8元/位，3～5位则8.5元/位……拉的新人越多，则奖励力度越大。趣头条官方数据显示，截至2018年6月，排名第一的用户邀请了52 433名新用户，获得收入超16万元。

虽然人均10元看似很贵，但是通过其他营销手段拉新的平均成本在20元/位以上，因而激励广告是性价比极高的拉新手段。

激励广告与微信相结合，就产生了常说的增长裂变，利用激励手段可以促发用户拉用户的连锁行为，常见形式有以下几种。①拼团：邀请多人参与即可开团。②分销：最常见于知识付费，生成分销专属二维码，分享到朋友圈或者微信群，别人购买之后就可以获得收益。③打卡：最常见于读书和学习平台，在朋友圈汇报完成每日指定任务。④福利任务：转发朋友圈领取折扣、奖品等。⑤拉票投票：常见于各种评选活动。⑥抽奖：参与转发或者评论即可获得抽奖机会。

激励广告不是互联网的原创，在传统媒体中早已出现，从2014年开始中国中央电视台做了大量尝试，借助手机扫描二维码、微信摇一摇、支付宝咻一咻等方式，邀请电视观众在收看电视节目时参与互动活动，包括观看花絮、抢答问题、赢取红包、发送明星照片和上传全家福等，最著名的当属2015年央视春晚与微信合作的摇红包。

2015年央视春晚期间，微信对晚会进行了全程图文播报，还准备了5亿元的现金红包和8种互动惊喜。节目播出期间，在春晚节目主持人的口播和字幕提示下，观众打开微信"摇一摇"功能后摇动手机，就有机会赢取现金红包，或者带有明显春晚特点的惊喜，例如：电子春晚节目单——随时更新当前正在播出的节目；新年贺卡——给某位好友发带春晚标识的新年电子贺卡；明星拜年祝福——参演明星的语音拜年贺词；全家福——用户上传的全家福照片有机会出现在春晚录制现场的背景墙上。

微信官方统计数据显示，微信红包的参与人数为1.2亿，总互动次数达110亿次，峰值为8.1亿次/分，收发红包总数为10.1亿个。为了参加互动活动，用户必须在手机上安装和注册微信，且需要开通支付功能才能使用所获得的红包。据统计，央视春晚互动广告为微信直接带来了 2000 万名新增用户、1000 万名新增支付用户，这两项的商业价值超过 18 亿元。

激励广告与典型广告模式不同，典型广告模式是广告主付费给发布方以将广告信息呈现在潜在消费者眼前且诱发一系列行为，广告主与潜在消费者之间没有直接的交易行为。但是在激励广告中，广告主可以自己作为发布方，将省下的广告费变成激励费用直接发放给潜在消费者，甚至将潜在消费者变成一个个发布方去转发广告。也正因为如此，激励广告属于典型的广告营销活动。

激励广告既可以由广告主在自己平台实施，也可以在其他平台呈现，均涉及广告创意、奖品兑现、防止薅羊毛等，需要事先进行综合费用测算，由专人精心运营，实施难度较高，对营销团队的要求很高。激励广告既可以获取新客，又能激活老客，还能直接促成交易，因而其交易指标涵盖 CPM、CPC、CPU、CPL、CPS 等。

短视频广告

短视频通常指 3 分钟以内的视频，时长 1 分钟的居多。短视频兴起于 2008 年汶川地震，由于路况损毁，专业的媒体记者无法在第一时间到达现场，因而普通老百姓就用手机拍摄现场情况，并发布在网络上。因为当时智能手机尚未普及，手机拍摄画面粗糙模糊，且网络流量资费昂贵，所以短视频只在地震这样的极端事件中得到应用，之后便被冷落很久。直到 2016 年智能手机普及，4G 技术推动流量资费大幅下调，短视频才又火起来，诞生了 Papi 酱这样的短视频网红，出现了冰桶挑战赛等短视频活动。进入 2017 年，短视频通过广告可以实现盈利，从而进入稳定发展期。根据 QuestMobile 的统计，2021 年 6

月短视频月度活跃用户突破9亿人，短视频消耗时长占据移动互联网的32%。

1. 短视频广告形式：植入广告＋直接带货＋主题活动

短视频广告，是指采用短视频的方式推荐商品，主要在网络平台播放。根据艾瑞咨询统计，2020年短视频广告占据移动广告市场的20%，成为最重要的广告产品之一，主要营销玩法有三种。

（1）植入广告，即在短视频里植入商家或者产品信息，又可以划分到原生广告里的视频类，通常由广告主直接与网红或其签约公司协商确定，可以在各大内容平台进行分发，包括但不限于抖音、快手、微博、爱奇艺、腾讯视频等。植入广告借助网红的个人背书，对其粉丝有很强的购买说服力。

以某美食主播为例，她主要拍摄美食类短视频，以探店方式亲测各家餐厅的美食，在各大内容平台发布其探店短视频。截至2021年12月31日，该美食主播在爱奇艺平台上有64.6万名粉丝，不定期发布一些植入广告，通过短视频《夏日宅家必备零食清单！》推荐多款零食，虽然网友明知道是广告，但是依然看得津津有味，不少人追风下单。某搞笑网红作为搞笑短视频初代网红，每周一会在各大平台发布原创短视频，借鉴电视植入广告形式，推出了冠名广告，在周一发布短视频正片播出前播放10秒冠名企业广告，并在节目包装上使用冠名企业联合标识。

（2）直接介绍商品，在淘宝、京东等电商平台是商品首图，在抖音、快手等短视频平台是视频信息流广告，通常可以携带购买链接直接促成交易。

以少儿益智产品生产商科学喵为例，其在拼多多、京东等电商平台的首图均是短视频，因为短视频能比图片更形象生动地展示商品特点，在客户搜索到其产品时提升成交的概率；同时在抖音上进行了信息流广告推广，能让更多人看到并了解其产品，如图 3-5 所示。

科学喵在拼多多首图　　科学喵在京东首图　　科学喵在抖音信息流

图 3-5　科学喵广告截图

图片来源：2022 年 2 月 12 日 App 截图。

（3）挑战赛等主题活动，是指发动全体网民参与拍摄指定主题的短视频，从而促进品牌曝光和提高美誉度。

乐学教育集团为了推广其快乐学习的理念，与某歌手联合制作发布《乐学歌》，在微博上引起广泛关注，网民自发阅读量破 3700 万次，部分网友甚至开始翻唱。乐学教育集团随即联合该名歌手在抖音上创建乐学歌挑战赛活动，鼓励广大网友进行翻唱。翻唱活动深化了广大群众对乐学教育集团的认知，强化了与家长和学生的情感连接，显著提升品牌的美誉度；部分网红也自发加入到翻唱活动中，实现了破圈传播，增强了品牌的曝光度。截至 2020 年年底，《乐学歌》话题在抖音平台收获了超 780 万次播放，超 200 条网友参与翻唱短视频。

2. 短视频广告平台：UGC 和电商

（1）凭借丰富的用户生产内容（User Generated Content，UGC）内容吸引网民观看，抖音和快手处于短视频类绝对领先地位。根据 QuestMobile 的数据，截至 2021 年 9 月，抖音日活用户 4 亿人，快手日活用户 2.2 亿人，遥遥领先于其他短视频平台。

以抖音为例，在刷视频的过程中，平台推荐了 @ 佳明优品的短视频，看完后若感兴趣，可以点击购买，即跳转到商品大图详情页后，点击立即购买就可以选择具体颜色和数量，继续点击立即购买就能进入订单详情和支付页面。短视频广告基于信息流分发机制，投用户所好，确保商品店铺和交易流程顺畅，提供所看即所买的购物体验，因而成交率高，深得广告主青睐。

（2）电商类，以淘宝、京东、拼多多等电商为代表，主要使用短视频介绍商品，提升商品成交率。鉴于视频比图文能更好地展示商品，淘宝大力推动商家将图文广告变为短视频广告。2017 年淘宝上线了阿里创作平台和短视频功能。2018 年 5 月，阿里 2018 财年业绩公报中还专门提到了"已形成强大的内容生态系统，截至 2018 年 3 月底约有 150 万名活跃内容创作者"。京东 App 各个板块均有短视频展示机会，包括首页的为你推荐、商品列表页、活动页和店铺首页等。为了推动店铺拍摄视频，京东研发了智能影棚产品，涵盖灯光、相机等，还推出一系列 App，如智能拍摄、智能剪辑等智能工具，帮助商家制作高质量的短视频广告。

随着全面视频化时代的到来，短视频广告已成为最常见的广告产品，交易指标涵盖 CPT（按短视频条数结算）、CPM、CPC、CPS，适合所有广告主。

直播带货广告

直播带货，是指通过淘宝、京东、拼多多等电商平台以及抖音、快手等内容平台，使用直播在线技术，由专人进行在线商品展示、咨询答复、导购的新型广告营销方式。也是近几年最受消费者喜爱的广告营销方式。以 2020 年 4 月 1 日罗永浩直播首秀为例，3 小时创造了 1.1 亿元销售额，累计观看人数超 4800 万人。

直播带货之所以这么成功，主要是因为具有以下优势。

- 基于主播与粉丝的信任关系：有些主播是专业人士，能鉴定产品功能和技术特点，粉丝们信任其专业能力；有些主播擅长供应链，能拿到全网最低价格，粉丝们信任其价格最低；有些主播擅长发掘非标产品，尤其是原产地限量商品，粉丝们信任其独家货源。
- 商品细节展示充分，主播不仅在镜头前面详细展示产品细节，介绍技术特点，还会亲自试用，在线回复粉丝的各种疑问，全面打消顾客的购买疑虑，降低购买决策的风险性。
- 娱乐属性显著提升成交转化率，无论是邀请名人或者明星加入直播带货，还是在直播过程中进行才艺展示或者与粉丝互动，包括评论区的粉丝留言，都是让粉丝沉浸在购物的喜悦气氛中，让下单成为一种集体狂欢。

直播带货诞生于 2016 年 3 月的蘑菇街 App，经过数年发展，基本形成了 CPS 结算模式，对商家有利，因而深得商家青睐，同时又是一种全民娱乐的购物方式，保持着高速成长态势。商务部统计数据显示，2020 年直播带货市场规模已经突破 1 万亿元。

直播带货通常涉及 5 个主体。

（1）广告主，支付费用给主播或其签约公司，费用通常包括两部分：基础费用和销售提成。基础费用，俗称坑位费，无论直播带货能否实现销售或者销售了多少产品，广告主都需要支付费用给主播或其签约公司，以犒劳其投入的时间和精力，单件商品的基础费用从 0 元到百万元不等。销售提成是对主播或其签约公司的激励，按照成交金额的百分比计算提成，提成比例从 5%～30% 不等。

（2）主播或其签约公司，由其在直播中展示商品、促成销售。

（3）电商平台，以淘宝、京东、拼多多等为代表，为主播或其签约公司提供商品、店铺和结算功能，以技术服务费形式收取总收入的 0%～10%。

（4）内容平台，以抖音、快手等为代表，为主播或其签约公司提供直播功能和展示平台，以技术服务费形式收取总佣金收入的 0%～10%。

（5）消费者，也就是观看直播带货、下单购买的网民。

由于电商平台和内容平台以互联网巨头为主，公开信息较易获得，因而重点介绍其发展情况及典型代表。

1. 电商平台

2016 年 5 月，淘宝 App 上线直播带货功能，培养的头部直播带货网红全年商品交易总额（Gross Merchandise Volume，GMV）达到了 2000 万元，在当年非常亮眼。同年，淘宝培养了多名直播带货网红进入直播带货第一梯队。进入 2017 年，数据证明直播带货具有其他方式无可比拟的销售功能，淘宝加大直播带货投入：

（1）举办直播盛典，给予商家广告补贴，鼓励商家采用直播带货功能；

（2）推出超级 IP 计划，培养和助推直播带货网红，给予全方位的支持。到了 2018 年春，淘宝将"淘宝直播"这个入口，从淘宝 App 的第四屏移动到第一屏，正式确认淘宝直播在整个淘宝生态体系的第一梯队地位。同年 6 月，淘宝与快手合作，淘宝提供数字店铺，解决供应链问题，快手负责导入流量。2018 年全年，淘宝直播卖货超过 1000 亿元，培养出 81 名 GMV 过亿的主播，构建了全网最强直播带货团队。2019 年淘宝正式推出淘宝直播 App，进一步完善直播带货相关技术支持，推出一系列营销活动：①春播计划，深入到农村搞农产品直播，带动农村土特产销售；②启明星计划，引入大量明星做直播带货，得到社会广泛关注。

在淘宝的强势布局下，其他电商平台虽涉足直播带货，但是销售数据差很多：① 2016 年 9 月京东上线直播带货，但是因为缺乏娱乐基因，做得不温不火。②拼多多于 2020 年明确将直播带货作为重要战略，推出了多多直播 App，销售占比逐步增长。

2. 内容平台

快手于 2016 年推出直播功能，但以秀场和游戏为主，结果有许多直播网红在平台上卖东西，让网民加微信或者使用淘宝旺旺交易。快手意识到这是个商机，就与第三方服务公司有赞合作，由有赞帮直播网红在快手平台上开数字商铺卖货，且有赞本身能整合供应链资源提供商品，因而诞生了早期快手直播带货模式。经过两年的持续耕耘，2018 年快手迎来直播带货的第一个爆发期：①推出完全自主研发的快手小店，为直播网红提供全方位的电商解决方案；②优化第三方服务商，除了有赞，还引入了魔筷星选；③与淘宝展开全面合作，支持跳转淘宝店铺；④大力扶持直播带货网红，举办"快手卖货王"活动，快手培养的头部网红 GMV 突破 1.6 亿元。进入 2019 年，快手面向所有用户开放直播带货功能，与拼多多和京东达成战略合作，正式确立了其在直播带货领域的领先地位。2020 年，快手建立了好物联盟，引入大量品牌和经销商，解决中小主播缺少品牌资源和选货权的问题；后端的供应链、履约、服务、工具化等全部由快手完成，极大地降低了主播的带货门槛；快手还为中小主播提供"技术服务费减免政策"，GMV 在 10 万元以内的中小主播，只需向快手支付 1% 的手续费，从而助推中小主播快速成长。截至 2020 年年底，快手直播带货 GMV 突破 3800 亿元。

抖音于 2017 年 11 月才上线直播功能，一开始也是以秀场和游戏为主。与快手类似，抖音也发现直播网红在平台卖东西。抖音迅速采取短平快的方案，于 2018 年 3 月接入淘宝购物车，即用户在抖音上看到货以后，可以点击跳转到淘宝购物车。同年 12 月，抖音引进 10 家淘宝购物车的运营商，以便提供更好的服务。进入 2019 年，抖音将直播带货上升到战略层面：①招募和扶持直播带货主播；②全方位引进电商平台，既有京东、淘宝这样的大电商，也有网易考拉、唯品会这样的细分电商。

微信作为最大的社交平台，切入直播带货较晚，2019 年才把公众号的直播功能打通，在小程序上提供直播带货。2020 年年底，微信视频号也做了一系列的更新。一方面，微信在最新版本中围绕着视频号更新了 8 大功能，其中 5 大功能都与直播业务息息相关，包括直播间支持用户给主播打赏、发现页设置"附近的直播和人"等；另一方面，视频号与小程序打通，视频号的带货场景越来越完善。

进入 2020 年，电商平台与内容平台均纷纷涉足对方优势领域，致力于打造一站式服务平台。由于技术层面越来越普及，普通民众又很喜欢，因而人人皆可直播带货，人人皆可投放直播带货广告。

除了上述典型的数字广告产品，还有其他广告产品，只是为了方便统计或者是一定时期的流行概念，本质上都是上述典型数字广告产品的组合或者微创新，如社交广告。社交广告泛指在社交平台上发布的广告，因而包括本章提到的所有形式的数字广告。美国典型社交平台有 Facebook、Twitter、Snapchat、Instagram，中国有微信、微博、QQ、知乎、陌陌、豆瓣、天涯社区等。社交广告的优势在于能定位到人，能够让广告主更清晰地知道自己的广告被什么样的人群看到了，而不是简单地买了一个 UV 和 PV。因而社交广告在广告形态上没有什么创新，在中国以信息流广告居多，核心是基于关系链的社交意愿、社交影响力、社交圈层等大数据被加入广告匹配/推荐算法中。熟练掌握本章所讲述的基础广告产品，举一反三，就能坦然应对新型广告产品。

底层思维

4

流量思维

什么是流量呢？流量，这个说法是伴随互联网的发展而普及的，对应传统线下门店的客流，具体是指某个网站或者 App 在一定时间范围内的到访用户数或者浏览数。一般情况下，流量越大，说明访问量越大，网站的价值越高。广告，无论何种形态，都是面向潜在顾客进行售卖的行为，售卖的可以是商品、服务以及理念。带着明确的交易目的，寻找最多的潜在客流，这就是广告营销的核心任务，因而必须具备流量思维。本书认为**流量思维，就是一种以用户为中心的价值导向思维，重点关注流量获取、转化和留存，既要通过多渠道获取用户/流量，又要重视和提升服务质量以留存用户/流量，还要以终为始地思考如何将用户/流量转化为付费客户。**

思维模型：获取、转化和留存

流量，形象地揭示了用户像水一样流来流去。流量获取，是指尽可能多地覆盖和接触用户，类似于在大海中舀水。流量转化，是指将用户转化为客户，产生交易行为，类似于让水发电并产生价值。流量留存，是指可以反复多次地覆盖和接触用户，类似于把水储存在自己的池子里，如图 4-1 所示。

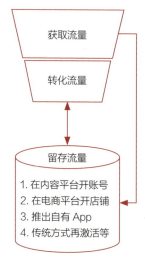

图 4-1　流量思维示意图

虽然几乎所有的流量都能达到获取和转化用户的目的，但不一定都能留存用户。以报纸、杂志、广播、电视、网站、户外、搜索等广告为代表，是一种单向传播，广告主投放完广告后，不能直接联系到消费者，因而需要持续投放广告，持续付费购买流量。

而将用户留存，就能够直接触达、无须付费、反复影响用户，具体渠道包括但不限于：①在内容平台开设账号，如微信公众号、微信群、QQ 群、头条号、抖音号、快手号、B 站号、小红书账号、微博号等，一旦获得用户关注就能进行双向沟通；②在电商平台开设店铺，以拼多多、京东、淘宝为代表的店铺，提供粉丝关注功能，一旦用户在 App 内关注店铺账号，店铺就可以与用户私信沟通、定向推送促销信息等；③推出自有 App，比如瑞幸咖啡推出 App 以提供持续沟通和服务功能，招商银行推出 App 以便与客户建立更多联系；④传统方式再激活，企业将分散于销售人员手中的客户电话号码和通信地址统一纳入 CRM 系统进行集中管理，通过短信、电话、信件等方式再次激活,或者将其转化到前三种数字化流量池。

在企业的具体实践中,流量的获取、转化和留存不是单向串联的,而是双向并联的:①企业在获取流量,即进行广告投放时,可以直接留存一部分,比如,企业在电视广告上宣传其 App,号召观众下载 App 了解详情;②企业可以将已转化的流量进行留存,比如,在实体店铺销售现场安排工作人员邀请已成交顾客关注企业公众号,以领取会员积分和优惠券;③企业反复影响留存用户以使其首次购买、反复购买或者推荐给别人,比如,企业在公众号上发布促销信息,吸引已关注用户进行购买。

在设计流量获取、转化和留存的双向并联战术时,需要基于各流量本身的特点综合考虑,因而本书详细讲解14种流量的特点(见表4-1)。

表4-1　14种流量的特点

广告类型	广告名称	流量获取	流量留存	流量转化
自有广告	叫卖	很难规模化	无	高
	招牌	很难规模化	无	低
	传单	小规模化	无	高
媒体广告	报纸	大规模化	无	一般
	杂志	大规模化	无	高
	广播	大规模化,快速	无	一般
	电视	大规模化,快速	无	一般
	网站	大规模化,快速	无	高
平台广告	户外广告	大规模化	无	低
	搜索/电商平台	大规模化	可以有	极高
	社交平台	大规模化,快速	可以有	高
	内容生态平台	大规模化,快速	可以有	高
自媒体广告	外采自媒体	小规模化	可以有	不稳定
	自建自媒体	不确定	可以有	极高

广告即流量：自有广告

自有广告，即广告主自建自用的广告，也是出现时间最早的广告，以叫卖、招牌和传单为代表。自有广告以销售为目的，尽可能覆盖最多的潜在客户，把成交作为唯一考核指标。直到现在，这些原始的广告形态依然活跃在商业社会中，有些披上了技术的外衣，比如：直播带货就是加强版的叫卖广告，LED 广告牌就是升级版的招牌广告，电子优惠券就是进化后的传单广告。

叫卖、招牌、传单，既可以是个体行为，也可以是公司行为，无须办理媒体牌照，不需要生产新闻、娱乐、教育等内容来讨好潜在顾客，秉持广告就是流量的理念，将受众当作流量，不断获取、留存和变现，遵循流量思维的底层逻辑。

叫卖：最早的自媒体广告

最早的广告诞生于文字产生之前，是叫卖。叫卖这一广告形式很原始，只要能说话即可，无须道具、不挑场地、成本极低，一个人就能干，堪称最早的自媒体。

叫卖的功效完全依赖于叫卖人的个人魅力，因此诞生了很多花样的叫卖。早在奴隶社会初期的古希腊，人们通过叫卖贩卖奴隶、牲畜，公开宣传并吆喝出有节奏的广告。中国古代商贩沿街叫卖，以作交易，在文学作品中有大量记载。《楚辞·天问》中记载："师望在肆……鼓刀扬声。"师望指姜太公，他在被周文王起用之前，曾在朝歌做买卖，高声叫卖，以招徕生意。宋代孟元老的《东京梦华录》中记载："季春万花烂漫，卖花者以马头竹篮铺排，歌叫之声，清奇可听。"卖花人的歌叫声，就是叫卖广告。

叫卖的目的是销售，通过叫卖的方式达到销售商品的目的。因此，叫卖的内容要具体，明确传达出商品的特点和交易信息，如：产品是什么、有什么特点、价格怎么样。叫卖的位置很重要，叫卖依赖于人声，传播半径约 100 米，因此需要去目标顾客集中的地方叫卖。类似于剃发摊、磨菜刀摊、水果摊等可以移动的店铺，商家会选择沿街叫卖，以扩大传播的范围。而类似于客栈、酒肆、丝绸店等很难移动的店铺，商家首先会在客流密集处选址，并安排店员在路口等人流密集处叫卖。

带着明确的交易目的，寻找人流最多的地方，这就是叫卖的底层逻辑，本质上就是流量思维。从流量思维的角度看，叫卖广告具备以下特点：

（1）流量获取大小严重依赖于叫卖者的位置和声音，很难规模化，因此很难被大企业采纳。在当今的商业社会中，叫卖仅在拥有实体店面的个体户中采用，而且人声也逐渐由电子喇叭所代替，未成为主流广告形式，常常被忽视。

（2）流量几乎没有留存，需要持续获取。

（3）流量变现效率很高，由于叫卖的传播半径约 100 米，因此叫卖者能看到每一个潜在客户。远距离上，从穿着打扮和仪态仪容，就能基本分析出潜在客户的自然属性，如性别、年龄、品位、审美、消费水平等。近距离上，从潜在客户的反应，可以快速识别出客户是否感兴趣、是否有购买意向。一旦判定为高意向客户，叫卖者就会立即开启点对点销售模式，在与潜在客户的互动中，打消客户的购买顾虑、引导消费行为，甚至直接促成交易。

案例 4-1

叫卖广告：穿越古今，极具生命力

传统印象中的叫卖广告是这样的。

骑着自行车的商贩沿街叫卖："磨剪子呢，锵菜刀！"

开着电动三轮车的商贩在小区里叫喊："收彩电冰箱洗衣机，废铜废铁旧家电。"

街边小店的喇叭循环播放："好消息、好消息，顾客朋友你们好，欢迎光临本店，所有商品一次性亏本大降价，大甩卖，降降降，降到最低价，减减减，减到最低点，只求清仓，不计成本，卖完为止，一件不留。"

叫卖，可以高大上。

渠道大会上，意气风发的老板说道："我就是要带着大家挣钱，挣大钱！"

新品发布会现场，雄心壮志的企业家说道："把友商按在地上摩擦！"

拍卖会现场，西装革履的拍卖师说道："仅此一件，极具收藏价值，还有加价的吗？"

叫卖，还可以高科技。

电视购物节目中主持人信誓旦旦："赶快拨打电话订购，优惠福利仅限前 50 名。"

短视频里网红提醒着："点击屏幕下方购物车，一键购买。"

直播间里主播叫喊着："买它！买它！必须买它！"

叫卖看似古老，实际上是最有效的广告营销手段，因为其直面顾客，流量转化效率最高，因而它穿越古今，极具生命力。

招牌：最早的户外广告

随着文明的发展，文字出现了，招牌广告应运而生。最早的招牌通常就是一块布和一根木杆，布上写着大大的字，"酒"代表卖酒的，"布"代表卖布的，"医"代表医馆，简单直接、成本极低，是最早的户外广告。北宋名画《清明上河图》描绘了经济繁荣的商贾之城，市井招牌林立，热闹非凡。中国古诗词中也有各种记载，比如：杜牧的《江南春》中的"千里莺啼绿映红，水村山郭酒旗风"，蒋捷的《一剪梅》中的"一片春愁待酒浇，船上舟摇，楼上帘招"，里面的"酒旗"和"帘招"都是招牌广告。现在香港的铜锣湾、尖沙咀等商业区，也是招牌云集，色彩斑斓，一派繁荣景象。

商家通过悬挂招牌达到促进销售的目的。因此，招牌的内容要有可识别度，一看便知道售卖什么。考虑到古代人识字率不高，因此很多招牌上还会画上图形，如酒店画上酒壶、布店画上剪刀等，这些图形逐渐演变成现在的商标和标识，并进化成品牌视觉体系的一部分。招牌主要靠人眼识别，覆盖半径约500米，因此最好选择在目标顾客集中的地方。店家通常选择把招牌做大，摆放得更高，以覆盖更远距离的潜在顾客。叫卖广告需要雇人，支付薪资，相较而言招牌广告的成本极低，且一次投入、多年使用，深得商家们的青睐。因而，招牌广告经久不衰，始终是商家最爱的广告形式，小到社区的小卖部，大到奢侈品牌的店面。

从流量思维的角度看，招牌广告具备以下特点：

（1）流量获取大小严重依赖于招牌的位置，与店面数量成正比。随着房租上涨，实体店面的运营成本越来越高，可以悬挂招牌的地方越来越稀缺，因而商家更倾向于自用，导致很少交易招牌广告。

（2）流量几乎没有留存，需要持续获取。

（3）流量变现效率很低，几乎只对有明确意愿的顾客有用。

◐ 案例 4-2

招牌广告：CI 系统重要组成

传统印象中的招牌广告，是街边小店悬挂的黄焖鸡米饭招牌、商业中心琳琅满目的灯箱广告，但它也可以是爱马仕店面设计的一部分、豪华办公大楼的标识。其已经成为 CI 系统的重要组成，是品牌中不可或缺的元素。

CI，是 Corporate Identity 的首字母缩写，指企业识别系统，是品牌形象理论和定位理论的融合进化，包括理念识别、行为识别和视觉识别，将企业文化和经营理念统一设计，利用整体表达体系（尤其是视觉表达系统）传达给企业内部与公众，使其对企业产生一致的认同感，以形成良好的企业印象，最终促进企业产品和服务的销售。招牌广告是一种视觉表达，是企业 CI 系统中最基础且最重要的一部分。

爱马仕的招牌，通常悬挂在其所在商场最引人注目的位置，彰显出品牌的高贵；爱马仕的招牌，设计精美、制作精良、极具识别性，彰显出品牌的奢华。

苹果的招牌，通常悬挂在门店最耀眼的位置，简洁的标识体现了企业极简的产品设计风格，黑白对比强烈的冷色调传递着科技感。

北京商业中心大楼上的公司招牌：财富中心、银泰、PICC、中航工业等均是展现企业雄厚实力的标志，是企业品牌的重要资产。

传单：最早的印刷广告

文字的出现和普及是一个漫长的过程。文字一开始刻写在龟壳、金属器皿、竹简上，刻写工程浩大，搬运更是困难。再后来，人们就把文字写在动物皮毛和布料上，虽然轻便且易搬运，但是极其昂贵。文字的普及离不开造纸术的发明，用植物草料来生产纸张，解决了文字的载体问题，成本一下子下降了很多。紧接着印刷术出现了，替代了人工誊写，可以规模化地产生大量文字内容，降本增效，使文字得到快速推广和普及。

有了造纸术和印刷术，随即诞生了最早的印刷广告——传单。最早的传单广告诞生于1472年，目的是售卖福音书。在当时的历史环境下，识字的人不多，也就意味着能看懂传单的人本来就不多，主要集中于牧师和贵族，这导致传单广告的早期目标受众很有限。在当今社会，传单就很普遍了，在闹市区一走，就能收到好几张传单广告。

分发传单的目的是销售，因此，传单的内容通常都很直白，且以促销广告居多，明确写着商品的特点和交易信息，如：产品是什么、有什么特点、价格怎么样、在哪儿可以买。早期的传单以黑白文字为主，随着技术进步和原材料成本下降，才开始引入图片和丰富多彩的颜色，从而给潜在客户更多的视觉刺激，提高客户的购买意愿。传单轻便且易携带，成本又低，因此商家会选择安排店员去客流量大的地方分发，以覆盖更多的顾客。进入现代社会，商家对传单广告进行了多次创新，开发出优惠券、促销海报等广告形式，以及电子优惠券、电子促销海报等电子形态。

从流量思维的角度看，传单广告具备以下特点：

（1）流量获取实现了小规模化，一方面是传单制作实现了规模化，成本下降，耗时更短；另一方面，借助现代物流系统和互联网，传单可以通过邮寄、E-mail 和电子会员系统更快、更便宜地触达顾客。

（2）流量几乎没有留存，需要持续获取。

（3）流量变现效率高，因为传单上基本是促销信息，能帮助顾客更好地进行消费决策。

◎ 案例4-3

传单广告：数字化转型最成功的自有广告

走在商业区，漫步在商场里，总能碰到有人赠送传单广告，要么新店开业酬宾，要么店铺周年庆活动，要么出新品套餐……全是消费诱惑，直接且高效。数字化的成本低，传播范围大，因而诞生了许多数字化传单。

微信朋友圈里，附近美甲店、火锅店的广告，是数字化的传单广告。

大众点评 App 里，附近餐馆、美容院的介绍，是数字化的传单广告。

企业微信服务号推送的优惠券、京东商城赠送的满减优惠券，是数字化的传单广告。

相较于叫卖广告仅限于语言、招牌广告内容有限，传单广告图文并茂的形式更加吸引人。数字化的传单广告借助互联网技术，逐渐取代纸质传单广告，不仅提升了广告营销的效率和效果，还避免了大量纸质印刷传单污染环境，从而美化了城市容貌。

内容换流量：媒体广告

广告学作为一门学科，在中国大多数高校被划分在新闻传播学院下面，因为规模化的广告缘起于媒体，是媒体进行传播的附属行为。

媒体通过提供新闻资讯、综艺娱乐、科教纪录等内容，获得大量受众，而广告穿插在媒体所提供的内容中，是媒体获取收入的一种商业模式。在很长一段时间内，媒体凭借其高质量的内容覆盖了大量受众，成为广告主要供应商，从而掌握了话语权。

"媒体"一词，同广告和市场营销一样，是舶来品。媒体的英语是Media，大约出现于19世纪末期，泛指传播信息符号的物质实体，其使用范围特别广泛。具体到广告营销行业，媒体是指能生产和播出新闻资讯、综艺娱乐、科教纪录等内容的组织机构，典型代表是报社、广播台、电视台、门户网站等，通过生产内容来换取流量。媒体的出现标志着流量的社会化分工开始出现，媒体专注于获取流量，广告主只要付费购买即可。

报纸：最早的媒体

在报纸诞生之前，叫卖、招牌、传单基本上是由商家自行制作的，且以发布自家广告为主，广告即内容。报纸作为最早的媒体，将内容与广告剥离，由报社制作内容，安排印刷和发行，接受企业和个人刊登广告。

最早的报纸广告诞生于1650年，是一条悬赏广告，有个人丢了一匹马，就在报纸上刊登广告悬赏找马。在近200年的时间里，报纸广告主要是由个人发布的，以找工作、婚丧嫁娶为主。直到进入工业革命时期，企业如雨后春笋般涌现，大量商品需要售卖，企业广告逐渐成为报纸广告的主体。随着火车、汽车等交通工具的普及，商业贸易范围不断扩张，有些报社越做越大，由地方性媒体成为省级媒体，甚至全国性媒体，可覆盖的读者越来越多。

报纸由于提供了新闻资讯，创造了内容价值，因而在很长一段时间内是付费购买的。随着报社越来越多，竞争加剧，报纸进入价格战阶段，售价越来越低，甚至有些报纸开始免费赠送，因为其通过增加广告的方式来覆盖成本。广告伴随着报纸内容走进千家万户，覆盖潜在客户。

从流量思维的角度看，报纸广告具备以下特点：

（1）流量获取实现了大规模化。报社作为报纸的运营主体，负责报纸的制作和覆盖，以专业机构的身份获取流量，其用户规模远超过企业自建渠道，在19世纪和20世纪是最重要的广告渠道。进入21世纪，随着人们生活的数字化转型，报纸的发行量逐年下滑，在中国每年就有上百家报纸停止发行，整体流量呈萎缩之态，仅在极个别细分领域依然呈现高位运行之态，比如，《语文报》等面向中小学生的学习类报纸，随着家庭消费水平升级，订阅量稳中有升。

（2）流量几乎没有留存，需要持续投放广告以获取流量。

（3）流量变现效率一般，因为报纸受众太广泛，很难与企业的目标顾客精准匹配。

杂志：垂直内容媒体

报纸的内容侧重于新闻资讯，以短平快为主。而杂志的内容深度介于报纸和书籍之间，靠垂直内容吸引读者。随着照相技术的普及和升级，杂志上的图片越来越精美，杂志的制作工艺越来越精良，杂志从单纯的文字产品变成融合图片的综合视觉内容产品，与读者之间建立了更为稳定的长期关系。基于上述特点，杂志广告深得广告主青睐，1844年诞生了第一条杂志广告。

因为杂志的内容品质高，读者的付费意愿强，所以杂志社对广告的筛选条件相对高很多，不仅筛选广告主的行业和市场地位，还筛选广告本身的创意和美感。以时尚类杂志为例,其广告主要是化妆品、奢侈品,且每张照片都要求是高品质美图。

从流量思维的角度看,杂志广告具备以下特点。

(1)流量获取实现了大规模化。与报纸类似,杂志整体流量规模处于下滑期,仅有部分杂志逆境求生,比如:《中国国家地理》《读者》《青年文摘》等。

(2)流量几乎没有留存,需要持续投放广告以获取流量。

(3)流量变现效率高,因为杂志的受众基本上都付费购买,在内容偏好上存在很大共性,可以与企业的目标顾客匹配。

案例 4-4

消失的报刊亭:一个时代的终结

"啦啦啦!啦啦啦!我是卖报的小行家,不等天明去等派报,一面走,一面叫,今天的新闻真正好,七个铜板就买两份报。"《卖报歌》是许多中国人的童年回忆,是 20 世纪上半叶报纸辉煌时代的缩影,卖报成为一份职业,可以养家糊口。

进入 20 世纪 80 年代,报刊亭出现在街头拐角:一个简易店铺里摆满琳琅满目的报纸和杂志。路过的人或买一份报纸,或选一份杂志,这成为城市的一张文化名片,都市人日常生活的小习惯。报刊亭成为一个时代的象征。

随着互联网浪潮的兴起,铺天盖地的资讯以免费形式提供给广大民众,不光免费,还及时便利,在推荐算法的助推下,更是精准直达。报纸和杂志相形见绌,逐渐被人们抛弃,不能赢利的报刊亭就这样逐渐消失了,成为一代人的童年记忆。

但是，报纸和杂志并没有真正消失，它们拥抱变化，进行了数字化转型。以《人民日报》为例，其微博粉丝超过 1.4 亿、抖音粉丝超过 1.5 亿、微信公众号粉丝超过 3500 万，在互联网上依然是媒体领头羊。媒体的内容生产能力是毋庸置疑的，专业、权威、规模化，只要发挥其内容优势，就不会像报刊亭那样消失。

广播：车载第一媒体

1920 年，第一家广播电台在美国匹兹堡开播，诞生之初就承载着销售商品的目的。因广播采用无线电信号，只要有台收音机就能接收，很难向听众收费，所以广告成为广播的主要经费来源。

在电视普及之前，广播是广大人民群众获取资讯和娱乐的最佳选择，盛极一时。电视出现以后，广播借助私家车这一使用场景，并随着私家车的普及，凭借其无须观看只需倾听的优势，成为车载第一媒体。

从流量思维的角度看，广播广告具备以下特点：

（1）流量获取实现了大规模化，且能在极短时间内覆盖大量用户，尤其在直播类广告节目里，内容的制作和到达用户几乎是同时的，极大地提高了广告营销的速度。广播从兴起到被冲击，时间周期极短，第一波冲击来自电视，第二波冲击来自互联网，整体流量呈萎缩之态，不确定能否再次逆袭突破。

（2）流量几乎没有留存，需要持续投放广告以获取流量。

（3）流量变现效率一般，因其受众是泛人群。

电视：家庭第一媒体

1925 年，苏格兰人贝尔德首次完成了电视画面的传送和接收。

1929 年，英国广播公司（BBC）播出无声图像。

1930 年，BBC 播出有声图像。

1936 年，BBC 正式建立电视台，开始定期播出电视节目。

1939 年，美国第一个公共电视台正式开播。

1941 年，美国诞生第一家商业电视台，同年播出第一条电视广告。

1958 年，中国中央电视台（CCTV）的前身北京电视台成立。

1979 年，上海电视台播出中国第一条电视广告《参桂酒广告》。

电视是文字、图像和声音的综合艺术，给受众的感官刺激最丰富，最受观众喜爱。与广播类似，只要有一台电视机接受电视信号，就能随时随地观看电视节目。电视内容的种类最丰富，涵盖新闻、综艺、科教、纪录、电视剧、财经、体育等，在各媒体中内容制作能力最强。

得益于丰富的视听体验，电视成为最具爆炸力的媒体，尤其是大型体育赛事、春晚、突发极端事件等直播节目，凭借其内容稀缺性，可以在短时间内快速覆盖数亿用户。同时，电视作为客厅的主角，牢牢占据家庭第一媒体的地位，一家人一起看电视是老百姓家庭娱乐的主要方式。

从流量思维的角度看，电视广告具备以下特点：

（1）流量获取实现了大规模化，且能在极短时间内覆盖大量用户，与广播类似。面对互联网的冲击，电视收视率虽然有所下降，但依然是流量巨鲸，尤其是在世界杯、春晚等重大赛事和节日里，电视作为家庭第一媒体，依然是大多数人的首选。以中央广播电视总台 2022 年春节联欢晚会为例，4 个多小时节目的观众总规模超 12 亿，这是任何其他媒体都无法企及的。

（2）流量几乎没有留存，需要持续投放广告以获取流量。

（3）流量变现效率一般，因其受众是泛人群。

网站：传统媒体电子化

随着计算机技术和互联网技术的普及，1994诞生了全球第一条互联网广告。1994年10月27日，hotwired.com网站上出现一个横幅广告，如图4-2所示，广告语是"Have you ever clicked your mouse right HERE？YOU WILL."这条广告的广告主是美国最大的通信运营公司AT&T，它策划了一系列以未来科技奇迹为主题的广告活动，点击链接会跳转到一组博物馆的虚拟之旅，在当时还是非常有趣的，因此吸引了大量网民，点击率高达44%。

图4-2　AT&T在hotwired.com网站上的"YOU WILL"广告

图片来源：https://www.sohu.com/a/277838377_169746.

尽管有很多类型的网站，但从广告营销的角度看，基本上是把以前的广告形态电子化：门户网站类似于报纸、阅读网站类似于杂志、视频网站类似于电视，通过免费内容来获得用户，因而在流量逻辑上类似。不同之处在于，网站依托于互联网点对点的技术特点，可以通过用户的IP地址、Cookie记录的行为数据等，构建用户画像，从而实现事前精准广告投放，事后对广告效果进行数据分析。

从流量思维的角度看，网站广告具备以下特点：

（1）流量获取实现了大规模化，且能在极短时间内覆盖大量用户。

（2）流量几乎没有留存，需要持续投放广告以获取流量。

（3）流量变现效率高，依赖于数据分析，可以在广告投放前筛选目标人群，进行精准广告投放，且事后可以对广告效果进行数据分析，以不断优化广告投放行为。

聚合成流量：平台广告

不同于媒体，平台不生产内容，不需要像媒体那样付出高昂的代价去生产或者购买内容，也不需要具备与媒体相关的资质。平台只是聚合流量：户外广告在人流密集处设置广告牌蹭流量，搜索和电商通过帮助人快速找到信息成为流量的枢纽，社交平台通过聚集用户成为流量聚集地，UGC平台则通过聚集内容创作者来吸引用户。平台广告专注于经营流量，因而几乎全是规模化且可购买的。

户外广告：连接人与位置

户外广告是指在建筑物外表、街道广场、公交地铁、机场候机楼等公共场所设立的广告，常见形式有汽车车身广告、候车亭广告、地铁站广告、电梯广告、高立柱广告、三面翻广告、墙体广告、楼顶广告、霓虹灯、LED显示屏等。户外广告不生产内容，也不提供什么实质性服务，就是在人流密集处展示广告，广告本身就是内容。

不同于早期的招牌广告，户外广告通常由某个公司专门设置或者维护，面向市场公开销售，且为了提高交易效率，公司会将多个户外广告打包，覆盖一定区域，形成规模效应。以中国最大的户外广告运营公司分众传媒为例，其覆盖上百万个广告屏，且为了提升运营管理效率，将电子屏进行了互联网改造，支持远程实时控制。

从流量思维的角度看，户外广告具备以下特点：

（1）通过集团化或者联盟性质的联合运营，以及数字化运营系统，流量获取实现了大规模化，但覆盖用户的速度却参差不齐，严重依赖于单个户外广告牌所处位置的客流。

（2）流量几乎没有留存，需要持续投放广告以获取流量。

（3）流量变现效率低，与招牌广告类似。

搜索/电商平台：连接人与信息

随着网站越来越多，用户需要搜索引擎来帮助快速找到所需要的信息。2000 年，李彦宏将搜索引擎引入中国并创立百度，直到现在百度依然是中文搜索引擎第一名，是中文搜索广告的典型代表。

以百度搜索广告为例，当用户搜索"鲜花"这个关键词时，百度就会匹配多个网站，通常前几个网站是付费的，也就是常说的搜索广告。类似地，当用户在淘宝上搜索关键词"鲜花"时，淘宝会匹配多个网店，通常靠前位置的网店也是付费购买的。区别在于，百度匹配的是网站信息，淘宝匹配的是商品信息，本质上是相同的，都是连接人和信息。

从流量思维的角度看，搜索/电商平台具备以下特点：

（1）流量获取实现了大规模化，但覆盖用户的速度却参差不齐，严重依赖于用户的搜索行为。

（2）流量几乎没有留存，需要持续投放广告以获取流量。以淘宝、京东、拼多多为代表的电商平台，提供粉丝关注功能，支持店铺与粉丝私信沟通、定向推送促销信息等，帮助店铺留存用户。

（3）流量变现效率极高，因为产生搜索行为的网民，其购买意向显著高于其他网民，可以说这样的流量就是为交易而生的流量。

社交平台：连接人与人

随着智能手机的出现，人与人之间的连接就变得更加紧密。1993 年诞生了第一部智能手机，但是其价格高昂，且当时移动网络带宽有限。具体到中国，2012 年前后，中国高端制造能力实现了质的飞跃，将手机价格从当时的 5000 元左右压缩到 1000 元，使得普通老百姓也能买得起。与此同时，4G 技术商用普及，手机上网流量费用降幅超过 60%，使得普通老百姓也能用得起。

在移动互联网时代，人手一部手机，24 小时随时可以上网，互联网从 PC 时代以满足商务需求为主，转而服务个体生活需求，催生出功能各异的 App。App，全称为 Application，意思是应用程序，即操控智能手机完成各项功能的程序。其中，以微信为代表的社交 App，成为中国人不可或缺的社交平台。

微信是腾讯公司于 2011 年 1 月 21 日推出的一个为智能终端提供即时通信服务的免费应用程序，支持跨通信运营商、跨操作系统平台通过网络快速免费发送（需消耗少量网络流量）语音短信、视频、图片和文字，朋友圈功能支持记录和分享文字、图片及视频。通过连接人和人，免费提供社交平台，微信为用户创造了巨大的价值，因此得到快速普及。微信官方数据显示，截至 2021 年 1 月，微信每天用户数达 10.9 亿，其中有 7.8 亿用户使用朋友圈。

通过免费提供社交服务，微信汇聚了大量用户，类似的连接人与人的平台还有微博、陌陌等。拥有用户，自然就可以售卖广告，以微信为例，开发了朋友圈广告，即每个用户每天在朋友圈能看到 2 条广告。

从流量思维的角度看，社交平台具备以下特点：

（1）流量获取实现了大规模化，且覆盖用户的速度很快，因为用户基本不退出社交平台。

（2）流量可以留存在企业所开设的官方账号上。以微信为例，广告主可以用官方公众号的名义投放朋友圈广告，让感兴趣的用户关注官方公众号，后续通过微信公众号持续接触和影响用户，从而把用户留存下来。

（3）流量变现效率极高，因为社交平台掌握了大量用户数据，且数据维度很丰富，广告主可以在广告投放前筛选目标人群，进行精准广告投放，且事后可以对广告效果进行数据分析，以不断优化广告投放行为。

◐ 案例 4-5

微博：内容 + 陌生人社交

微博由新浪网推出，于 2009 年 8 月开始内测，支持用户通过网页或手机客户端，将身边发生的事情以图文形式上传，与粉丝一起分享、讨论；还可以通过关注功能，及时看到被关注者发布的信息。微博 2021 年 Q3 财报数据显示，微博月活跃用户达到 5.73 亿，日活用户达到 2.48 亿。

新浪微博 2020 年财报数据显示，广告收入占比为 88.3%，主要广告产品包括搜索类广告、开屏广告、信息流广告和视频类广告。微博自创了广告交易指标 CPE（Cost Per Engagement），即按照互动付费，是按行为付费（Cost Per Action，CPA）的一种类型，具体细分为关注、评论、转发、收藏等，既能做品牌宣传，又能做效果投放。

一、用户特点

微博 2020 年用户发展报告表明，截至 2020 年 12 月，微博的用户中"90 后"占 48%，"00 后"占 30%，以年轻人为主。"70 后""80 后"主要关注泛社会热点，"90 后""00 后"主要关注泛娱乐领域，比如，影视综艺、游戏等，以轻内容为主。

二、分发机制

在内容分发方面，微博遵循用户自身"兴趣流"与用户间"关系流"

的双指标分发机制，在拓宽用户阅读范畴的同时丰富用户使用体验。

"兴趣流"基于用户兴趣，将全站热点及垂直领域内的优质内容筛选出来，个性化地向用户进行推送，给予了垂直类账号更多的曝光机会，有助于用户发现感兴趣的资讯，降低用户使用微博的门槛，增加用户使用时长。

"关系流"在用户相互关注关系的基础上，引入综合互动性、内容质量、时效性、关系亲密度等多重算法，向用户提供其关注账号最近发布的微博内容，增强用户之间的互动性。

三、企业运营流量的要点

（1）流量获取。

广告主可以直接在微博上进行广告投放，借助超级粉丝通[一]、粉丝头条[二]等微博官方广告产品，实现大规模曝光。微博还提供一系列工具，帮助广告主深入分析粉丝画像，优化广告创意和投放策略，实现规模化精准营销。

除了广告投放，广告主还可以自行开设微博账号，通过内容运营获取流量。在内容运营上，结合微博的社交属性，建议树立人格化特点，拉近品牌和用户的关系；多发布与明星的互动内容，把明星的粉丝调动起来；及时跟进热门话题，把品牌和热门话题相结合。以小米为例，其在微博上开设了公司账号矩阵，数十个企业账号累计粉丝过亿，广告价值超过 10 亿元。

[一] 超级粉丝通是一种基于新浪微博平台的信息流广告，它以新浪微博广播形式发布企业推广信息，将企业的推广信息快速精准地投放给目标客户，也可出现在微博消息中的固定位置，从而为企业主实现精准推送和高效曝光的双重需求。

[二] 粉丝头条是新浪微博官方推出的轻量级推广产品，当广告主的某条微博使用粉丝头条后，在 24 小时内它将出现在广告主账号所有粉丝信息流的第一位，从而增加微博的阅读量。

（2）流量留存。

只要粉丝关注微博账号，就能实现用户留存，因而首要任务就是让用户关注账号，针对目标用户的兴趣和关注热点不断进行内容输出，培养用户的阅读习惯。微博对每天发布内容的次数没有限制，因而可以选择增加内容发布频次，也可以设置抽奖活动、投票等娱乐化的方法。

（3）流量转化。

微博已与淘宝、京东等主流电商平台实现系统对接，支持直接跳转电商平台购买商品。对于那些没有电商化的商品，尤其是服务，微博平台还可以通过H5表单、外链、建站、小程序等方式进行用户转化。因而在投放微博广告时，需要规划从曝光到成交的全流程环节，减少用户点击次数，减少录入物流信息的麻烦，从技术上多次论证，优化购物体验。

内容生态平台：连接人与内容

在移动互联网时代，还诞生了很多超级App，它们不像媒体那样自己生产内容，而是通过引进专业内容创作机构和个人，打造内容生态，吸引和留存用户，起到连接人和内容的作用。内容的来源主要分为两类：①专业团队生产内容（Professional Generated Content，PGC），以凤凰网、央视网、爱奇艺、腾讯视频、芒果TV为代表，广告产品以视频贴片、综艺节目植入、开屏广告为主；②用户生产内容（User Generated Content，UGC），以微博、小红书、抖音、快手等为主，广告产品以信息流为主。

1. PGC平台发展概况

PGC平台起源于传统媒体的数字化，随着互联网技术的出现而发展。早期 PGC 平台又被叫作门户网站，以成立于 1995 年的雅虎、1998 年的新浪为代表，它们具有新闻制作牌照，专业生产新闻，还将传统媒体的新闻上传到互联网站。传统媒体的嗅觉很敏锐，意识到数字化是内容生产和传播的未来，便纷纷建立网站，比如：1996 年上线的央视网和凤凰网、1997 年上线的人民网等，全方位提供图文和视频内容。

PGC 需要专业团队，但是人才培养需要时间和资金，社会资本持续加大 PGC 赛道布局，从单个内容生产团队到形成庞大的内容生产产业集群，从平台的内容供应商到成立独立的内容平台，2010 年诞生了爱奇艺、2011 年诞生了腾讯视频。根据 QuestMobile 的数据，截至 2020 年 12 月，爱奇艺 DAU[一]超 1 亿，腾讯视频 DAU 超过 9000 万，形成长视频内容双巨头市场格局。

考虑到专业内容制作的成本实在太高，2012 年 8 月今日头条上线，聚合各大网站的新闻资讯，仅需向媒体方支付少量的授权费，正式开启信息流模式，之后陆续诞生了一点资讯、趣头条等。随着时间的推移，为了迎合网民的需求，上述平台的 UGC 内容占比越来越高。

◆ 案例 4-6

今日头条：PGC 起家的新闻资讯平台[二]

今日头条是字节跳动旗下的新闻资讯平台，2012 年 8 月发布第一个版本，是中国新闻资讯头部应用，成立之初便通过推荐算法改变信息的分发方式：由门户网站的编辑分发模式，升级到基于大数据、机

[一] DAU：Daily Active User，每日活跃用户数。
[二] 资料来源：根据多家媒体公开报道、企业公开数据以及第三方调研报告整理汇总。

器学习的个性化分发模式。公开数据显示，截至 2019 年年底，MAU[①]超 3 亿，创作者超过 180 万，覆盖 100 多个领域。

一、用户特点

今日头条的用户以 35 岁以下为主，男性多于女性，东部沿海一线城市的居多。用户的阅读时间主要集中在中午的 12 点到 13 点和 18 点以后，其中 21 点至 22 点会出现阅读高峰。

二、内容来源及分发机制

今日头条的定位是通用信息平台，以新闻资讯为主，多领域垂直内容共存，来源分为两种：

（1）以 PGC 内容为主，聚合各平台最新资讯或者由官方机构主动发布内容资讯，包括央视新闻、新华社、中国日报、光明日报等官方媒体，以及公安部、发改委、北京市政府等政府机构；

（2）以 UGC 为主，由入驻的创作者提供，截至 2019 年年底 UGC 创作者超过 180 万个。

今日头条的分发机制是先根据用户特征、环境特征、文章特征三个主要维度对用户和内容进行标签匹配，再通过主动的行为反馈（打开率、完整阅读率、评论等）不断优化。

三、企业运营流量的要点

（1）流量获取。

主要有三种途径：①广告投放，今日头条作为推荐算法机制的最早应用者，具有用户画像数据完善、内容标签智能、推荐精准度较高等优势，信息流广告转化效果稳居各平台首位；②与 UGC 合作，今日

[①] MAU：Monthly Active User，月度活跃用户数。

头条的 UGC 虽有流量，但是内容创作者尚未形成带货属性，建议企业通过官方合作增加讨论话题，结合原生图文进行内容"种草"；③整合字节跳动旗下的流量平台，如抖音短视频、西瓜视频、Faceu 激萌、火山小视频、懂车帝等，可以实现多形式（图文、短视频、中视频）跨场景异质流量追踪曝光，强化用户对广告的记忆度。

（2）流量留存。

企业可以在今日头条上开设企业账号，以粉丝形式留存用户，进行定向沟通。企业发布内容时，算法会优先推荐给粉丝，实现对粉丝的持续影响。

（3）流量转化。

今日头条提供了丰富的流量转化工具和平台，支持小程序、H5、表单等形式进行销售线索转化。针对已经电商化的产品，今日头条上线了"今日特卖"和"放心购"，直接倒流给淘宝和京东，陆续开设了"苏宁精选""京东特供"接口，为苏宁易购和京东导流。除了给第三方电商导流外，今日头条还搭建了自有电商平台——值点商城，全方位支持广告主进行流量转化。

2. UGC 平台发展概况

中国 UGC 平台的发展经历了萌芽期、快速发展期，2018 年进入成熟期。

发展初期，UGC 平台以各种论坛为主，如水木清华 BBS、天涯社区、家长帮等。由于是免费社区，部分流量平台开始刊播广告，以传统广告产品为主，但是广告收入不是很理想。除了图文，视频化也是 UGC 的发展方向，2005 年诞生了土豆视频、2006 年诞生了优酷视频，均以 UGC 为主，尽管后续发展更加偏 PGC。

2009年,新浪推出微博,支持网民发布原创内容,使用体验明显优于BBS,瞬间得到了市场追捧。随着明星、名人开通微博账号,进入了全民微博时代。2009年还是垂直UGC平台的起步年,B站上线,活跃的年轻人开始聚集在B站上讨论和分享喜欢的二次元,UGC的概念逐渐被推广。2011年知乎成立,推出中国首个问答式内容平台。2013年小红书上线,支持图文形式记录和分享年轻人的美好生活。2013年10月,快手正式从一个工具转型成为短视频UGC平台。2016年抖音诞生,基于强大的信息流推荐算法,深得网民喜爱,后来者居上。

经过数年发展2018年起UGC平台进入成熟期,用户基础大,诞生了多个日活过亿的巨头。根据QuestMobile的数据,截至2020年12月,微博DAU超过1.9亿、抖音DAU超过3.4亿、快手DAU超过2.5亿、B站DAU超过4400万、小红书DAU超过3700万。流量追求规模效应,对于广告主来讲,平台所承载的流量越大,潜在客户越多,广告投放价值就越大,因而UGC平台进入商业变现阶段,且大多以广告收入为主。

◎ 案例 4-7

快手:以UGC为主的短视频平台[一]

快手于2011年3月上线,最开始是一个制作GIF的工具型软件,2014年上线推荐算法,DAU快速增长,成功实现从工具型应用转型为短视频社区平台。2014年年底至2015年年初,大量YY主播迁移到快手平台,同快手本土创作者形成了快手的"草根江湖",因主播多来自

⊖ 资料来源:根据多家媒体公开报道、企业公开数据以及第三方调研报告整理汇总。

东北地区、广东省这些充满"江湖气"的地方，因此这次迁移促进了快手市场的下沉以及"老铁文化"的发展。2018年10月，快手极速版问世，界面更加简洁。

根据QuestMobile的数据，2021年9月，快手及快手极速版月活跃用户规模分别为4.16亿和1.92亿，仅次于抖音，牢牢占据短视频第二名的位置。为了追赶抖音，快手将默认频道设置为"精选"，模仿抖音界面，沉浸式展示短视频；"发现"和"关注"频道仍然是双列瀑布式，维持了快手原有的界面特点。同时，为了提升用户活跃度，快手推出了一系列用户激励计划，在视频左上角出现红包标识进行提示，看视频、签到、拉新等均可以领取红包奖励。

一、用户特点

快手用户的男女比例比较均衡，男性用户占比52%；30岁及以下的用户占比70%；三线及以下城市占比70%；月收入5000元以下的占比73.8%。总体来说，快手用户以三线及以下城市的年轻人群为主，消费能力中等。

二、分发逻辑

快手是典型的视频信息流，采取的是"去中心化"的流量分发模式，基于用户社交关注和兴趣来调控流量分发，采取"基础曝光量/爬坡机制+基尼系数"：一方面，快手推荐引擎根据算法自动完成流量池的原始分配（粉丝权重占比较高），然后结合用户打开率、转发量、评论量、点赞量、涨粉量等指标构建"热度权重"，将高热度的优质视频贴上兴趣标签进行更大流量池的分发；另一方面，在火爆视频的热度达到引擎设定的阈值后，社区内部"基尼系数"机制开始逐步生效，降低热门视频的热度权重及曝光量，以确保社区内的新作品及其他创作者都能曝光，最终社区流量池得以"公平普惠"地分配给不同内容，令高热度/低热度内容、新/旧内容等均得以曝光。

三、企业运营流量的要点

对于广告主来说，在流量获取、留存、转化三个环节，快手提供了成熟的工具平台和方法论，图4-3简要展示了快手流量运营的知识地图。

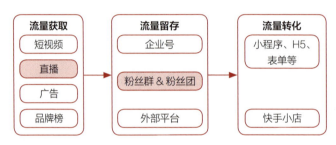

图4-3　快手流量运营知识地图

（1）流量获取。

快手的流量获取主要通过短视频、直播、广告、品牌榜。

——短视频能形象生动地展示企业和商品信息，无论是企业自己开账号制作发布内容，还是由其他账号制作发布内容，均能带来流量。

——快手虽然是短视频平台，但可以给账号提供直播功能，直播能更好地展示企业和商品，且能实现快速积累流量的目的。另外，快手直播带货效果受账号粉丝数量的影响较弱，因而企业可以考虑多开一些直播，也可以跟腰部主播合作进行直播带货。

——为了获得更多曝光机会，可以直接投放企业广告，也可以给自制短视频、直播进行广告投放。2018年快手开启商业化元年并推出广告营销平台，2019年正式升级为"磁力引擎"，将旗下所有广告营销工具集合在一起，统一运营，给广告主提供一站式服务平台。快手的主要广告产品为：开屏广告、信息流广告、快手粉条等。快手粉条是在手机端就能操作的广告营销工具，单击任何一个视频的"分享"按钮，选择"帮上热门"就能进入快手粉条广告投放界面，目前可以支持推给更多人、推给粉丝、门店加热、直播推广、小店推广等，操作简单，深得个人用户青睐。

——"品牌榜"由快手平台官方推出，分品类按周更新榜单，品牌详情页会显示与品牌相关的所有内容，包含品牌官方内容与UGC内容，形成了一个流量内容的集合阵地，成为头部广告主的重点工作。

（2）流量留存。

快手的流量留存主要分为三个方面：企业号、粉丝群/团、外部平台（将用户导流到微信号、淘宝店等）。

（3）流量转化。

快手支持小程序、H5、表单等形式进行销售转化。针对已经电商化的商品，快手推出了"快手小店"，既可以上架商家自营商品，又可以上架淘宝、京东、拼多多等其他电商平台的商品，个人、达人⊖、个体工商户、企业均可以在提交材料后入驻快手开店。广告主还可以通过磁力金牛平台批量投放商品视频，由后台算法筛选出潜在爆款，广告主再通过广告投放放大流量规模，提升爆款销量。

对于用户而言，既喜欢PGC内容的高质量，又喜欢UGC内容的接地气。为了增加用户的黏性，各平台不得不在保持核心定位的前提下，不断拓展内容边界：PGC平台筛选高质量UGC合作，UGC平台引入PGC团队开账号发内容。具体到单个平台，消费者会形成固定认

⊖ 达人，是指在某一领域内非常专业的人，即某方面的高手；也指活跃用户，即用户上线时长和内容更新频率很高的网民。

知,比如:看综艺的时候上爱奇艺,买东西前去小红书,有问题不懂了去知乎。根据凯度的调研数据,22%的用户表示主要使用一个内容平台,37%的用户表示主要使用两个内容平台,41%以上的用户表示经常使用三个或三个以上内容平台。因而,每个平台既需要持续加强品牌建设,培养消费者对平台的认知,又要围绕核心用户的需求不断丰富平台内容,比如,社交软件微信为了增加用户使用黏度,提供公众号和视频号功能,支持用户生产和发布原创图文与视频内容;又如,美团作为一家提供餐厅、美容等商家信息的平台,鼓励用户发表对餐厅的评价,号召用户分享消费体验视频等。

从流量思维的角度看,内容生态平台广告具备以下特点:

(1)以信息流广告为主,即基于用户画像及广告历史数据主动向用户推送广告,流量获取实现了大规模化且快速高效。

(2)广告主可以在平台上开设官方账号,通过内容或者服务持续影响用户,从而达到留存用户的目的。

(3)流量变现效率极高,因为平台掌握了大量用户数据,数据维度很丰富,广告主可以在广告投放前筛选目标人群,进行精准广告投放,且事后可以对广告效果进行数据分析,以不断优化广告投放行为。

案例 4-8

B 站:PUGC 中视频 + 内容营销[⊖]

哔哩哔哩,又称 B 站,是国内最大的年轻人潮流文化娱乐社区,成立于 2009 年,最早是以动漫、游戏等视频为主的二次元视频平台,在国内首创了视频弹幕的交互形式,得到很多用户的认可,形成了紧

⊖ 资料来源:根据多家媒体公开报道、企业公开数据以及第三方调研报告整理汇总。

密互动的社区氛围。后来其逐步发展为包含生活、游戏、漫画、娱乐、科技、兴趣等多维内容在内的综合性视频社区。

B 站的发展主要分为三个阶段：① 2009～2013 年，这个阶段是 B 站的创立阶段，内容主要以 ACG[一]为主，形成了鲜明的垂直内容特色，吸引了大批喜爱动漫等 ACG 内容的年轻人；② 2014～2017 年，是 B 站逐步扩展视频领域并开始商业化的阶段。在这个阶段，B 站逐步发展游戏、广告、会员增值服务等，着重发展创作者社区并举办了很多线上、线下活动，与 Z 世代[二]年轻人形成了紧密互动关系；③ 2018 年至今，B 站加速发展，在纳斯达克上市，引入更多资本辅助视频社区完成内容破圈，2020 年推出宣传片《后浪》《入海》《喜相逢》，邀请更多年龄层用户加入，发布首档自制综艺《说唱新世代》、首部青春剧《风犬少年的天空》，完善了 B 站在视频产业链的布局。

一、用户特点

B 站的核心用户群是中国的年轻一代。截至 2021 年第三季度，B 站月度活跃用户达到 2.67 亿，平均年龄为 22.8 岁，约 50% 生活在一、二线城市。这类用户群体消费能力强，支付意愿高，是众多品牌争夺的重要目标受众。QuestMobile 的数据显示，2020 年 11 月，B 站月活占比最高的地区是广东，其他依次是江苏、山东、浙江、四川、河南、湖北、上海、湖南和北京。

二、分发机制

B 站的内容分发以兴趣为核心，主要以板块分类、排行榜和算法

[一] ACG，是 Anime(日本动画)、Comic(漫画)、Game(游戏)的合称缩写，特指日本的动画、漫画、游戏。

[二] Z 世代是网络流行词，英文是"Generation Z"，是指出生在 1995～2010 年的青年群体，也被称为"95 后"。

推荐形式为主。在内容展示上，B 站首页和各个频道会按照内容板块进行视频内容划分，并会依据最新和热门两个维度让用户选取想要看的内容。用户会基于兴趣同时关注多个账号，在具体领域中寻找自己喜欢的视频。针对算法推荐部分，视频的热门推荐主要根据用户习惯和视频标签来进行，不同板块视频出现的顺序由视频所收到的用户互动反馈情况来决定，具体来说就是机器算法根据点赞数、投币量、收藏数、弹幕数、评论数和用户播放等情况进行加权，判断内容热度，热度高的内容更容易出现在搜索界面或者用户看到的首页。

三、企业流量运营要点

（1）流量获取。

对广告主来讲，B 站是一个树立品牌形象、发布新品的优质平台，与短视频平台的"短、平、快"不同，B 站更适合做流量曝光和品牌传播。2021 年 B 站结合平台属性和用户特点提出了"4I 兴趣营销模型"，即洞察（Insight）、资源（Immerse）、传播（Impress）和复利（Icon），主打整合营销解决方案，让广告主可以结合 B 站的数据、广告位、UP 主资源，通过整合营销工具和活动，达到营销目的：①通过投放展示类广告，借助信息流和网页广告位来增加品牌曝光次数；②与人气 UP 主合作生产高传播性视频广告内容；③与 B 站官方合作，整合站内的广告位、UP 主资源并举办主题活动，让品牌快速形成巨量曝光。

（2）流量留存。

流量可以留存在企业官方账号中，B 站给企业开放官方品牌号，提供高级功能来辅助企业进行营销推广。品牌号的高级功能包括空间顶部动态视频置顶、品牌话题聚合、功能模块定制、商品链接展示等。

在留存方法方面，企业还需要对官方账号的内容输出进行创意策划，主流渠道发放的官方广告并不适合 B 站的用户，年轻化、娱乐化的内容反而更容易拉近品牌和用户的距离，获得用户的好感，帮助品牌达成营销目的。招商银行官方账号 2020 年 4 月入驻 B 站，最开始以银行招聘宣传片、理财知识小课等形式发布视频内容，播放量均不高。2021 年 3 月，招商银行发布了一条"挑战全网最甜书记舞"的视频，立刻获得了 B 站用户的追捧，截至 2021 年 12 月 31 日，总播放量达到 714.9 万次。

（3）流量转化。

B 站目前可以支持的流量转化包括线索搜集、电商转化、游戏分发和应用下载等，支持小程序、H5、表单等形式。在电商方面，B 站已经跟京东等电商平台打通，支持直接跳转到电商平台进行购买。

寄生占流量：自媒体广告

自媒体，是指普通大众通过网络平台向外发布内容的传播方式。在中国，自媒体发展主要分为 4 个阶段：2009 年新浪微博上线，引起社交平台自媒体风潮；2012 年微信公众号上线，自媒体向移动端发展；2012～2014 年门户网站、视频、电商平台等纷纷涉足自媒体领域，实现平台多元化；2015 年至今，直播、短视频等形式成为自媒体内容创业新热点。

纵观自媒体发展情况，可以发现**自媒体必须依赖于特定的互联网平台，可以是社交类平台，也可以是内容生态平台等，具体实现方式是开设自媒体账号，通过自媒体账号在平台上发布内容**。因此，自媒体本质上是寄生媒体，不能独立存在，依赖于所寄生的平台，服从所在平台的管理规范，这也是自媒体必须认真学习和掌握各平台特点的原因。

对于广告主来说，可以与外部自媒体合作，获取和转化用户；也可以自行开设自媒体账号，直接获取、留存和转化用户，掌握流量的主动权。按照自媒体内容的形态，可以分为图文、视频和直播，流量逻辑不太相同。

（1）图文类包括微信公众号、头条号、微博号、小红书账号等。微信公众号的内容深度较高，面向订阅用户，主要在朋友圈和微信群内传播，基本靠创作者自有流量，因而转化率相对最高。头条号依托于今日头条，遵循信息流分发机制，能获得平台的推送，但是泛人群，因而阅读量大但是转化率低。微博号依托于微博，偏娱乐资讯类，内容深度最低，转化率最低，以品牌广告为主。小红书主打一、二线城市高知女性，以分享消费体验为主，适合做品牌广告。

（2）视频类包括快手、抖音、B站等。快手和抖音是典型的短视频平台，但人群和流量分发逻辑不同，快手更侧重社交关系和圈层，且用户更下沉，抖音更侧重内容爆款，用户偏年轻。B站以中视频为主，具有强烈的二次元风格，用户对商业广告很警惕，但愿意接受高质量自媒体账号的消费建议。

（3）直播类包括快手、抖音、淘宝。这类自媒体账号不创造内容，就是以卖货为目的，只是侧重不同的品类，依靠主播强大的个人魅力，对合作企业的产品和价格要求较为苛刻。头部直播主播不仅会收取高额坑位费，还会要求商品按照最低价格售卖，且对物流配送有较高要求。

图文和视频类自媒体具有一定的长尾效应，只要素材还在，随着时间流逝，就会有用户翻看，即长尾流量。直播类自媒体追求的就是短时间内冲动消费、快速交易、瞬间引爆，直播结束意味着广告合作完毕，没有后续流量。

外采自媒体：借鸡生蛋

站在广告主的立场，从流量思维的角度看，外采自媒体广告具备以下特点：

（1）通过与多账号运营者合作，可以规模化且快速高效地获取流量。虽然主流内容生态平台均提供了与自媒体账号运营者的交易工具，但仍然需要大量的人工沟通，交易环节相对烦琐。

（2）流量几乎没有留存，基本都留在自媒体账号运营者手里。当然，广告主可以在外采自媒体上宣传自己的自媒体账号，将流量导入自有账号里，这也是外采自媒体常用的投放战术。

（3）流量变现效率不稳定，因为很难拿到自媒体账号粉丝的实际用户数据。

通过上述分析可以看出，外采自媒体与投放其他流量平台没什么区别，都需要持续付费购买，这导致头部自媒体账号的广告价格并不便宜。以网上流传的2021年植入广告报价为例，粉丝数44.1万的B站UP主报价52.8万元/条，这个价格已经可以在晚间黄金时间播出的CCTV-1《新闻联播》后投放硬广；粉丝数40万的微信公众号文章头条报价4万元/条，按照平均3.5万人次阅读量计算，CPM超过1000元/千人，而图文类硬广CPM通常在10元/千人左右。虽然外采自媒体的广告性价比一般，甚至偏贵，但是起步门槛低，几百元就能合作，特别适合预算有限的广告主，尤其是中小广告主。

自建自媒体：将流量留存

在内容平台开设账号，即自建自媒体。从流量思维的角度看，自建自媒体广告具备以下特点：

（1）能获取多少流量充满了不确定性，自媒体账号没有100%成功的秘密武器，且粉丝是动态变化的，一旦内容质量下降就可能掉粉。

（2）流量留存在自媒体账号里，可以反复多次触达。

（3）流量变现效率极高，因为是用户主动选择关注，所以消费意愿强。

自建自媒体最有价值的地方在于将流量留存起来，可以反复多次免费触达。而且，因为有用户留存，可以掌握用户数据，可以优化流量获取和转化，因而能收到事半功倍的效果。最大的困难在于运营自媒体号，这需要专业团队高质量持续创作，人工成本并不低，还需要接受养号养粉的漫长周期和不确定性。

企业自建自媒体的方法

（1）适合什么样的企业？

企业进行广告投放，成本主要体现在广告费用上；企业自建自媒体，虽然节省了广告费用，但是需要养团队，成本主要体现在人上，而一名优秀的自媒体运营人员的年薪30万元起步。因而，并不是所有的企业都适合自建自媒体。

那么，什么样的企业适合自建自媒体呢？

对于购买决策周期长的商品，往往需要企业反复多次进行广告营销，而企业自建自媒体就能以较低成本多次触达目标客户，与目标客户慢慢建立信任，加速购买决策过程。最典型的行业就是汽车，以特斯拉、蔚来汽车为代表，纷纷自建自媒体，推出自有App、运营微信公众号等，全方位阐述其造车理念、高科技技术、优越的产品性能等。

对于复购率高的商品，自建自媒体能有效提升客户的黏性，通过反复触达加深信任，避免客户被竞争对手抢走。最典型的行业就是化妆品，以完美日记为代表，全方位搭建自媒体，通过分享变美技巧，与用户做朋友，成为用户的变美伴侣。

（2）怎么选择平台？

企业在选择平台时，应遵循以下三个原则：

1）用户画像匹配度。

企业的目标顾客是不一样的，而各平台的用户画像也各不相同。小红书，以城市青年女性为主，特别适合化妆品、服装、首饰、零食等企业，不适合中老年保健品；B站，以青少年为主，特别适合游戏、动画、知识付费、电子产品等，不太适合服装、零食等。企业需要先根据目标顾客的特点构建分群分层用户画像，再从匹配的平台中进行筛选。

2）能力匹配度。

由于自媒体账号需要持续输出用户喜欢的内容，因而企业要评估自身能力：①企业文化和产品特点本身是否具有话题性和传播度，特别垂直的行业（如医院用的CT机、手机芯片供应商等）不建议将自媒体定位于获取流量，而应发挥其留存和转化作用；②企业是否有相应人员来运营新媒体账号，包括账号定位、内容选题、撰写拍摄、用户运营、商业转化、账号推广等。在具体实践中，企业可以完全自己运营，也可以找广告公司共同运营，或者直接外包给广告公司。

3）红利期。

作为寄生流量，自媒体账号依附于内容平台，符合平台政策的内容就能借势爆发、事半功倍，因而企业要看平台的红利期，包括两个方面。

一方面是宏观红利期，是指平台本身处于探索期、上升期、稳定期还是衰退期。处于探索期的平台，虽然规则变化快、未来不确定，但是企业有可能获得平台的重点扶持并伴随平台突破而收获超额回报，比如：2012年开始做微信公众号、2016年开始做抖音号、2021年开始做微信视频号。平台处于上升期和稳定期时，竞争越来越激烈，这时候做自媒体号就比较难，要凭实力抢夺流量。平台处于衰退期时的ROI最低，典型代表就是微信公众号，从2019年开始打开率和阅读率逐年下降，因为人们更喜欢看短视频和直播了。

另一方面是品类红利期，是指企业自媒体账号所定位的品类是不是平台重点扶植的品类。内容平台为了丰富其生态体系，会根据用户反馈及现有账号内容，通过扶植政策来鼓励账号生产特定品类的内容，给予现金奖励、流量奖励等。比如：2021年小红书重点扶持科普教育品类，配置专业运营人员指导账号主体进行创作，对于优选内容加大推荐分发等。

◆ **案例4-9**

微信视频号：尚处于流量红利期⊖

短视频行业是重要的流量聚集地，也是重要的营销阵地，竞争处于白热化状态：抖音、快手占据第一梯队，B站、小红书占据第二梯队，均形成了成熟的内容生态，自媒体号之间竞争极其激烈。张茜博士认为，在短视频行业，微信视频号还处于流量红利期。

2020年腾讯调整策略，在全民级社交应用微信上构建视频号平台，以"发现页"为入口，与微信朋友圈位置并列，成为一个基于熟人社交关系的视频内容记录和创作平台。相对于抖音、快手等平台，视频号依托于微信超大的流量池迅速获得了市场关注。到2021年6

⊖ 资料来源：根据多家媒体公开报道、企业公开数据以及第三方调研报告整理汇总。

月,微信视频号的DAU已经达到了3亿,在商业化方面,已基本确立直播打赏、广告、直播电商三个重点方向。

一、用户特点

视频号以微信为入口,借助微信庞大的用户群蓬勃发展。截至2021年1月,微信DAU为10.9亿,朋友圈、公众号和小程序的DAU分别是7.8亿、3.6亿和4亿。微信作为全民级社交应用,其用户覆盖各个层级的城市和各个年龄段,视频号作为微信内置应用,虽然并未直接公布用户画像,但微信朋友圈、小程序和公众号目前均已跟视频号打通,成为视频号的流量入口,可以推断视频号用户规模巨大,分布较均匀。

二、分发机制

视频号内置于微信,依托于熟人社交关系,其入口在微信的"发现页",采用单列界面,包含"关注—朋友—推荐"三个频道。视频号的分发机制是去中心化的,以社交推荐分发为主,同时具备常规视频平台的粉丝关注分发、算法推荐分发和地理位置分发。

(1)社交推荐分发机制。

社交推荐分发机制是微信视频号独有的特点。这种模式会按照好友的喜好,向用户推荐好友点赞、评论过的视频。社交推荐的视频在"朋友"频道界面下,短视频的排序基于微信好友的点赞排序,可以显示多位好友头像。目前视频号已经和朋友圈、看一看等入口打通,可以转发给微信好友和微信群,初次上传的视频还可以通过分享到朋友圈、群聊等,通过微信社交链条形成快速传播。同样,微信通讯录中的好友通过朋友圈、微信私信和群聊、看一看等参与互动或分享的视频也会被优先推送给用户。

（2）常规分发机制。

除了社交推荐分发机制以外，视频号也有其他短视频平台都有的粉丝关注分发、算法推荐分发和地理位置分发。其中粉丝关注分发通过"关注"频道展示，会给用户推送其关注过的视频号；算法推荐分发通过"推荐"频道展示，基于点赞、完播率、转发、评论、收藏等互动行为进行推荐；地理位置分发通过微信"发现页"的"附近"入口，以双列瀑布流的形式呈现，基于地理位置推荐短视频和直播内容。

三、广告营销特点

视频号目前处于商业化的早期阶段，并未推出特别多的商业化广告产品，截至2021年年底，只有视频号付费推广和视频号内容互选平台。

（1）视频号付费推广。

视频号付费推广是流量加热工具，创作者可以对单个视频或者直播进行推广。视频号作者可以根据需求选择推广位置，在朋友圈和小程序投放短视频与直播的推广，同时可以指定推广人群和推广时间，提升视频或者直播的观看量，短视频和直播的推广费用都是100元起投，短视频推广100元预计可以获得5000个曝光；直播推广100元预计可以获得50个新增用户。

（2）视频号内容互选平台。

视频号内容互选平台是广告主和流量供给方双向选择的交易撮合平台，关注粉丝超过1万人的流量供给方可以加入该平台成为候选流量供给方。广告主根据自身需求选取流量供给方进行广告内容定制，流量供给方可以参考视频时长、制作成本和广告主需求等多要素定价。互选平台的视频价格由广告主报价，流量供给方收到的税前收入是报价的90%，平台获得10%的服务费。

目前官方给广告主提供了三种视频号广告投放方式：组合营销、

话题联动和精准"种草"。

——组合营销，即通过批量与大量 KOL、KOC 合作或者以视频创作挑战赛的形式帮助广告主实现品牌宣传和产品曝光。

——话题联动，即广告主邀请不同领域的视频号创作者针对同一话题进行内容创作。

——精准"种草"，即广告主直接找垂直领域优质作者进行内容长期合作，这种营销推广方式有利于精准触达用户。广告主还可以根据每次发布内容的阅读量、点赞量、评论量和分享量来评估流量供给方发布出来的内容，便于后续进行内容优化和投放优化，提升广告投放的 ROI。

四、企业运营流量的要点

基于微信独特的社交属性，广告主可以利用微信的各种功能在微信生态中完成完整的营销链条：流量获取–流量留存–流量转化。

1）流量获取。

从广告主的视角来看，流量获取主要是短视频内容的曝光。视频号是微信生态的基础内容工具，目前正逐步跟微信各类功能打通，广告主要想在微信生态内获取更多流量，需要结合视频号的内容分发机制和已经开放的微信生态内部流量入口。

——流量来源 1：社交关系。

视频号的推送逻辑以社交推荐为主，视频号界面的"朋友"、朋友圈、群聊、私信聊天等都能完成视频号内容的传播与扩散，再通过微信好友的点赞、评论、分享等互动行为形成社交关系传播，让内容获取更多的曝光机会。针对这部分流量，建议选取与目标受众生活息息相关的热点，或者能产生情感共鸣的话题，与自身品牌、产品相关知识相结合，为用户提供价值，从而获得社交用户自发互动所带来的流量。2021年10月视频号已经与企业微信打通，广告主可以把视频号与企业微信关联，通过群发助手、客户朋友圈等功能向用户推送。具体操作上，广告主可以先通过员工社交圈进行第一轮传播，提升内容基础互动量，再针对内容进行付费推广，购买商业流量，助推获取更多流量。

——流量来源2：粉丝。

视频号发出的内容会直接推送给已经关注视频号的粉丝，公众号发布的内容可以直接引用视频号内容，视频号账号的直播状态可以在公众号中进行提示，便于激活已有粉丝，让内容在更多已有粉丝中曝光。针对这部分流量，广告主可以建立视频号矩阵，将自有的公众号与已有视频号关联，将视频号内容同步分发给公众号粉丝，获得粉丝的二次关注。同时，可以通过发布合规的内容广告、开展粉丝优惠活动、在视频号定期直播等，吸引现有粉丝参与互动，借助已有粉丝的点赞、评论和分享等行为完成视频内容扩散，吸引更多粉丝。

——流量来源3：算法推荐。

这部分流量供给主要来源于微信"发现"页的"附近""直播"和"视频号"主页的"推荐"。除了"附近"是以地点算法推荐为主，其余均与内容质量和互动行为相关。针对这部分流量，广告主在发布视频号内容的时候，需要结合自有粉丝画像，选取热门话题，发布有正能量、有深度或者有趣的内容，给粉丝带来情感价值或者实用价值，让粉丝主动在视频或直播中参与互动。

2）流量留存。

视频号需要持续、稳定地给用户提供价值，用户愿意在视频或直播中停留的时间越长，转化成为粉丝的可能性就越大。广告主需要赋予视频号人物特点，拉近与用户之间的关系，然后通过优质内容吸引用户留下。视频号在发布频率上要稳定，日更最好，更新周期不要超过一周；视频号发布的内容要能给用户带来价值，最好结合视频号的定位；在视频展现形式上，多提醒用户关注账号，提升用户留存率。

3）流量转化。

视频号目前已与小程序、公众号、企业微信等打通，由视频号橱窗和小程序完成视频号的交易转化。目前视频号橱窗支持自营小店、京东商城选品，可以在短视频中提示点击账号进入店铺购买，还可以通过直播过程中的商品推送、视频橱窗等完成商品交易。

（3）如何冷启动和强运营？

对于具备一定的实力，可以自建自营自媒体账号的企业，张茜博士结合多家企业成功实践经验和失败教训，于2020年提出了"企业自媒体分级分层方法论"，如图4-4所示。

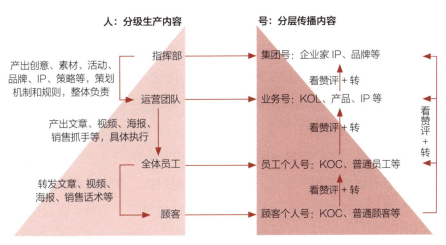

图4-4 企业自媒体分级分层方法论

1）全体员工：无内容创作要求。

员工有其本职工作，且各岗位对能力的要求不同，因而不能要求员工撰写文章或者制作视频，只需要员工进行阅读、点赞、评论、转发。并且，80%的转发应该是员工自愿的，也就是说，转发的内容要么给员工带来情感价值，要么可以帮助员工去转化顾客，因而需要企业提供一键转发的完整内容，即销售抓手。员工能够转发的主要平台是微信群和朋友圈，这些都是员工的熟人、顾客和潜在顾客，因而企业在创作内容时需要设计转发机制，让看到的人愿意转发，从而达到用户裂变的目的。

对于员工来说，最重要的是运营好个人微信号。以特斯拉中国某员工的朋友圈为例，既有生活和工作内容，又有特斯拉的各种动态，还有很多技术类硬核知识，真实、有趣、有料，不至于被潜在顾客屏蔽。活跃的内容发布，持续对潜在顾客产生影响，特别适合汽车这种长周期购买决策的产品。经访谈了解，对于这些优质内容素材，特斯拉有团队持续供给，管理人员还会给予日常指导，将微信营销做到极致。

2）专职运营团队：专职生产内容和运营账号。

专职账号运营团队除了阅读、点赞、评论、转发之外，还需要持续生产内容，尤其是给员工提供一键转发的完整内容；全面负责账号运营，以公司内的 KOL、公司产品、公司 IP 等账号为主，工作内容涵盖定位账号、生产内容、运营用户、推广账号等。

对于有区域限制的企业，最常见的就是门店，建议重点运营快手、微信公众号、微信视频号。快手在流量分发时给予"同城"较大权重，因而能带来"可以成交"的顾客。微信公众号和视频号基于社交关系做分发，有助于进行留存和转化，且便于员工转发。对于无区域限制的企业，建议重点运营抖音、B 站、小红书，由于人口基数大，因此可以快速获取大流量。

3）指挥部：定策略。

新媒体账号运营不是各自为政，需要统一指挥，因而需要指挥部这个角色，既可以是专职岗位，也可以由高管团队组成虚拟组织。与专职运营团队类似，指挥部除了阅读、点赞、评论、转发，还需要负责高管、公司等账号的内容生产和日常运营。除了上述工作，指挥部还需要负责制定整体战略、战术、机制和规则。

以分级分层联动机制为例，当公司需要打造爆款内容时，就需要发动全员进行传播，但是不能每个内容都是爆款，不能让员工天天忙着阅读、点赞、评论、转发等，需要建立一套分级分层联动机制。内容生产部门提出转发申请，提供完整传播内容、传播语、操作导引等，由指挥部审批。指挥部可以建立四级传播规则：①1级，即自愿传播，不对员工做强制要求；②2级，即强制传播，要求全员阅读、点赞、评论、转发；③3级，即病毒传播，除了要求全员阅读、点赞、评论、转发，还要求分业务部门通过邀请他人帮忙传播的方式完成一定的曝光量、点击量或者评论量；④4级，即推流传播，级别最高，在3级要求的基础上，要求分业务部门划拨广告营销预算进行付费推广。

在具体实施上，指挥部需要人力资源部门协助制定规则，建立数据反馈渠道，拟订考核和奖惩规则。

（4）何时可以外采投放？

企业自媒体号要发展壮大，必然需要进行外采投放，直接投放广告进行曝光，获取粉丝；也可以"蹭"其他媒体账号的流量，包括但不限于联合开展营销活动、相互关注和互动、直接转发等。外采投放必然要付出一定成本，可以是直接的广告费，也可以是商品置换、公关活动费用等，因为需要秉持ROI原则，测算投入产出比。结合大量企业案例，张茜博士提出了企业自媒体号进行外采投放的3个条件，满足任何一个均可以启动外采投放。

1）企业自媒体号要有一定的内容和粉丝基础。自媒体号需要养号养粉，即通过持续的内容生产和发布，基于数据分析，找到用户喜欢的内容，从而确定账号的定位和风格，这是一个养号的过程；养粉即增加粉丝的数量，提升粉丝对账号的黏性，除了打磨内容，还要设计一系列的互动活动、受粉丝喜爱的沟通方式等。这个过程需要一定的时间，且充满不确定性，是企业自媒体号的原始积累阶段。只有完成原始积累，在进行外采投放时，才能接得住外部导入的流量。

2）产品和服务完成电商化。电商化是指产品和服务的展示、沟通和交易，可以在互联网上完成。如果企业自媒体号内容不多且粉丝有限，但是完成了产品和服务的电商化，依然可以投放广告，以实现直接销售为目的。由于深度咨询服务、定制化解决方案、基建工程招标等复杂产品很难标准化，因而意味着很难电商化，获取的每一个流量都需要人工介入进行详细沟通，外采投放导入大量并发咨询，回应不及时、不到位反而招致客户不满意，赔了夫人又折兵。

3）品牌背书。对于单价高、购买决策周期长的产品和服务，需要品牌背书来打消顾客疑虑、降低顾客的价格敏感性、缩短顾客决策周期，企业自媒体号通过在权威媒体平台曝光、与KOL自媒体账号互动、得到名人明星推荐等，可以获得品牌背书，促进销售转化。

底层思维

5 市场思维

广告主通常是广告的买方，发布者通常是卖方。根据不完全统计，中国广播节目频道超过 1900 个、电视频道超过 2000 个、网站超过 500 万个、App 超过 300 万个，企业超过 9600 万家，由于存在众多的卖方和买方，因而广告市场的交易极其复杂。不仅交易主体庞杂繁多，广告产品的定价方法也极其复杂。与普通商品不一样，尤其是广播电视广告、数字广告，会随时间流逝，不能储存，成本很难核算，传统定价方法均不适用。并且，广告产品是投资品，不是消费品，买方更关注广告产品能带来的商业价值，也就是测算 ROI。**市场思维，就是要理解付费广告在交易主体、交易方式和定价机制上的复杂性，熟练记忆广告金字塔模型，记住 9 种主流广告交易方式的特点和使用范围，能分别从卖方和买方视角制定最优策略，实现最大化收益。**

思维模型：双金字塔模型

张茜博士于 2018 年年初提出了广告市场双金字塔模型，包括卖方金字塔和买方金字塔，如图 5-1 所示。

（1）卖方金字塔。卖方即广告发布方，又叫作流量供应方，根据流量的稀缺程度和质量，可以分为三个等级：黄金产品是最高等级，是流量供应方最稀缺的广告产品，只面向超级大客户和大客户；接下来是品牌产品，是具有一定市场影响力且质量很高的广告产品，主要面向超级大客户和大客户；最底层是一般产品，面向所有广告主。以湖南卫视为例，其黄金产品包括《向往的生活》《乘风破浪的姐姐》等王牌季播节目，品牌产品包括《湖南新闻联播》《天天向上》《变形计》等，一般产品指白天各档电视剧、常规栏目等。

图 5-1　广告市场双金字塔模型

（2）买方金字塔。买方是广告的购买者，按照其购买金额大小分成超级大客户、大客户和中小客户。超级大客户不仅享有广告产品的优先选择权，能拿到更优惠的价格折扣，还能享受到卖方提供的增值服务，比如：广告策略优化建议、数据分析报告等。超级大客户和大客户要么有专业的广告策略和投放团队，要么有专业的广告公司提供服务，可以参与所有形式的广告交易。但是中小广告主尤其长尾广告主，能力有限，只能参与相对简单的广告交易。

围绕卖方和买方，有众多的广告公司提供服务，涵盖营销策划、广告代理、广告创意、媒介购买、投放执行等，根据其与买方和卖方的亲疏关系分成不同级别，从而构成双金字塔模型的主要参与者。

根据交易方式的技术实现途径，广告市场可以分为线下广告市场和线上广告市场。线下广告市场,交易方式主要包括拍卖、签约认购、零售和承包。线上广告市场,交易方式主要包括合约直采、程序化直投、程序化优选、程序化私有竞价、公开实时竞价。这9种广告交易方式适用的广告产品、定价特点、参与方等各不相同,卖方和买方都要按需组合,如表5-1所示。

表5-1　9种广告交易方式

分类	交易方式	广告产品	定价特点	参与方
线下广告市场	拍卖	固定	不固定	一对多
	签约认购	固定	固定	一对一
	零售	固定	固定	一对一
	承包	固定	固定	一对一
线上广告市场	合约直采	固定	固定	一对一
	程序化直投	部分固定	固定	一对一
	程序化优选	不固定	固定	一对一
	程序化私有竞价	不固定	不固定	一对多
	公开实时竞价	不固定	不固定	多对多

线下广告市场

线下广告市场(Off-Line Ads Market)交易方式是指不采用互联网技术进行的广告交易。即使现在互联网这么兴盛发达,仍有很多互联网媒体和平台采用线下广告市场的交易方式,因为大客户的广告营销计划很复杂,需要人工处理。线下广告市场主要有四种交易方式:拍卖、签约认购、零售和承包。在实际市场交易中,强势媒体和平台方会选择组合使用这四种交易方式,以实现最大化销售。

虽然线下广告市场交易方式比较传统,人力投入占比较大,但对广告市场交易依然很重要。根据eMarketer的测算,2020年线下广告市场规模超过2000亿元,整体市场占比超过28%。线上广告市场规模超过 5000 亿元，但不一定全部通过数字化技术进行交易，也就是说还有很大比例，尤其是大客户，是通过线下方式进行交易的。

拍卖

1994 年 11 月 8 日，中央电视台进行了首次广告拍卖，拍卖的广告产品是《新闻联播》后的广告。从全球范围来看，这是第一次采用拍卖方式售卖广告产品。目前，拍卖已经成为黄金广告产品的主要售卖方式，被广泛采用，不仅地方电视台、内容平台在采用，连顶级网红也采用拍卖方式。短视频网红 Papi 酱就曾将其贴片广告进行拍卖，中标价高达 2200 万元。

官方媒体组织的广告拍卖活动通常取名"招标会"，是由中国媒体的官方属性决定的。虽然都是市场交易活动，但严格来讲，招标与拍卖的含义不一样，招标由买方来组织，拍卖由卖方来组织。广告拍卖活动由卖方组织，但是考虑到中国媒体的官方属性，以买方身份居多，组织招标活动较多（如政府采购），有法可依、有惯例可循，因而改革开放初期使用"广告招标"一词更稳妥，并逐渐成为行业惯例。

广告拍卖有 4 种出价方式，如表 5-2 所示。

（1）英式拍卖，又叫公开升价拍卖，报价由拍卖主持人不断往上提升，竞买人公开加价，觉得价格过高时选择退出，最终只剩一个竞买人在当前价格赢得物品，适用于文物、艺术品、专利技术等，是目前广告拍卖中最常用的出价方式。

（2）荷兰式拍卖，又叫公开降价拍卖，拍卖主持人从一个很高的价格开始逐渐往下降，第一个愿意接受当前价格的竞买人赢得物品，支付当前的价格，适用于水果、蔬菜、鲜花、海鲜等，在广告产品拍卖中未见应用案例。

（3）一级密封价格拍卖，竞买人将自己的报价放在密封的信封中，同时把信封交给拍卖主持人，由拍卖主持人公布出价最高者。竞价最高者赢得物品，并按自己的报价支付，适用于工程招标、二手商品销售等。由于一级密封价格拍卖相对省心，竞买人只需要填写自己的心理价位，不需要卷入复杂的加价过程，且出价身份和策略不公开，因此，它不仅在线下广告市场交易中广泛应用，在线上广告市场交易中也得到大规模应用。

（4）二级密封价格拍卖，与一级密封价格拍卖的流程相同，只是出价最高者支付的价格不是自己的出价，而是第二高报价。研究证明，这样的价格机制能更好地鼓励竞买人提交真实心理价格，减少出价过高的顾虑，因而得到了大规模应用，典型应用场景有无线频谱拍卖、关键词广告拍卖。

表 5-2 广告拍卖的 4 种出价方式

密封	公开
一级密封价格拍卖 ▪ 竞买人将自己的报价放在密封的信封中，同时把信封交给拍卖主持人 ▪ 出价最高者赢得物品，并按自己的报价支付 ▪ 适用场景：工程招标等	公开升价拍卖（英式拍卖） ▪ 报价由拍卖主持人不断往上提升 ▪ 竞买人觉得价格过高时选择退出 ▪ 最终只剩一个竞买人在当前价格赢得物品 ▪ 适用场景：文物、艺术品、专利技术等
二级密封价格拍卖 ▪ 竞买人将自己的报价放在密封的信封中，同时把信封交给拍卖主持人 ▪ 出价最高者赢得物品，并按第二高报价支付 ▪ 适用场景：自动竞价系统（关键词广告拍卖）等	公开降价拍卖（荷兰式拍卖） ▪ 报价从一个很高的价格开始逐渐往下降 ▪ 第一个愿意接受当前价格的竞买人赢得物品，支付当前的价格 ▪ 适用场景：易腐农副产品（水果、蔬菜、鲜花、海鲜）批发等

组织广告拍卖活动不是一件容易的事情，通常包括 5 个阶段：

（1）筹备调研。

客户调研是必须要做的，借此可以了解客户对现有广告产品的评价、明年的营销规划、行业重要变化等,是进行广告产品研发迭代的前提。产品策划包括撰写产品卖点和招商方案,拟定销售政策,是基础的文档工作。除此之外,还有制订推广计划,确定市场沟通策略等。

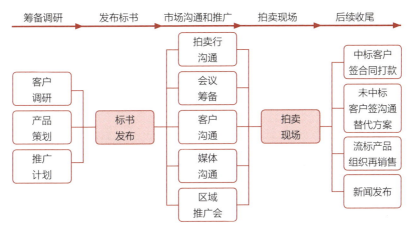

图 5-2 广告拍卖活动流程

(2)发布标书。

标书详细说明了广告产品、拍卖规则、拍卖时间和地点等,在最大范围内通知广告主。标书具有一定的法律约束能力,需要严谨对待,对广告产品的说明均是履约义务,不可随意更改,不可言而无信。

以《2015湖南卫视黄金广告资源招标书》为例,主要包括3个部分:①报名须知,详细介绍拍卖时间和地点、报名文件及流程、信用保证金具体要求和操作等;②标的物介绍,详细说明每个广告产品的具体内容、数量、出价方式等;③招标竞购规则和违约责任。

(3)市场沟通和推广。

国家规定拍卖活动需聘请有拍卖资质的企业来实施,即需要找拍卖行,由拍卖行来组织整个拍卖活动。因而需要甄选拍卖行,通过培训使拍卖师掌握广告产品的优点。由于线下拍卖活动在具体场所举办，类似一个大型会议，因此要进行会场布置、流程设计、后勤保障等，提前与相关各方确定方案和细节。在这个阶段，还必须与客户时刻保持沟通，了解他们对广告产品的想法，深入到各地与客户进行深度沟通，举办各种推广会。

（4）拍卖现场。

拍卖现场如战场，是整个拍卖活动最关键的环节，成败在此一举。以中央电视台黄金资源广告招标会为例，举办地点在梅地亚中心宴会厅，现场容纳人数超过1000人，从公开照片可以看到气氛异常热闹。由于涉及很多广告产品，拍卖活动常常超过12个小时，午餐时间也不休息，边吃简餐边拍卖。为了节约时间，针对密封第一价格出价方式（即暗标），央视研发了机读卡和电子扫描读数系统。

（5）后续收尾。

对于如愿买到广告产品的客户，要协助客户签订正式合同，按期付款，准备广告执行材料。由于是广告拍卖，由买方竞价，会存在一系列问题：有些客户没拿到心仪的广告产品，就需要卖方帮客户制订替代方案，尽快购买其他广告产品；有些客户虽然拿到广告产品，但价格过高，需要协助客户制订更加详细的营销方案，把广告产品的效果发挥到极致。广告拍卖本身具有一定的新闻属性，需要妥善处理与媒体的关系，避免出现负面报道，最好趁势宣传客户，提升客户的满意度。对于那些未能成功拍卖的广告产品，还需要组织再销售，重新策划广告产品，定向与广告主沟通，实现销售最大化。

具体到实际广告拍卖活动中，有很多细节要考虑，尤其是拍卖规则必须精心推敲，调动竞买人的积极性，避免出现串谋现象。央视《新闻联播后标版》就曾因规则有漏洞而蒙受巨大损失。央视《新闻联播后标版》是指在 CCTV-1《新闻联播》栏目后播出的广告，每条 5 秒，总计 13 条。拍卖规则是两轮明标：第一轮明标确定 13 个入围者，第二轮是在入围者中再次进行明标拍卖以确定播出位置顺序。

该拍品 1998 年的成交价格在 700 万元左右。1999 年拍卖现场，第一轮明标竞价到 750 万元左右时，多家企业同时退出了竞争，导致参与竞拍的企业数少于拍品数量。进入第二轮明标竞价时，现场竞拍价格止步不前，成交价格只有 500 万元左右。

这个拍卖机制设计是有漏洞的：①第一轮明标竞价，在竞价过程中，竞买人就能相互看到参与竞争的企业，从而很快达成串谋；②进入第二轮的竞买人数量与拍品数量一致，意味着竞买人只要进入第二轮就一定能拿到广告产品，从而丧失了竞价积极性。

到了 2000 年，央视修改了竞价规则：①第一轮暗标竞价，有效防止竞买人利用公开信息进行串谋；②第二轮入围竞买人数量大于拍品数量，意味着至少有一位竞买人拿不到广告产品，存在淘汰机制，因而竞买人出价更积极。

签约认购

签约认购是一个舶来品，诞生于美国。1962 年美国广播公司（American Broadcasting Company，ABC）推行播出季，从每年 9 月开始播出新节目。因为当时最大的广告主是汽车行业，以通用汽车为代表的大型汽车制造商通常在每年 9～10 月推出新品，电视台为了配合汽车客户的市场销售节奏，只好在 9～10 月推出新节目。虽然现在汽车制造商已不固定在 9～10 月推出新品，但由于多年来形成的习惯，电视播出季也就一直保留了下来。在广告销售方面，每年 5 月中上旬，美国各电视台在重点城市举办大型展示活动，将播出季的优秀电视节目进行提前集中展示，吸引广告主和代理公司，在接下来的一段时间里与广告主洽谈全年广告投放计划，签订投放协议，这些统称为签约认购活动。

美国各电视台的展示活动会选择在音乐厅、剧院、演播室等声光电体验较丰富的地方，定向邀请广告主，展示播出季节目编排，播放节目宣传片，邀请主创站台推介节目，是每家电视台综合实力的集中展现。

具体到中国，签约认购分为两类：面向超级大客户的协议签约，以及面向所有客户的标准签约。

（1）协议签约。协议签约，又叫作年框，详细约定广告主全年广告投放金额、广告产品、交易指标等，主要面向超级大客户，牵涉到复杂的商务谈判。美国的签约认购活动基本以协议签约为主，谈判期长达数月。

（2）标准签约。标准产品能显著降低与客户一一沟通谈判的工作量，提高广告交易效率，因而得到卖方的喜爱。以央视2022年标准签约认购为例，标准招商方案详细介绍了广告产品内容、价格、售卖单位等；规则详细介绍了5个系列广告产品的签约时间、优先顺序及流程等。签约认购的核心理念是圈定大客户广告预算，提升广告交易的可控性，因而会设置优先续约，让老客户可以在其他客户之前圈定广告产品；接下来是长单签约，让大客户优先圈定广告产品；最后是散单签约，以便实现最大化销售，如图5-3所示。

除了提前锁定广告产品外，客户通过签约认购还可以获得比零售市场更低的价格，而卖方则可以通过提前锁定客户预算，降低经营风险。因此，签约认购已经成为各卖方最重要的售卖方式，以黄金和品牌广告产品为主，圈定大客户预算。

图 5-3 2022 年中央广播电视总台广告产品签约认购规则

零售

经过拍卖和签约认购，剩余广告产品采取零售方式，零售价格通常比签约认购价格高 5% 以上，以长尾广告产品为主，也有个别优质广告产品，比如：零散日期的品牌广告产品，以航天活动为代表的新闻事件。这些广告产品具有不确定性，大广告主将其作为补充投放，中小广告主是主要购买者。

零售还会发生在新节目的广告销售上，存在捡漏机会。以湖南卫视季播节目《爸爸去哪儿》为例，第一季节目广告招商时，由于是全新节目，收视率和影响力存在很大的不确定性，广告主为了降低决策风险纷纷放弃，999 小儿感冒灵以 2800 万元获得第一季冠名权。没想到节目播出后大受欢迎，不仅收视率在同时段全国领先，而且在社交平台引起了热烈讨论，成为年度最火爆的综艺节目。同样的广告产品，第二季冠名权采用拍卖方式，伊利以 3.1199 亿元获得冠名权，价格上涨了 10 倍多。

承包

承包的历史比较悠久，诞生于 1865 年的美国，乔治·罗威尔在波士顿成立第一家报刊广告版面批发代理业务的公司，承包了若干报纸广告，再以零售方式售卖给广告主。对于广告发布者，承包可以旱涝保收。对于广告公司，承包可以获得资源的全面经营权，尤其是定价权，获取超额溢价收益。尤其是对于弱势广告发布者，将广告经营工作外包，借助广告公司的专业销售能力，能够显著增加广告收入。即使是强势流量方，也有一些很难销售的长尾广告产品，通过承包销售可以实现保底收入。

官办媒体在招募承包公司时，按照规定要进行公开发布、公平选择、公示结果，广告公司可以多关注相关发布渠道。对于广告主而言，若交易对象是广告承包公司，建议去广告发布者官网核实广告公司的承包资质或者要求提供承包证明文件，避免上当受骗。

线上广告市场

1997 年诞生的第一条互联网广告，采用的是零售方式，广告主与网站协商确定价格、签订纸质投放协议。进入 2000 年后，网站大量涌现、互联网广告价值得到广泛认可，才逐步开始采用线上交易方式，出现线上广告市场（On-Line Ads Market），即采用互联网技术进行广告交易，因为互联网广告比传统广告复杂很多。①互联网广告产品数量众多，每天能产生上百亿个 PV，每个 PV 可以承载数个广告产品，难以采用传统方式逐一定价。②广告主数量非常多，以百度为例，百度搜索公司前总裁曾公布，2017 年百度服务的广告主数量已经超过 45 万家，传统广告交易方式根本服务不过来。③广告主投放门槛极低，有些广告主一年的广告投放量才 5000 元，因而必须降低服务成本，减少面谈、签约等人工耗时较多的环节。④广告主要求越来越高，越来越多：广告素材要可以随时调换、支持动态出价策略、实时筛选目标人群、实时评估投后效果、一站式覆盖全网资源……线下广告交易方式显然不能满足上述需求，急需提高广告交易效率，降低人工参与度。

线上广告市场的核心是程序化购买（Programmatic Buy），即基于互联网技术和大数据，用数字化、自动化、系统化的方式进行广告交易和投放管理。随着技术的升级迭代，先后诞生了合约直采、程序化直投、程序化优选、程序化私有竞价、公开实时竞价等新型广告交易方式。

合约直采

为了更好地管理海量广告位和广告主，大型网站发挥技术优势，用程序来管理自身广告的交易过程，首先推出了合约直采广告（Guaranteed Delivery，GD），即广告主在投放广告前已经向卖方确认投放一定量广告，卖方已经确认会播放这些广告，并且在广告投放前已经约定好广告的价格和投放量。

本质上讲，合约直采就是将传统签约认购电子化，在卖方广告管理平台签订电子合约和进行广告投放。合约直采广告享有最高播放权，不需要竞价，通常按照 CPM、CPT 结算，不允许广告主随时调整投放计划，具有执行刚性，技术实现方式相对简单一些。

对广告主而言，合约直采类似于签约认购，交易方式熟悉，可以提前锁定广告产品，以便提前制订全年营销计划，深受大型广告主的喜爱。卖方也倾向于将优质广告产品采用合约直采方式交易，如 App 开屏、信息流首刷等，从而稳定大客户预算，优化广告投放环境。

程序化直投

由于互联网广告流量每天有波动，访问用户不一定匹配广告主的需求，因而在合约直采的基础上，卖方升级开发了程序化直投（Programmatic Direct Buy，PDB），即广告主依然按照固定广告产品、固定 CPT、固定预算在卖方进行下单投放，无须进行竞价（Non-RTB），即"保量保价"，但是卖方会按照多倍于协议的流量推送给广告主，允许广告主筛选，按照一定比例放弃呈现广告。对于广告主放弃的广告，卖方会在第一时间释放出来给其他广告主，以实现最大化销售。

程序化直投给予广告主一定的选择权，可以根据每日广告曝光情况动态调整当日广告支出，可以根据销售淡旺季动态调整广告预算分布，即支持广告主可以修改广告投放排期，给予广告投放一定的弹性调整空间，从而使广告投放"更经济"。所谓"萝卜白菜，各有所爱"，广告主 A 放弃的广告流量有可能被广告主 B 高价购买，因而程序化直投更能促进广告的最大化销售，深得卖方的青睐，尤其适合品牌广告产品，如首页焦点图、信息流 2 刷等。

程序化优选

随着技术进步，逐步实现用户访问数据标签化，大型网站逐步支持"选人",即根据用户的标签来决定广告投放,于是出现了程序化优选(Preferred Deal,PD),也就是根据广告主的投放需求,按照固定的 CPM 在流量方进行下单投放,无须进行竞价,即"保价不保量"。

对广告主而言,程序化优选提供了不同于线下广告交易方式的体验,可以选择目标人群,实现精准化广告投放,打开了广告主对线上广告市场的想象空间。主流网站几乎都支持程序化优选,将每个网民分配给最匹配的广告主,从而提升广告投放的精准度,实现最大化销售。

程序化私有竞价

客观来讲,合约直采、程序化直投、程序化优选比较适合大型广告主,他们对价格没有那么敏感,更看重拿到广告产品的确定性。为了引入更多中小广告主,2005 年前后出现了程序化私有竞价(Programmatic Private Auction,PPA),即广告主在卖方平台上进行广告投放时可以实时竞价(Real Time Bidding,RTB)。

中国最早的程序化私有竞价平台是百度的搜索广告平台,交易标的仅限于出现在百度平台上的搜索广告,支持广告主按照网民搜索的关键词进行实时竞价,支持广告主在线修改出价策略,在线实时显示广告投放订单执行情况,实时进行交易结算。

公开实时竞价

合约直采、程序化直投、程序化优选、程序化私有竞价,均是大型网站为了提高自身广告交易效率而搭建的广告交易平台。除了大型网站,还存在许多流量不大但质量不错的中小网站,这些小而美的流量叠加起来形成了巨大的长尾流量市场。中国互联网协会发布的《中国互联网站发展状况及其安全报告(2017)》显示,截至 2016 年 12

月底，中国网站总量达到475.4万余个。根据工信部发布的数据，截至2018年5月底，中国市场上监测到的移动应用（App）达415万款。广告主不可能与这些数量庞大的中小流量供给方分别进行谈判，因此广告联盟（Ad Network）应运而生。广告联盟通常由广告公司牵头，通过制定好的标准和方法联合一系列中小流量供给方，代表流量供给方直接与广告主进行谈判，确定双方都可以接受的价格和数量。

早期广告联盟主要由有广告公司背景的中介主导，数量众多，且每个广告联盟拥有的流量供给方资源和广告主资源略有不同，这就导致了广告市场被割裂成多个小市场，每个小市场形成自己的价格体系，而广告联盟组织者还会私自将手中流量转卖给第三方广告联盟，形成了中介套中介的情况，导致价格体系混乱。

为了解决广告联盟价格体系混乱的问题，广告交易平台（Ad Exchange，ADX）便诞生了。ADX相当于一个拍卖市场，联合了流量需求方与流量供给方，由流量供给方展示自己的广告位，流量需求方根据自身的情况进行出价，支持实时竞价（Real Time Bidding，RTB）。在广告交易平台上，广告主可以合理分配自己的预算，并且根据效果的好坏和竞争情况随时调整自己的出价，使整个广告的选择和投放变得可控，如图5-4所示。

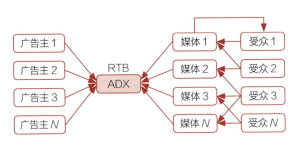

图 5-4 ADX 广告交易方式示意图

由于通过广告联盟售卖的流量主要以长尾流量居多，不具备数据采集和分析能力，导致广告投放不能够精准匹配到目标用户，而且在投放过程中，数据反馈往往不够及时，存在黑盒操作，因而广告主无法积累数据资产。为了解决广告投放精准度问题，诞生了一系列第三方服务平台。

（1）需求方平台（Demand Side Platform，DSP）：核心是从过去仅选择广告位，转变为选择广告位背后的目标受众，以提高广告投放精准度。DSP 平台依靠技术和算法帮助广告主实时决策，动态进行广告位竞价，实现"程序化购买"。

（2）数据管理平台（Data Management Platform，DMP），通过 Cookie 或设备 ID 对用户进行标记，通过跨域追踪的方式全方位分析用户的行为，以人群的属性为主要标签对人群进行细分。早期的 DMP 主要由 ADX 提供，主要服务于广告主，典型的有百度 DMP、阿里达摩盘等，后来出于公平公正等因素的考量，部分广告技术公司和监测机构也开始提供 DMP，如秒针系统和 Ad Master 等。DMP 收费分为两种模式：第一种是第三方 DMP，向数据使用方收取费用，一般按照效果分成，也有按包断时间收费的；第二种依附于广告投放平台的 DMP，往往采取免费策略，只要广告主投放广告达到一定额度，就免费赠送 DMP 使用权限，主要代表有百度 DMP、阿里达摩盘。

（3）广告代理平台（Trading Desk，TD）本质是一站式智能程序化广告管理优化系统，可以帮助广告主同时对接多个 DSP 和 DMP 平台。在投放过程中由于整合了多个渠道，TD 能在多平台投放中快速寻求投放最优解和预算分配机制，并且在数据汇总的时候能够实现全局数据报告，多渠道多账户的数据累积，解决数据和资源分散的问题，从而形成真正意义上的全渠道优化策略。国内主要 TD 平台由 BAT 掌控，而国外主要是广告传播集团旗下的子公司，如电通集团旗下的安吉斯、GroupM 旗下的邑策等。

（4）在流量供给方方面，诞生了与 DSP 相对应的供应方平台（Supply Side Platform，SSP），以提高流量供给方广告位的曝光率、填充率与价格。而随着 ADX 平台的发展，SSP 平台与 ADX 平台的作用和定位趋于一致，因此两者开始融为一体。目前头部 ADX/SSP 平台还是由互联网巨头担任，如 BAT⊖、字节跳动等。

（5）广告验证平台（Ad Verification Platform）：通常为广告主服务，提供品牌安全、反作弊、可视度、无效流量验证等服务，通过分析投放流量方的内容合法性、正面性，为品牌广告的投放提供和谐健康的环境。广告验证平台主要在广告投放前进行分析，代表企业主要有 Sizmek、Adbug 等，一般按年计费。

（6）监测与分析平台（Measurement & Analytics Platform）：主要帮助广告主进行广告效果追踪和监测，包括点击、下载、安装、启动，后续用户的活跃、付费、留存等深度转化数据，从而帮助广告主更好地管理预算，更有效率地买到优质流量。监测与分析主要在广告投放后，代表企业有秒针系统、Ad Master 等。广告监测与分析平台主要有两种收费形式：第一种是按照点击量/功能来按年付费，如 Talkingdata 的价格为 1.8 万元/年～16 万元/年不等；第二种是按照广告支出的一定百分比来收费，代表企业有秒针系统。

（7）程序化创意（Programmatic Creative Platform）：主要用于广告创意投放的优化，通过技术自动生成海量创意，并利用算法和数据向不同受众动态展示广告并进行创意优化（Dynamic Creative

---

⊖ BAT 是百度（Baidu）、阿里巴巴（Alibaba）、腾讯（Tencent）三家公司的合称。

Optimization，DCO），从而使每个人看到的广告可以不一样，即使同一个人在不同场景下看到的广告也是不一样的，俗称千人千面，典型企业有 BAT、字节跳动等。

（8）智能优化：在广告主出价基础上，基于多维度、实时反馈及历史积累的海量数据，根据预估的转化率，由程序动态调整出价策略，帮助广告主竞得最适合的流量，降低转化成本。

随着第三方平台的加入，线上广告市场交易角色越来越多，分工越来越细，构成了成熟的广告市场产业链。对于广告主而言，可以通过三种途径进行全网一站式广告投放：①通过 DSP 平台进行投放，比较适合中小广告主；②通过 TD 平台同时对接多个 DSP 平台进行投放，适合大型广告主；③通过腾讯、阿里巴巴等平台，一站式进行广告投放。

典型卖方的交易方式

央视：线下交易为主

中国中央电视台（China Central Television，CCTV）成立于 1958 年，是国家级电视台。2018 年 3 月，中国中央电视台与中央人民广播电台、中国国际广播电台联合组建中央广播电视总台，撤销中央电视台建制。央视，是老百姓对中国中央电视台的习惯性简称，通常指 CCTV-1、2、3、4、5、5+、7、8、9、10、11、12、新闻、少儿、音乐等电视频道及其新媒体（如央视新闻 App、央视财经公众号等）的运营主体。

央视作为电视媒体的最强王者、传统媒体的领袖，在广告领域同样优秀，原创了中国式的广告拍卖，升级了美国签约认购，推出了零售广告线上销售平台，在中国广告市场发挥着举足轻重的作用。

1. 拍卖

从 1994 年第一次广告拍卖，到 2016 年最后一场，从 3.5 亿元到破百亿元，央视黄金资源广告招标被冠以"中国经济晴雨表"称号。能进入央视黄金资源广告招标现场的广告产品，肯定是央视的顶级广告产品，可分为三个系列：①新闻联播系列，CCTV-1 从 18:55 播出的《新闻联播》到 20:00 结束的《焦点访谈》之间的时段广告；②天气预报系列，CCTV-1 每晚 19:30 播出的《天气预报》栏目中的插播广告；③品牌节目冠名、频道合作伙伴等特殊形式的广告产品，如《感动中国》独家冠名、《舌尖上的中国》全媒体合作伙伴、纪录频道合作伙伴等。在发布标书的同时，央视还会提供读本，详细介绍节目亮点、收视数据、重要选题等，以便广告主更好地了解和评估广告产品。

由于需要拍卖的广告产品较多，为了缓解现场拍卖的压力，央视还曾尝试进行网上拍卖，自行研发技术平台，支持远程竞价，类似于线下广告市场的程序化私有竞价，取得了圆满成功。但不知道是什么原因，后续没有大规模推广。

2. 签约认购

签约认购作为央视最重要的销售方式，占比越来越高，包括协议签约和标准签约，年成交金额超过百亿元。

2016 年 11 月央视在每年举行的黄金资源广告招标会上，用协议签约部分替代了广告拍卖。2017 年 11 月央视正式用协议签约完全替代广告拍卖，于 2019 年将其正式命名为"品牌强国工程"，为超级大客户提供整合传播服务方案，包括核心资源、固定配置、品牌解决方案和增值服务四大部分。央视放弃广告拍卖，主要考虑其国家级媒体身份，虽然广告拍卖是价高者得，但作为国家级媒体还肩负着培养民族企业的责任，不能将广告价格作为唯一指标，而协议签约方式给予央视更多主动权，可以全方位地考核与评估企业的产品、规模、社会责任、市场地位、品牌价值等，将黄金广告产品更合理地匹配给超级大客户。考虑到新冠肺炎疫情防控形势严峻，2021年11月央视将2022年"品牌强国工程"签约活动改成了网上视频签约，在公证处鉴定下，与近40家企业完成协议签约，涵盖食品饮料、家用电器、医药健康、日化洗护、通信运营、金融等行业翘楚。

3. 零售

央视广告销售团队人手有限，以服务大客户为主，导致零售销售占比很低。

4. 承包

央视16个频道均采取了不同程度的承包销售方式。对于整频道承包，以CCTV-5为代表，由一家广告公司全权负责广告经营，享有充分的定价权。部分承包是指具体栏目或者套播硬广，以CCTV-1为例，涉及10个承包产品，引入了8家广告公司，如图5-5所示。

CCTV-1		
白天时段套	世纪文化旅游有限公司	010-85558690 / 15210473696
全天时段套	世纪文化旅游有限公司	010-85558690 / 15210473696
18点精品节目(周日)	北京祎隆文化传媒有限公司	010-88508777 / 13901339324
18点精品节目(周一到周五)	北京雅越广告有限公司	010-65018008
18点精品节目(周六)	北京世纪润华广告有限公司	010-65088877 / 18601239915
《晚间新闻》贴片	北京世纪润华广告有限公司	010-65086677 / 13801097454
《新闻30分》贴片	中视金桥广告有限公司	010-65896888
《新闻联播》《天气预报》景观窗口、字幕广告	华风气象传媒集团有限责任公司	010-68409918/58995616
大国品牌养成记	央广金信(北京)文化传媒有限公司	010-57040950 / 18910388912
《经典时光荟》	北京上视传立国际广告有限公司	13581862861 / 010-65981778

图5-5　2022年CCTV-1承包产品及广告公司

图片来源：https://1118.cctv.com/chinese/.

5. 合约直采

2021年央视针对中小客户推出了象舞广告平台，如图5-6所示，广告主可以通过这个平台找到各类能投放的广告产品，在网上直接下单投放，这属于典型的合约直采。这种方式特别适合小微广告主，操作简单、价格透明、服务成本极低。

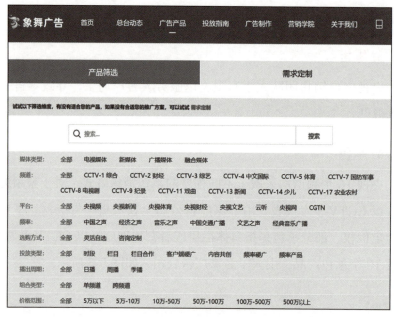

图 5-6　象舞广告平台

图片来源：https://www.cmgadx.com/.

汇总来看，2017年之前央视采取了拍卖、签约认购、零售和承包等方式，2017年之后放弃了拍卖、增加了合约直采，如表5-3所示。客观来讲，央视虽然是传统媒体，但是创新精神极强，技术实力很强，擅长与时俱进，不断展现创新能力。针对具体广告产品，央视根据市场竞争情况、客户反馈等，每年调整销售方式，优化交易组合，以提升整体交易效率。央视也是最早提出广告产品概念的媒体，于 2003 年上线了广告管理系统，对已成交的订单进行计算机联网管理，于 2012 年实现了广告全流程计算机联网管理，引领传统媒体实现数字化转型升级。

表 5-3　2017 年以后央视各电视频道广告产品交易方式

交易方式	CCTV-1	2	3	4	5	5+	7	8	9	10	11	12	新闻	少儿	音乐	17	新媒体
拍卖																	
签约认购	√	√			√		√	√					√				√
零售	√	√		√	√				√	√	√			√	√	√	
承包	√	√	√	√	√	√	√	√	√	√	√	√	√	√	√		
合约直采	√	√														√	√

百度：线上交易为主

百度拥有中国领先的互联网广告平台，涵盖主流线上广告交易方式，极具典型性。百度成立于 2000 年，是中国最大的搜索引擎服务提供商，也是全球最大的中文搜索引擎服务提供商。除了搜索服务，百度及其子公司还提供包括地图、网络视频、贴吧、网盘、智能云、AI 开放平台等在内的各种互联网服务和智能化服务。

广告是百度的支柱产业，2021 年广告收入为 740 亿元，占总营收的 59%。百度通过 AI 技术赋能"搜索＋信息流"广告业务双引擎，再结合聚屏广告的线下推广和开屏广告的补充辅助，并以联盟的形式整合外界广告位资源，构建了类型多样、层次丰富、场景完整的广告业务体系。

不同的广告产品适合不同的交易方式，为了实现最大化销售，百度提供线上广告市场交易的所有方式，如表 5-4 所示。

表 5-4　百度广告产品

广告产品	简介
搜索广告	基于百度搜索引擎，在百度搜索结果的显著位置展示企业推广信息，帮助企业把网民有效转化为客户。百度 App 日均搜索次数突破 60 亿次
信息流广告	整合了以百度 App 为首的百度系资源+Top 应用联盟资源，流量覆盖 98% 的网民，超过 100 亿日均广告流量，超过 1.6 亿信息流日活和 7 亿网民大数据画像
聚屏广告	作为开放式数字屏幕程序化流量方联盟平台，聚合了智能电视、楼宇商超屏、影院娱乐屏（取票机、LED）、出行屏幕（公交、巴士、地铁、隧道、机场、火车站）等多类屏幕，能够精准覆盖消费者全场景触点，实现线上线下广告整合、精准程序化投放。截至 2018 年 11 月，百度聚屏已经接入 31 个省份的 100 万块屏幕，触达人群达到 3 亿人
开屏广告	百度旗下 App：百度 App 的 MAU 突破 5.6 亿，百度网盘累计 7 亿用户，好看视频全域 DAU 突破 1.1 亿，百度贴吧全域 DAU 突破 0.8 亿
百意广告	主要指百度联盟，整合 60 万家 App、网站，以常规广告产品为主

资料来源：百度公开资料。

1. 搜索广告

作为全球最大的中文搜索引擎平台，百度搜索广告形式不断创新，涵盖图片、子链、文本、列表、视频、线索、下载等，充分满足广告主的多元化需求。

搜索广告主要采用程序化私有竞价方式交易。考虑到广告主不一定能拿到心仪的广告位置，不能满足超级大客户的营销需求，于是，百度推出了阿拉丁搜索广告，基于行业划分，打包一系列关键词，定制化、结构化地展现广告主期望展示的信息，且通常占据搜索结果的第一位。阿拉丁搜索广告是对搜索结果的智能聚合，对行业头部企业至关重要，因而百度还会采取合约直采方式交易，以提升广告交易的便利性。

2. 信息流广告

百度信息流广告整合了 DAU 超过 2 亿的百度 App、MAU 超过 3

亿的百度贴吧、MAU 超过 2 亿的好看视频等百度系资源,以及 Top 应用联盟资源——百青藤,流量覆盖 98% 的网民,超过 100 亿日均广告流量,超过 1.6 亿信息流日活,7 亿网民大数据画像。百度信息流广告形式丰富,涵盖文字、图片、视频等,基本包罗市面上可见的广告形式。百度信息流广告产品的交易方式丰富,按照"合约直采＞程序化直投＞程序化优选＞公开实时竞价"的排序先后分配流量。

3. 聚屏广告

作为开放式数字屏幕程序化流量方联盟平台,截至 2018 年 11 月,百度聚屏已经接入 31 个省份的 100 万块屏幕,触达人群达到 3 亿人,主要覆盖 5 种场景:①娱乐场景,包括影院映前屏、影院 LED、KTV 点歌屏、娃娃机屏;②社区场景,包括智能电视屏、智能门禁、小度在家机器人、社区电子屏;③楼宇场景,包括写字楼和居民楼电梯电视屏;④出行场景,包括机场屏、高铁屏、汽车屏、地铁屏、楼宇户外屏等;⑤生活服务场景,包括商场屏、高校屏、医院屏等。聚屏广告本质上是广告联盟,百度提供交易平台,按照"合约直采＞程序化直投＞程序化优选＞公开实时竞价"的排序先后分配流量。

4. 开屏广告

百度旗下 App 主要指百度 App、百度网盘、好看视频、百度贴吧,其本身用户数据完备、广告投放平台健全,因而按照"合约直采＞程序化直投＞程序化优选＞公开实时竞价"的排序先后分配流量。

5. 百意广告

作为联盟广告,百意广告以长尾流量为主,广告形式以常规广告产品为主，因而以公开实时竞价为主。

汇总来看，百度综合使用了所有的线上广告交易方式，并根据产品特点和销售情况进行动态调整，如表 5-5 所示。在实际交易中，百度曾采取线下拍卖方式售卖阿拉丁等紧俏广告产品，还采用签约认购方式以满足大客户的一站式采购需求，根据所签订的协议，安排工作人员将其以合约直采形式录入广告交易系统。

表 5-5 百度广告产品交易方式

交易方式	广告类型				
	搜索广告	信息流广告	聚屏广告	开屏广告	百意广告
合约直采	√	√	√	√	
程序化直投		√	√	√	
程序化优选		√	√		
程序化私有竞价	√				
公开实时竞价		√	√	√	√

底层思维

6 数据思维

买方,也就是广告主,需要考虑的首要问题是怎么通过广告投放获得更好的 ROI;卖方,也就是广告发布者,需要考虑的首要问题是广告究竟能产生多少广告收入,能否产生利润。无论是测算 ROI,还是评估收入规模,都需要数据、恰当的分析方法以及便利的工具,秉持数据思维开展具体工作。**数据思维,是指用数据来量化描述业务问题,基于数据分析优化业务决策**。数据是客观事实的描述或记录,可以是定性的,也可以是定量的,泛指通过数字化⊖方式记录的一切文字、数字、图片、视频等。

思维模型:5 步工作法

在广告营销工作中引入数据思维,不仅是指量化思考,还包括建立科学的工作方法,张茜博士于 2012 年提出了 5 步工作法,如图 6-1 所示。

(1)定义业务问题:数据分析的目的是解决问题,因而首先要正确定义业务问题。如果业务问题定义错误,则后续工作就是徒劳的,甚至为企业添乱。在企业实践中,经常出现这样的常识性错误,以广

⊖ 数字化是指将复杂多变的信息转变为可以度量的数字或数据,再根据这些数字或数据建立模型,转变为一系列的二进制代码,从而使计算机可以处理。

告主为例,某些广告主过度追求每次广告投放带来的销售额,忽视顾客的消费行为是一个长期且复杂的决策过程,这样的短视行为不仅严重损害企业品牌,还会导致企业整体广告费用异常偏高。针对这个普遍问题,本书提出了沙漏模型,基于客户生命周期总价值(Life Time Value,LTV)构建 ROI 体系,帮助广告主纠正认知误区。

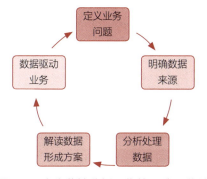

图 6-1　广告营销分析工作的 5 步工作法

(2)明确数据来源:俗话说"巧妇难为无米之炊",没有数据,就无法进行数据分析。企业需要先将业务问题拆解成可以获得数据的指标,再从各个渠道收集数据。本书将沙漏模型与品牌价值量化指标相结合,通过引入成熟的通用量化指标,解决数据的可获得性,并结合非数字化广告产品和数字广告产品的特点,阐述具体数据来源。

(3)分析处理数据:包括对各种原始数据的清洗、转换、建模和计算等。数据清洗是指删除重复信息、纠正错误数据、验证数据真实性等。数据转换是指将数据统一格式和计量单位,按照计算工具(比如:Excel、MATLAB、BI 等)的要求调整格式。数据建模是指搭建数据模型,从业务需要和特点出发,构建数据之间的关系及拟采用的分析方法,是分析处理数据最难的环节,要求相关人员既要懂业务,又要懂数据。数据计算就是将数据代入模型中求解，从庞杂的数据中找到具有实践指导意义的结论。

（4）解读数据形成方案：因企业而异，因具体时间而异，因具体场景而异，没有通用的方法论，依靠企业中层管理者的综合能力。

（5）数据驱动业务：将企业当作一个整体，从高层管理人员的角度来审视数据，建立数据驱动业务的理念和机制。对于广告发布者来说，高管层需要通过数据分析来明确广告发展路径，清楚广告收入天花板和关键影响因素，以及成本费用边际，确保可持续发展。以趣头条为例，其专注于下沉市场的移动内容平台，通过激励广告方式获取新用户和激活老用户，支付大量成本，叠加销售费用、运营费用和研发费用，连年亏损。公开数据显示，2021年趣头条MAU约1.1亿，广告收入约50.5亿元，则单个月活用户的广告价值约45元/人/年。市场分析认为，趣头条作为第二梯队信息流平台，且以下沉市场用户为主，单个用户的广告价值已接近天花板，而趣头条广告收入占比高达95.5%，其他变现方式尚未成规模，因而对趣头条盈利失去信心，导致股价连续下跌。2021年2月11日，趣头条股价高达56.4美元，2022年1月18日下跌至2.42美元，跌幅高达-95.7%。

举例来说，若A企业在百度上投放搜索广告的平均每销售线索成本（Cost Per Lead，CPL）等于100元，A企业要不要继续进行广告投放呢？

（1）我们需要定义业务问题。企业在进行广告投放决策时，并不需要考虑贵还是不贵，而是需要考虑投资回报率（ROI）是否合理。

（2）围绕ROI计算方法构建数据来源。具体到A企业，能获得两方面数据：第一方数据（通常指企业自身拥有的数据）包括平均销售费用率、平均客单价、是否成交、实际客单价；第二方数据（通常由广告发布者提供）包括 CPL、销售线索信息、销售线索数量、广告总消费等。

（3）分析处理数据。A 企业的平均销售费用率为 30%，则在广告投放时要求 ROI 必须大于 3，也就是平均客单价 /（CPL/CVR）> 3，其中转化率（Conversion Rate，CVR）= 成交客户数 / 销售线索数量。A 企业的平均客单价大概是 5000 元，也就是说每单销售成本（Cost Per Sale，CPS）必须小于 1500 元，则 ROI 才能达到 3。而 CPS=CPL/CVR，当 CPL=100 元时，CVR > 6.7%。

（4）解读数据形成方案。从前面的分析可以发现，整个广告投放决策有三个关键因素：平均客单价、CPL、CVR。若平均客单价要求大于 5000 元，就需要对销售人员进行分梯度的提成激励，客单价越高，则提成比例越高。要做到 CPL < 100 元，就需要优化竞价策略。要做到 CVR > 6.7%，就需要广告投放人员与销售人员共同努力，建立联动机制，获取优质线索。

（5）具体到应用数据驱动业务发展，围绕广告投放，A 企业应当建立广告投放团队与销售部门的沟通机制和联动考核指标，整体提升 CVR 和平均客单价；围绕广告投放策略，需要给广告投放团队建立明确的考核指标和激励体系；由高级管理人员把握整体大原则，在平均客单价 /（CPL/CVR）> 3 的前提下，动态调整广告投放策略，因为 CPL 的价格是竞价产生的，所以存在波动。

买方视角：ROI 最重要

品效合一的沙漏模型：基于 LTV 的 ROI

买方也就是广告主，需要考虑的首要业务问题是怎么通过广告投放获得更好的 ROI。张茜博士于 2021 年年初基于客户生命周期总价值

（LTV）提出基于品效合一的ROI沙漏模型，从而帮助广告主更清晰地定义业务目标。

1. 品牌广告和效果广告

广告营销界有一句名言，"我知道广告费有一半浪费了，却不知道被浪费的是哪一半"。这句名言由约翰·沃纳梅克提出，他于1875年创办了美国第一家百货商店，1889年又创办了美国第一家小额储蓄银行，1922年个人净资产达到350万美元，是广告主的典型代表。

为了解答约翰·沃纳梅克提出的疑问，两个概念被提出来了。第一个概念是品牌广告，是指广告以树立产品品牌形象，提升品牌的市场占有率为直接目的。第二个概念是效果广告，广告主只需要为可衡量的结果付费，因而数据成为基础，在互联网被大规模应用以后，成为广告营销界的新宠。

围绕广告交易的量化问题，诞生了一系列广告交易指标，如图6-2所示，逐级转化衰减：① CPT（Cost Per Time）是指刊播一次或者一段时间的广告费用；② CPM（Cost Per Mille）是指覆盖每千人次受众的广告费用；③ CPC（Cost Per Click）是指为用户每次点击需要支付的广告费用；④ CPE（Cost Per Engagement）是指为用户参与每次互动所支付的广告费用，如评论、点赞、转发、关注等；⑤ CPL（Cost Per Lead）是指为每个用户注册、留下联系信息或完成指定动作而支付的广告费用；⑥ CPU（Cost Per User）是指获得每个独立用户（Unique Visitor）所支付的广告费用；⑦ CPS（Cost Per Sale）是指为每次成功签约销售而支付的广告费用。其中，CPT和CPM逐渐成为品牌广告的主要交易指标，其他指标基于消费者行为被纳入效果广告。

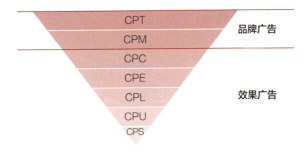

图 6-2　广告交易指标

效果广告更关注广告是否促成消费者行为，但每条广告到底发挥什么作用，牵涉复杂的时间因素、心理因素、广告因素、随机因素等，很难确定。广告营销人员进行了大量的归因分析（Attribution Analysis），提出了四种模型：①末次点击归因模型，强调最后转化渠道的价值，但是忽略了其他曝光渠道的价值，缺乏说服力；②首次点击归因模型，侧重于品牌对用户的首次曝光，但是用户的转化周期可能长达 6 个月，追踪和统计困难，因而没有得到推广及应用；③平均归因/时间衰减归因模型，能够考虑所有渠道的价值，但是没有考虑各渠道的价值差异，因存在争议而未得到推广；④离散归因模型，考虑到各渠道的价值差异，赋予各个渠道权重系数，但是依赖于专家的个人判断，具有一定的主观性，仅被头部广告主采纳。上述四个归因模型各有利弊，都需要数据作为基础，必须考虑数据获取和整合难度。

从本质上讲，所有广告都是为了促进产品销售，因而品牌广告与效果广告的根本区别在于广告主的数据考核维度不同，而造成数据考核维度不同的主要原因是能否获得数据，能够获得什么样的数据。考虑到现有归因模型各有利弊，截至目前依然很难明确广告费到底哪些被浪费了，以及浪费在哪里。但是引入品牌广告和效果广告，可以使广告营销工作者从时间维度评估广告投放效果，长期进行品牌建设，短期进行转化销售，综合设计 ROI 目标。

2. 品效合一的沙漏模型

对于广告主而言，持续优化 ROI 是基本工作。如何优化广告投放 ROI 呢？首先要界定清楚业务问题，什么是 ROI？

ROI= 收入 / 成本，可以从两个维度深入思考。

（1）时间维度。广告对消费者购买行为的影响一定是经过一段时间的累积，极少有首次知晓即购买的情况，尤其是客单价高的商品，往往需要多渠道多次广告曝光。除了殡葬行业，大多数商品都存在重复购买，尤其是快消品，广告创造的价值不仅是一次成交，还会带来一个长期购买的客户。因而需要结合商品的决策周期、复购周期、客单价等因素进一步细分 ROI：即时 ROI，即用户在广告触达当天产生的商品交易总额（GMV）；短效 ROI，即用户在广告触达 15 天内产生的 GMV；中效 ROI，即用户在广告触达 90 天内产生的 GMV；长效 ROI，即用户在广告触达 180 天内产生的 GMV。

（2）群体维度。消费者之间会交流分享，忠诚客户会转介绍其他客户，因而需要关注客户 LTV，即企业从用户所有互动中获得的全部经济收益总和。以股神巴菲特为例，他钟爱可口可乐，每天至少喝一罐，除了在各种公开场合中喝可口可乐，还购买了可口可乐公司的大量股票。2015 年 4 月 29 日，在可口可乐公司全球股东大会上，84 岁的巴菲特以视频方式自弹自唱，演绎了可口可乐 1971 年的广告歌曲"我想给世界来瓶可口可乐"，成为全球新闻热点。像巴菲特这样的忠实客户，给企业带来的价值就是巨大的，不能只看其直接消费产生的订单，还要看他的转介绍。

综合考虑时间维度和群体维度，得到一系列 ROI 指标：短效

LTVROI，即用户在广告触达 N 天内产生的 GMV 以及转介绍其他新用户所产生的 GMV，$0 < N \leqslant 15$ 天；中效 LTVROI，即 15 天 $< N \leqslant 90$ 天；长效 LTVROI，即 90 天 $< N \leqslant 180$ 天。超过 180 天，由于时间周期太长，数据获取难度大，影响变量太多，因此通常不建议考虑了。LTVROI 呈现金字塔式结构，既反映了品牌广告的长期价值，又凸显了效果广告的短期作用，达到品效合一的目的。

在广告投放过程中，客户基数像沙漏一样逐级减少，最终达成购买行为，呈现倒金字塔形状；而通过对老顾客的持续营销，发生转介绍等口碑推荐行为，又会裂变出更多成交顾客，形成正金字塔形状。两个金字塔相结合，就成为最理想的广告营销模型，即"品效合一的沙漏模型"，如图 6-3 所示。

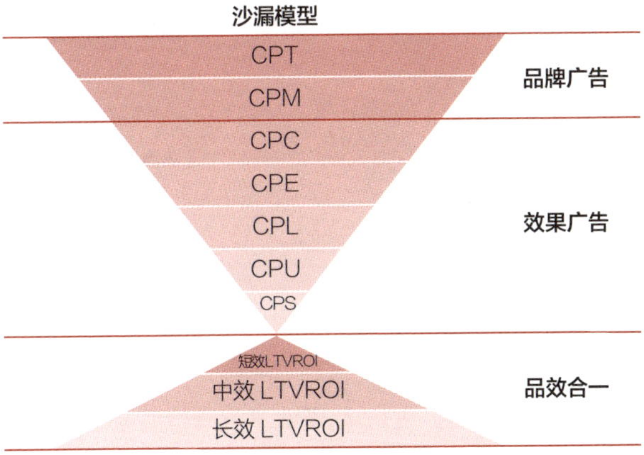

图 6-3　品效合一的沙漏模型

品效合一的沙漏模型 + 品牌价值量化指标

品效合一的沙漏模型虽然指明了广告营销的方向，但是由于模型中的数据基本上是广告交易数据，或者是事后已经形成销售的统计数据，因此需要补充更多维度的数据进行广告投放前的指导、广告投放中的优化以及广告投放后的评估。

品牌价值量化指标被引入广告营销工作当中，包括品牌知名度、品牌美誉度、品牌忠诚度，如图6-4所示。①品牌知名度通常对应品牌广告，可以通过广告覆盖人群、接触频次等指标来衡量。②品牌美誉度通常用来描绘消费者对于品牌的态度，可以通过消费者调研、用户访谈、现场观察等方式来获得量化数据。③品牌忠诚度对应LTVROI金字塔，反映顾客带来的整体价值，衡量指标有复购率、转介绍率等。广告主可以基于品牌价值量化指标来分析沙漏模型各阶段的转化率，有针对性地发现问题和解决问题。

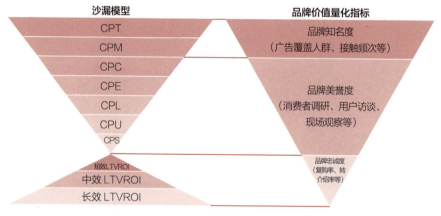

图6-4 品效合一的沙漏模型 + 品牌价值量化指标

1. 非数字化广告产品

在数据来源方面，非数字化广告产品能获得的数据不多，广告发布者能提供实际播出数据，第三方市场调研公司能提供用户调研报告、收视率等统计数据，结合广告主自身销售数据，可以进行一些简单的广告数据分析。

（1）明确数据来源。

非数字化广告产品通常是指传统媒体所发布的广告，包括报纸、杂志、广播、电视等。

针对品牌知名度所涉及的广告覆盖人群、接触频次等指标，可以有第二方和第三方数据。第二方通常指广告发布者，广告发布者为了招揽广告业务，会主动提供一部分数据，比如，车载广告发布者会提供公交线路、站台信息、乘坐人次、实际车身照片等。第三方通常指除了广告主和广告发布者以外的公司或者机构，其定期发布的电视收视率、广播收听率、受众人群特点等都以调研数据为主。调研数据是指通过抽样方法，基于统计理论所获得的数据，而不是全样本数据。

针对品牌美誉度，通常可以由广告主或者第三方机构采取消费者调研、用户访谈、现场观察等方式来分析消费者的想法、记录实际行为。在量化研究层面，借助现代医学工具可以量化研究大脑对广告营销的反应，目前主要有三种方法：①视线跟踪仪，常用于网页测试、产品包装测试、超市货架测试等，通过跟踪人眼观察物体的轨迹来识别消费者的偏好；②脑电图，通过监测受试者脑电波的变化和特点，分析广告对大脑的刺激情况和分布状况，从而优化广告创意；③功能性磁共振成像，利用磁振造影来测量神经元活动所引发的血液动力改变，从而研究广告对大脑产生的影响。

针对品牌忠诚度，通常由广告主自己收集信息。广告主可以通过搭建客户关系管理（Customer Relationship Management，CRM）系统、商业智能（Business Intelligence，BI）系统来记录和分析消费者的复购率、转介绍率等。

第三方数据的客观公正性，使广告主和广告发布者愿意付费，因而诞生了诸多企业：央视市场研究股份有限公司（CTR）、中国广视索福瑞媒介研究（CSM）、零点研究等。这些企业不仅进行数据收集，还能进行深度处理和分析，提供咨询服务，进一步提供软硬件部署、业务实施与运营等。

（2）分析处理数据。

分析处理数据至关重要，依赖于专业判断和行业经验。由于从庞大复杂的数据中找出规律非常困难，因而各种模型、算法、程序相继被引入，不同行业、不同企业能从不同角度得出不一样的结论，本书不具体展开。秉持数据思维，结合流量思维，本书提出分析处理广告营销数据的大方向，以便读者举一反三，应对复杂多变的广告营销环境。

对于非数字化广告产品来讲，流量获取约等于知名度，因为流量获取反映了广告覆盖人群、接触频次等指标。传统媒体在流量变现效率上呈现出高低差别，核心原因在于流量的质量不一样，流量质量约等于品牌美誉度和忠诚度。具体来说（如图6-5所示），报纸和杂志的举办主体是政府或行业权威专业机构，能够提供很强的背书，提升品牌美誉度和忠诚度。传统户外广告虽然几乎没有背书，但是特定位置能加强与消费者的情感共鸣，增加品牌忠诚度。而广播和电视的举办主体几乎都是政府，能提供很强的背书，因而能提高企业品牌美誉度和忠诚度。

2.数字广告产品

对于数字广告产品来说，由于整个广告投放过程均有数字化系统支持，可以实现从CPT、CPM、CPC、CPL、CPU到CPS的全流程数据收集和分析，且广告发布者和第三方数字营销公司均能提供上述数据，因而数字广告产品的数据来源和数据分析比非数字化广告产品做得更精准。图6-6所示是数字广告产品的品牌价值量化指标。

类型	流量获取≈知名度	流量留存	流量变现效率	流量质量≈品牌美誉度+忠诚度
报纸	大规模化	无	一般	举办主体是政府或行业权威专业机构，能提供很强的背书，显著提升品牌美誉度和忠诚度
杂志	大规模化	无	高	
传统户外广告	大规模化	无	低	虽然几乎没有背书，但特定位置能增强与消费者的情感共鸣，增强品牌忠诚度
广播	大规模化、快速	无	一般	举办主体几乎都是政府，能提供很强的背书，显著提升品牌美誉度和忠诚度
电视	大规模化、快速	无	一般	

品牌价值量化指标

品牌知名度
（广告覆盖人群、接触频次等）

品牌美誉度
（消费者调研、用户访谈、现场观察等）

品牌忠诚度
（复购率、转介绍率等）

图 6-5 非数字化广告产品的品牌价值量化指标

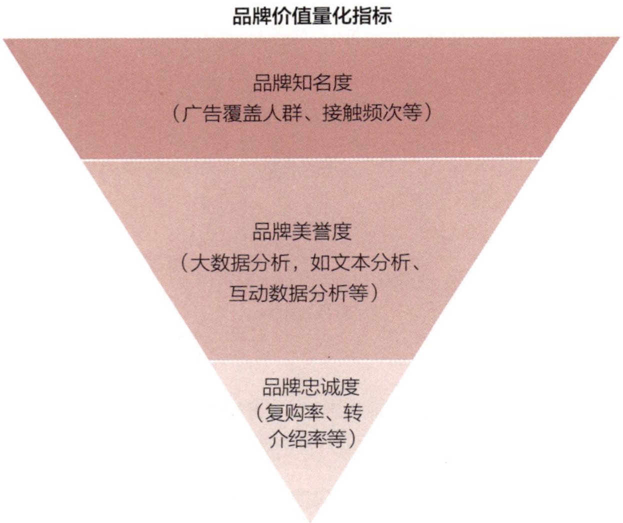

品牌价值量化指标

- 品牌知名度（广告覆盖人群、接触频次等）
- 品牌美誉度（大数据分析、如文本分析、互动数据分析等）
- 品牌忠诚度（复购率、转介绍率等）

类型	流量获取≈知名度	流量留存	流量变现效率	流量质量≈品牌美誉度+忠诚度
智能户外	大规模化	无	低	虽然几乎没有背书，但特定位置能加强与消费者的情感共鸣，增强品牌忠诚度
网站	大规模化、快速	无	高	
搜索/电商	大规模化	有	极高	
社交平台	大规模化、快速	有	高	对举办主体没限制，更多取决于平台自身建设
内容生态平台	大规模化、快速	有	高	
外采自媒体	小规模化	有	不稳定	对举办主体没限制，更多取决于账号主体的影响力
自建自媒体	不确定	有	极高	取决于企业自身的运营能力

图 6-6 数字广告产品的品牌价值量化指标

（1）明确数据来源。

数字广告产品包括常规网站广告、智能户外广告、搜索/电商广告、原生广告、信息流广告、激励广告、本地服务广告、短视频广告、直播带货等。针对品牌知名度和品牌美誉度，可以有第二方和第三方数据；针对品牌忠诚度，通常都是由广告主自己收集信息的。得益于云计算、分布式处理技术、存储技术和感知技术的发展，数据采集、处理、存储、分析和形成报告，不需要采用抽样调查方法，而是直接采集和处理原始数据，且支持结构化、半结构化和非结构化数据混合处理，从而开启了数字营销时代。

在数字营销驱动下，诞生了 MarTech 的概念，Mar 是指 Marketing（市场营销），Tech 是指 Technology（技术），组合起来就是市场营销技术。在中国，MarTech 并未形成统一概念，内涵上是营销、技术和管理的融合，具体包括与营销业务相关的硬件、软件、平台和服务，例如营销云、营销自动化、AD Tech、CRM 等。广告主、广告发布者、第三方公司纷纷加大 MarTech 投入，围绕消费者从认知、兴趣、购买、复购到忠诚的全流程实现专业化分工，形成成熟而完整的数字营销产业链。

广告发布者借助 MarTech 技术可以支持 CPT、CPM、CPC、CPE、CPL、CPS 交易，也就意味着广告发布者能够提供的数据维度更加全面，包括用户 ID 信息、用户画像数据等。品牌美誉度所涉及的消费者心理研究，被拆分成点击、互动、留下线索、新用户注册等过程指标，不仅可以提供行为数据，还可以借助文本分析技术鉴别消费者的心理与情感，通过关联网上行为轨迹呈现精准用户画像。以美团为例，推广通是美团面向商家提供的广告营销平台。商家凭借账号密码登录 App 或者网址，就可以查看广告投放数据。"DOU+"是抖音 App 面向用户提供的广告营销工具，投放前可以筛选目标人群，投放中以及投放结束后会显示点赞、关注、评论等详细互动数据。

第三方数据平台可以打通各流量发布平台，提供从监测到优化的全流程服务，因而诞生了诸多企业：艾瑞咨询、秒针系统、TalkingData、QuestMobile、易观国际、极光大数据、新榜、微播易、千瓜数据等。

（2）分析处理数据。

对于数字广告产品来讲，流量获取约等于知名度，因为流量获取反映了广告覆盖人群和接触频次等指标。流量质量约等于品牌美誉度和忠诚度。具体来说，智能户外广告虽然几乎没有背书，但特定位置能加强与消费者的情感共鸣，增强品牌忠诚度；对于网站、搜索/电商、社交、内容生态平台等，由于主办方没有限制，因此要通过平台自身建设来提升品牌的背书能力；对于自媒体账号，由于对举办主体没有限制，因此外采自媒体账号取决于账号主体的影响力，而企业自建自媒体账号取决于企业自身的运营能力。

具体到数据分析，互联网广告巨头基于海量客户案例，提出了各种分析模型，以协助广告主优化营销策略。以百度为例，2012年11月，整合营销概念及4R理论的提出者、美国西北大学教授唐·舒尔茨联合百度营销团队发布SIVA模型，4个字母分别代表解决方案（Solution）、信息（Information）、价值（Value）和入口（Access）。SIVA模型的重点在于以消费者为核心，以搜索引擎的广泛使用为驱动力，品牌扮演的角色是为消费者找到答案。百度基于SIVA模型提出了第二代SEM方法论，在归因模型中关注检索过程中的每一个词的贡献度，细化分析搜索关键词背后的用户意图，指导广告主优化广告素材和竞价策略。

互联网广告巨头和第三方数字营销公司基于海量数据和互联网技术，搭建了集数据收集、处理、分析和应用于一身的数据管理平台（Data Management Platform，DMP），面向广告主提供 SaaS 级服务。SaaS，是 Software-as-a-Service 的缩写，意思为软件即服务，即通过网络提供软件服务。SaaS 平台供应商将应用软件统一部署在自己的服务器上，客户可以根据工作实际需求，通过互联网向厂商订购所需的应用软件服务，按订购服务的多少和时间长短向厂商支付费用。

互联网广告巨头均提供广告营销 SaaS 平台，如百度推出了百度营销，腾讯推出了腾讯广告，阿里巴巴推出了阿里妈妈，这些广告营销平台作为集团旗下的统一广告营销平台，整合旗下所有广告产品，为广告主提供一站式广告投放，通常有三个作用：①介绍平台所拥有的广告产品、广告技术，让广告主对平台有初步了解；②成功案例展示、营销技巧分享等，让感兴趣的广告主深入了解；③开户及登录入口，方便广告主在线操作广告投放。广告主登录 SaaS 平台，在线提交开户材料，就可以开通广告账户，进行广告投放。同时，互联网广告巨头在全国各地有不同层级的广告代理服务公司，按照区域或者行业分配，会主动联系广告主提供相应服务，如协助广告主开设账户、维护账户、投放广告、制作素材、优化广告策略等。

具体来说，以快手和抖音的广告营销 SaaS 平台为例，其涵盖 5 大功能。

1）广告工具，涵盖品牌广告、效果广告，支持合约直采、程序化直投、程序化优选、程序化私有竞价、公开实时竞价等广告交易方式。快手推出了快手广告、快手粉条、磁力金牛、小店通等广告工具，抖音推出了广告投放平台、Dou+、鲁班电商、Feed 流等。

2）数据工具，帮助广告主筛选用户，优化广告投放策略，实现精准营销。快手推出了磁力万象，抖音推出了巨量云图。

3）联盟广告。为了满足广告主一站式广告投放需求，除了覆盖本平台所有广告产品，互联网广告巨头还会通过广告联盟的形式接入外部流量。快手的广告联盟叫快手联盟，而抖音的广告联盟叫穿山甲。

4）内容营销服务。广告主除了有广告投放需求，还需要进行内容营销，与平台上的达人、KOL、KOC进行广告植入或者商业合作，需要线上撮合和交易平台。快手推出了磁力巨星，抖音推出了巨量星图。

5）广告创意辅助工具。为了实现千人千面的效果，提升广告素材的生产效率，各平台都推出了广告创意人工智能制作工具。快手推出了开眼快创和素造，抖音推出了巨量创意和即合平台。

广告营销SaaS平台通过互联网技术和人工智能为广告主提供了全方位的服务，同时降低了人工参与比例，显著提升了广告营销的效率，使得互联网巨头可以服务数十万家广告主。依赖于SaaS平台，广告营销全流程实现了数字化，从广告创意制作、广告人群筛选、广告投放、投放后的监测评估，到营销转化，均实现了数据可追溯、可关联、可存储，从而积累了大量的原始数据，使得企业进行精准营销成为可能。对于广告发布平台而言，广告营销SaaS平台已成为必备销售武器、招揽广告主的首要条件。

卖方视角：测算收入规模

4种收入估算模型

卖方，也就是广告发布者的首要问题是，广告收入能否成为企业发展的主要收入，覆盖成本和费用后产生利润，因而需要测算收入规模。由于广告的分发类型不同，故其收入估算模型也不同，大致可以分为四类。

（1）编辑分发，以央视、新浪网、爱奇艺为代表，广告位相对固定，计算公式是广告收入规模 = 广告位数量 × 价格。

（2）搜索分发，即常说的搜索广告，典型代表包括百度搜索广告、淘宝站内商品搜索广告。搜索分发广告的收入规模取决于网民的搜索行为。广告加载率可以很高，因为网民带着明确的商业意向，计算公式是广告收入规模 =DAU× 人均搜索次数 × 广告加载率 ×CPC。

（3）订阅分发，主要是指以账号关注为代表的微信朋友圈、微信公众号、微博等。由于是订阅关系，基于相互信任，因而广告加载率偏低，计算公式是广告收入规模 =DAU× 人均浏览量 × 广告加载率 ×CPM。

（4）推荐分发，主要是指信息流广告分发模式，以今日头条、抖音等为代表。推荐分发广告的收入规模取决于网民使用时长，使用时间越长，则广告收入规模越大。推荐分发广告的加载率介于社交广告和搜索广告之间，计算公式是广告收入规模 =DAU× 人均浏览信息流条数 × 广告加载率 ×CPM。

从本质上讲，所有类型广告收入规模都与用户数量和使用时长成正比，用户数量越多，单个广告的价值越高，用户停留时间越长，则可以呈现的广告数量越多，因而除了从 DAU 的角度考核广告收入规模，还可以从 MAU 的角度来分析和比较各平台的广告收入规模，进一步研究单用户广告价值，从而判断广告发布者的广告变现能力及水平。以 2021 年各平台广告收入以及 MAU 数据为例，根据 QuestiMobile 和企业财报数据，通过计算可以得到单用户广告价值数据，见表 6-1。

表 6-1 部分流量平台的单用户广告价值

类别	平台	2021 年广告收入（亿元）	2021 年 12 月 MAU（亿人）	单用户广告价值（元/人/年）
编辑分发	爱奇艺	70.67	5.36	13.18
搜索分发	拼多多	725.63	5.62	129.12
订阅分发	B 站	45.23	1.71	26.45
推荐分发	快手	426.65	5.44	78.43

注：① 2021 年广告收入来自各公司财报公开数据；② 2021 年 12 月 MAU：拼多多、B 站数据来自 QuestMobile，其余平台数据来自各公司财报公开数据；③ 假设 2021 年平均 MAU 等于 2021 年 12 月数据。

跨类型来看，搜索分发的单用户广告价值最高，其次是推荐分发，接下来是编辑分发和订阅分发，核心原因在于网民使用这些平台时对广告的接受程度不同。①在搜索分发平台上，网民获取商业信息的意愿最高，可以接受的广告条数更多，对于植入了广告信息的内容的容忍度较高，产生购买行为的概率更大，因此单用户广告价值最高。②推荐分发平台基于用户意图和购买行为等精准画像匹配相应广告，精准度高，且原生广告形式不易被觉察，因而推荐广告的成交率较高，单用户广告价值较大。③订阅分发大部分基于相互信任，虽然用户对广告的包容度低，但是转化效率高，因而其单用户广告价值可观。④编辑分发的核心是用免费内容来换取播放广告，因而用户对广告有一定的容忍度。

当然即使是同一个类型的企业，单用户广告价值也存在巨大差异，跟企业的阶段性战略、具体商业模式、运营能力等密切相关。

作为广告发布平台，应该明确知晓自己适合哪种广告收入测算模型，从而在一开始进行平台生态搭建时，就能制订广告收入计划、具体实现路径和节奏等。如果平台发现广告收入不足以支撑整个平台的运转，就应该提前规划其他广告收入方式，比如：快手发展直播电商时通过提供技术服务获得收入；B 站通过提供付费会员内容来补充广告收入。

1. 编辑分发：以河南电视剧频道为例

河南电视台电视剧频道是河南省唯一的电视剧专业频道，作为事业单位，虽然有国家行政补贴，但也需要测算广告收入规模，以确定财政补贴规模、整体经费预算。根据索福瑞2021年1月1日至2021年2月28日每半小时的收视率，假设全年平均收视率与该值相等，则可以测算整个频道全年广告收入规模，如表6-2所示。

考虑到广告时段观众会换台，广告收视率低于节目收视率，假设广告收视率折扣系数为70%。河南电视剧频道在河南省播出，2021年推及人口8637.1万人。收视率乘以广告收视率折扣系数，再乘以推及人口就可以得到平均收视人口。根据《广播电视广告播出管理办法》（广电总局61号令）的规定，每小时商业广告不超过12分钟，其中19:00～21:00商业广告总量不超过18分钟，按照每条15秒计算，可以测算出每半小时的最大广告条数。根据历史数据、实际监播观看，可以估算广告实际销售率，通常收视率越高的时间段销售率越高。广告主愿意为河南电视剧频道支付的CPM通常是10元/千人次，但是考虑到人群整体消费实力不强，且目前电视广告竞争压力较大，因此大型广告主实际支付的CPM在5元/千人次左右。经过综合计算，河南电视剧频道广告日价值介于49万～98.8万元之间，全年广告价值介于1.8亿～3.6亿元之间。当然，上述计算只涉及硬性广告，没有计算软性广告。考虑到电视剧频道以电视剧为主，植入广告空间较少，因而上述计算的广告收入规模具有很大的参考意义。

表 6-2 河南电视台电视剧频道广告收入测算

河南电视剧频道			地区	河南省		日期	2021/1/1 至 2021/2/28	
时间段	收视率（%）	广告收视率折扣（%）	推及人口	收视人口	广告数（条）	销售率（%）	CPM=10	CPM=5
11:00～11:30	0.129	70	86 371 000	77 993	24	50	9 359	4 680
11:30～12:00	0.13	70	86 371 000	78 598	24	50	9 432	4 716
12:00～12:30	0.1	70	86 371 000	60 460	24	50	7 255	3 628
12:30～13:00	0.11	70	86 371 000	66 506	24	50	7 981	3 990
13:00～13:30	0.1	70	86 371 000	60 460	24	40	5 804	2 902
13:30～14:00	0.15	70	86 371 000	90 690	24	60	13 059	6 530
14:00～14:30	0.132	70	86 371 000	79 807	24	60	11 492	5 746
14:30～15:00	0.108	70	86 371 000	65 296	24	40	6 268	3 134
15:00～15:30	0.108	70	86 371 000	65 296	24	40	6 268	3 134
15:30～16:00	0.1	70	86 371 000	60 460	24	40	5 804	2 902
16:00～16:30	0.125	70	86 371 000	75 575	24	50	9 069	4 534
16:30～17:00	0.135	70	86 371 000	81 621	24	50	9 794	4 897
17:00～17:30	0.139	70	86 371 000	84 039	24	60	12 102	6 051
17:30～18:00	0.16	70	86 371 000	96 736	24	60	13 930	6 965
18:00～18:30	0.43	70	86 371 000	259 977	24	80	49 916	24 958
18:30～19:00	0.63	70	86 371 000	380 896	24	80	73 132	36 566
19:00～19:30	0.955	70	86 371 000	577 390	16	90	83 144	41 572
19:30～20:00	1.057	70	86 371 000	639 059	16	90	92 025	46 012
20:00～20:30	1.18	70	86 371 000	713 424	20	90	128 416	64 208
20:30～21:00	1.185	70	86 371 000	716 447	20	90	128 961	64 480
21:00～21:30	1.04	70	86 371 000	628 781	24	80	120 726	60 363
21:30～22:00	0.92	70	86 371 000	556 229	24	80	106 796	53 398
22:00～22:30	0.53	70	86 371 000	320 436	24	80	61 524	30 762
22:30～23:00	0.186	70	86 371 000	112 455	24	60	16 194	8 097
日广告价值（元）							988 451	494 225
年广告价值（元）							360 784 541	180 392 271

资料来源：收视率和推及人口来自索福瑞媒介研究（CSM），其余数据由作者根据经验和实际观察赋值和计算。

2. 搜索分发：以微信、抖音、快手为例

2020年极光大数据调研报告显示，33.2%的用户认为独立搜索平台无法满足全部搜索需求；77.4%的搜索行为发生在内容型平台，其中短视频平台占比18.1%、新闻资讯平台占比16.4%、社交平台占比15.8%、电商平台占比14.8%、长视频平台占比12.3%；68%的用户每天使用3个及3个以上的平台搜索信息，平均来看，用户每天使用3.84个平台搜索信息。

各大互联网巨头敏锐地嗅到商业机会，纷纷进军搜索广告市场。根据微信、抖音、快手官方披露的信息，2019年12月微信将微信搜索升级为"微信搜一搜"，开放接入服务、内容及品牌，截至2021年1月，微信搜一搜的MAU已超过5亿。2018年5月抖音上线第一个搜索入口，2020年11月整合上线了巨量引擎搜索广告。截至2021年2月，抖音视频搜索的MAU已经超过5.5亿，日均视频搜索量超过4亿。此外，快手也于2020年年底组建了视频搜索技术团队，截至2021年4月，快手搜索的MAU超过2.5亿，2021年9月快手日均搜索次数已超过3亿次。

根据百度财报⊖，2021年百度广告收入为740亿元，考虑到百度2017年上线信息流广告后，信息流广告对搜索广告有一定的替代效应，假设搜索广告占百度广告收入的比例为60%，则2021年百度搜索广告收入为444亿元。2021年第四季度百度App的MAU为6.22亿，假设全年MAU值等于第四季度，则单个MAU对应搜索广告收入为71.38元/人/年。

考虑到搜索引擎的搜索使用率明显高于内容型平台，社交平台搜

⊖ 数据说明：百度广告收入不含爱奇艺。

索使用率最低,假设抖音和快手单个 MAU 创造的搜索广告收入为百度的 1/5,微信为 1/6。按照 2021 年年初抖音 MAU 约 5.5 亿、快手 MAU 约 2.5 亿、微信搜一搜 MAU 约 5 亿计算,则 2021 年抖音搜索广告收入约 78.5 亿元、快手搜索广告收入约 35.7 亿元、微信搜索广告收入约 59.5 亿元。通过测算上述数据,微信、抖音和快手的高层管理人员就能评估资源投入量级,考核现有团队的广告营销水平,从而更好地促进企业发展。

3. 订阅分发:以微信为例

作为一款全民社交应用,微信免费提供给公众使用,牵涉巨大的人员成本、带宽费用、办公费用等。广告作为微信重要的营收来源,测算其收入规模至关重要,其主要广告产品包括微信朋友圈广告和微信公众号广告。

(1)微信朋友圈广告。

微信朋友圈广告的主要广告类型有常规式广告(图文/视频)、基础式卡片广告、选择式卡片广告、投票式卡片广告、全幅式卡片广告和视频轻互动广告,主要收费模式为 CPM。

计算公式:朋友圈广告年收入 =DAU× 人均浏览量 × 广告加载率 ×CPM / 1000×365。

根据媒体报道数据可知,微信朋友圈 DAU 约 7.5 亿。朋友圈日均广告 2 ~ 3 条,取均值 2.5 条,即人均浏览量 × 广告加载率 =2.5 条。官方广告报价 CPM=100 元 / 千人次,实际成交折扣率约 80%,即 CPM 均值为 80 元 / 千人次。

将数据代入公式计算,微信朋友圈广告年收入 =(7.5×2.5×100×80%/1000)×365=547.5 亿元。

（2）微信公众号广告。

根据公开数据可知，微信目前拥有公众号数量 2000 万个以上，日文章 PV 在 30 亿人次以上，约 25% 的公众号开通了广告功能，主要广告类型有底部广告、视频贴片广告、文中广告、互选广告和 CPS 广告，其主要收费模式为 CPM、CPC 和 CPS。

计算公式：公众号广告年收入 =（公众号文章日均浏览量 × 接入广告比例 × 接入广告的每篇文章包含的广告数量 ×CPM / 1000）×365。

实测接入广告的每篇文章包含的广告数量约为 1.5，公众号 CPM 成交均价假设为 10 元 / 千人次。

将数据代入公式计算，公众号广告年收入 =（30×25%×1.5×10 /1000）×365=41 亿元。公众号的广告年收入需要跟账号运营主体分成，根据是否原创，微信平台实际分成比例介于 30% ～ 70% 之间，取均值 50%，则微信公众号广告年收入约为 20.5 亿元。

汇总计算，微信朋友圈和公众号预计每年能给微信带来约 568 亿元的广告收入，其中微信朋友圈占比高达 96%。微信朋友圈广告作为原生广告较易被用户接受，但考虑到其社交平台属性，过多广告会降低用户打开朋友圈的意愿，因而微信非常重视优化朋友圈广告的品质，且在广告加载率上相对克制。由于使用微信不代表一定打开朋友圈，因而微信需要持续鼓励用户打开朋友圈，创造用户在朋友圈发布内容的动力和便利性，丰富朋友圈的内容生态。支持公众号图文内容转发至朋友圈，支持微信视频号内容转发至朋友圈，支持其他平台（如微博、爱奇艺、今日头条等）内容一键转发分享至朋友圈，均是丰富朋友圈内容生态，增加用户在朋友圈的活跃度，以提升朋友圈广告价值的举措。

除了支持跨平台内容分享，微信朋友圈还支持各种形式的传播活动，只要有助于提升用户活跃度。2017 年 7 月中下旬，为纪念建军 90

周年，人民日报和天天 P 图推出了一支 H5，可以让用户上传照片，通过人脸识别技术，生成属于用户不同年代的军装照片，具体流程为：用户使用微信扫描二维码，进入 H5 页面制作自己的军装照，点击秀出照片，可以分享到社交平台。微信之所以支持这样的分享传播活动，就是因为能提升朋友圈的活跃度，实际上活动期间朋友圈满屏均是军装照。

4. 推荐分发：以抖音为例

抖音是短视频信息流最成功的案例，通过测算抖音广告收入，可以迅速掌握信息流类平台的广告收入计算模型。抖音广告主要分为信息流广告和开屏广告，分类计算如下。

（1）信息流广告：智能优选、全天首刷、分时段首刷。

1）智能优选广告的计算公式为：（DAU×用户日均使用时长×短视频每分钟播放次数×短视频广告加载率×CPM/1000）×365。根据抖音的官方数据，2019 年 1 月抖音 DAU 已达 2.5 亿，假设抖音 DAU 在 2019 年维持在 2.5 亿。根据 QuestMobile 的数据，2019 年抖音用户日均使用时长约 66 分钟。根据产品实测数据，单条视频平均播放时长为 15～20 秒，则每分钟播放次数约为 3 次。根据产品实测数据，广告加载率大约为 3.5%。根据 2019 年巨量引擎广告资源全国版刊例价，Q2 抖音推荐信息流 CPM 为 240 元 / 千人次，Q3 为 160 元 / 千人次，取平均值 200 元 / 千次，实际执行折扣率假设为 25%，则 CPM 约为 50 元 / 千人次。将数据代入公式计算，智能优选广告年收入 =（2.5×66×3×3.5%×50/1000）×365=316 亿元。

2）全天首刷广告的计算公式为：CPT×365。2019 年全天首刷 CPT 为 3200 万元 / 天，折扣率假设为 25%，则全天首刷广告年收入约为 29.2 亿元。

3）分时段首刷广告的计算公式为：各时段 CPT×365。根据 2019 年巨量引擎广告资源全国版刊例价，0:00～06:59 期间为 475 万元 / 天，07:00～10:59 期间为 1003 万元 / 天，11:00～13:59 期间为 1232 万元 / 天，14:00～17:59 期间为 1144 万元 / 天，18:00～23:59 期间为 1285 万元 / 天，CPT 折扣率假设为 25%，则各时段首刷广告年收入 =25%×（0.0475+0.1003+0.1232+0.1144+0.1285）×365 ≈ 46.83 亿元。

（2）开屏广告：首次开屏和轮播开屏。

1）首次开屏广告年收入 =（DAU×CPM /1000）×365，2019 年开屏 CPM 刊例价为 200 元 / 千人次，折扣率假设为 25%，则抖音首刷开屏广告年收入约为 45.6 亿元。

2）轮播开屏广告年收入 = 播放轮次 ×CPT×365，2019 年轮播 CPT 刊例价为 280 万元 / 轮 / 天，折扣率假设为 25%，单日播放轮次为 7 次，推算轮播开屏广告年收入约为 17.8 亿元。

基于上述计算，按照 100% 的销售率，2019 年抖音广告收入规模约 455 亿元。当然，抖音还开发了其他广告形式，比如，直播带货、挑战赛等，导致实际广告收入很难测算。据媒体报道，字节跳动 2019 年广告收入约 1000 亿元，抖音占比约 50%，与测算结果接近。

从抖音广告收入结构看，智能优选占比 70%，是最重要的广告产品，而智能优选广告收入主要取决于 4 个因素：DAU、用户日均使用时长、广告加载率、CPM。其中，CPM 由市场公允价值决定，广告加载率由用户对广告的接受程度决定，这两个因素相对来说不可控，遵循市场规则。DAU 和用户日均使用时长却是抖音可以努力提升的，因此抖音特别在乎用户体验，持续激活用户，给用户更沉浸式的体验，加大用户在平台上的日均使用时长。

底层思维 7

商业模式思维

商业模式是管理学中的一个重要概念，是企业提供价值、连接内外部要素的重要方式。商业模式的好坏直接决定了一个企业能否创造商业利润、能否持续发展。除了企业可以通过构建广告营销商业模式获利，个人也可以。在整个广告产业链中，个人几乎可以扮演所有角色，提供创意、制作广告内容、代言广告、发布广告等。**本书所提出的商业模式思维，即将广告作为一门挣钱的生意，通过在广告产业链中提供价值从而获取收入，既适用于组织，也适用于个人。**

思维模型：冰山理论

　　商业模式这一概念出现于 20 世纪 50 年代，在 20 世纪末才随着互联网的发展逐步进入人们的视野，成为商业领域的研究热点。商业模式的研究更侧重于实践驱动理论，随着行业和企业的发展快速成长，目前学术界尚未统一观点。本书基于汪寿阳等从知识管理的视角提出的商业模式冰山理论进行分析，如图 7-1 所示。

　　商业模式冰山理论认为，商业模式是由显性知识和隐性知识组成的复杂系统，由于冰山水下部分（隐性知识）的体积远远大于水上部分（显性知识），因而只有深入剖析水下部分的隐性知识，才能搞清楚看似相同的商业模式却产生不同绩效的原因。对于同一组织，商业模式也是动态变化的,当某些因素(如时间、空间、内外部环境等)发生改变时,其商业模式也会随之发生变化。因此,商业模式冰山理论认为,组织的商业模式可以看作是一个复杂的系统,需要基于冰山理论进行全面审视。商业模式的显性知识可以通过商业模式盈利模式论、价值创造论或者系统论的已有成果进行研究,商业模式的隐性知识则需要根据具体对象构建具体研究方法。

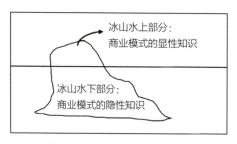

图 7-1　商业模式冰山理论

资料来源:汪寿阳,乔晗,胡毅,等.商业模式冰山理论:方法与案例 [M].北京:科学出版社,2017.

本书基于汪寿阳提出的商业模式冰山理论,提出广告营销商业模式分析方法,根据是否从广告营销活动中直接获取经济利益来分析显性知识,结合具体案例拆解其隐性知识。

从显性知识的角度来看,站在产业链视角能快速洞察企业及个人的盈利模式,具体到广告营销产业链,如图 7-2 所示,涉及 5 个角色,包括广告主、广告服务者、广告发布者、受众和监管机构,他们并不是都将广告营销作为其获利的商业模式。

1. 不将广告营销作为商业模式:广告主、受众和监管机构

广告主位于产业链最左端,是整个产业链的付费方,支付广告投

放费用、技术服务费、咨询服务费、广告代理费、广告制作费等，以提升品牌价值、促进销售增长，从而实现盈利。广告主的商业模式各不相同，广告只是其营销手段，虽然为广告主创造销售，但并不是广告主的商业模式。从广告主视角看待广告营销，核心是考核 ROI，即广告投放需要带来销售额。

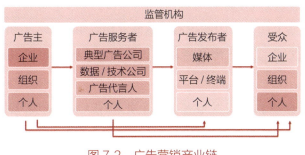

图 7-2　广告营销产业链

受众是广告营销产业链的消费者，在被动或者主动情况下观看广告，从而产生一系列的消费行为，不从广告营销活动中获取直接经济利益。

监管机构要么是政府部门，要么是行业组织，均是非营利性质，其职责是维护广告营销活动的正常秩序，不从广告营销活动中获取直接经济利益。

广告主、受众和监管机构均不是本书商业模式分析的对象。是否从广告营销活动中获取直接经济利益，这一标准简单直接，能快速扫描企业的商业模式，迅速锁定目标对象，在实践中极具可操作性。

2. 将广告营销作为商业模式：广告服务者和广告发布者

广告服务者，包括广告内容服务公司、广告代理公司、营销服务公司、技术服务公司、广告代言人等，根据广告主的需求策划营销方案、提供技术工具、进行创意制作、投放广告终端等，或者为广告发布者招徕广告主，从而获得利润。广告服务者的商业本质是通过服务广告主或者广告发布者赚取服务费，广告服务就是其商业模式，因而需要从商业模式角度细化分析。

广告发布者，包括媒体、互联网平台、终端厂商等，通过帮助广告主发布广告获利，因而其商业模式是售卖受众的注意力给广告主，从而赚取广告发布费，因而也需要从商业模式角度深入分析。

个人可以扮演广告服务者和广告发布者，因而可以通过构建商业模式来获利。

广告服务者和广告发布者包括企业和个人，将广告营销作为商业模式，是本书重点阐述的对象。

对于广告发布者和广告服务者，其商业模式有着显著不同，本书将分类阐述。即便同为广告发布者，商业模式也各不相同，因为其冰山下的隐性知识存在差异，故本书选取具有代表性的案例详细阐述。广告公司作为广告服务者的典型代表，其商业模式在实践中持续迭代，本书将分析影响其商业模式运营效率的因素，以便广告公司有针对性地设计隐性知识。具体到个人，本书简要列举可选的商业模式及其隐性知识，以便读者自由选择和组合。

广告发布者：主动创新商业模式

互联网公司变身广告巨头：以字节跳动和腾讯为例

互联网企业靠着技术优势实现了较低的边际成本，获得了飞速的财富增值，超过了很多传统行业。2021年《财富》世界500强企业排行榜中，有 7 家互联网公司入榜，分别是亚马逊、Alphabet、京东、阿里巴巴、Facebook、腾讯和小米。在这些企业中，绝大多数企业的主要收入以广告为主。在互联网广告行业中，互联网巨头占有极高的市场份额，根据 eMarketer 的数据，2020 年谷歌、Facebook、亚马逊三家企业占美国网络广告市场份额的 60% 以上。根据券商统计数据，今日头条、腾讯、阿里巴巴、百度四家企业在中国网络广告市场累计占有率超过 80%。

截至目前，大多数互联网企业免费向用户提供各种服务，极大地丰富了普通群众的生活，但是这些企业需要收入和利润，才能养团队、买硬件、研发新产品，因而必须选择变现效率最高的商业模式。广告成为互联网巨头的一致选择，基于用户的注意力进行商业变现，无须进行原材料采购、实体产品生产、库存管理、物流交付和售后服务。互联网巨头都将广告作为主要商业模式，并已形成行业共识，但具体到各家的实际操作，就如冰山下的隐性知识，各有不同。

国家广播电视总局发布的《2020 年全国广播电视行业统计公报》显示，2020 年全国广播和电视累计广告收入 1940.06 亿元[一]，涵盖 2543 家广播电台、电视台、广播电视台。根据《新京报》贝壳财经[二]消息，字节跳动 2021 年广告收入约 2500 亿元，已经超过中国广播电视机构的总和，是当之无愧的广告巨头。根据腾讯公开的财报数据，腾讯 2021 年广告收入超过 886 亿元，显然也是广告巨头。表 7-1 是字节跳动和腾讯的广告数据。

[一]《2020 年全国广播电视行业统计公报》网址：http://www.nrta.gov.cn/art/2021/4/19/art_2555_55908.html。

[二] 新闻报道网址：https://finance.china.com/tech/13001906/20220121/37267976.html。

表 7-1 字节跳动和腾讯的广告数据

统计项目	广告收入（亿元）	总营收（亿元）	广告收入占比（%）
2020 年广播和电视	1 940.06		
2021 年字节跳动	2 500	3 678	68
2021 年腾讯	886.66	5 601	16

显然，字节跳动和腾讯均将广告作为其商业模式之一。作为广告发布者，其商业模式很简单，吸引用户注意力，从而发布广告，用户越多、停留时间越长，则越有可能售卖更多广告。根据 QuestMobile 的数据（详见图 7-3），2020 年 12 月腾讯系在全网 App 使用时长占比为 36.2%，而字节跳动系占比为 15.8%，也就是说，腾讯系使用时长占比是字节跳动的 229%。具体到 2021 年的广告收入来看，腾讯总收入是字节跳动的 152%，但广告收入仅是字节跳动的 35%。也就是说，两家公司广告变现效率存在较大差异，腾讯吸引用户注意力后，除了广告，还采用其他商业模式进行变现，因此有必要深入拆解商业模式冰山下的隐性知识。

图 7-3 移动互联网巨头系 App 使用时长占比数据

注：各派系选取旗下 MAU ≥ 1 万的 App，占比 = 各派系旗下 MAU ≥ 1 万的 App 合计总时长 / 移动互联网活跃用户总时长。

资料来源：QuestMobile TRUTH 中国移动互联网数据库（2020 年 12 月）。

1. 字节跳动

字节跳动成立于 2012 年，凭借抖音、今日头条、火山小视频、西瓜视频等 App，逐渐形成覆盖文字、短视频、直播等领域的综合产品矩阵，截至 2020 年年底全球 MAU 突破 19 亿，覆盖逾 150 个国家和地区。字节跳动目前开发出来且应用广泛的 App 有 35 个以上，其中大部分 App 的商业模式以广告为主，还有打赏、电商、游戏、教育、企业服务等业务。

2021 年字节跳动广告收入占比为 68%，从数据可以看出，字节跳动最重要的商业模式就是广告，因此为了支持广告销售工作，拿下更多广告主预算，字节跳动非常重视广告营销平台和技术研发，以方便广告主进行广告投放。其搭建的广告营销平台和丰富的功能，已成为广告行业翘楚，是其广告营销商业模式的隐性知识。

（1）巨量引擎：数字化营销服务平台，广告主可以根据需求在巨量引擎上设置营销目标，选择字节跳动旗下的所有平台（包括但不限于抖音、今日头条、西瓜视频等），使用旗下的创意工具生产内容，选择信息流广告、开屏广告、搜索广告等广告产品进行投放，通过数据后台不断优化，最后实现完整的广告投放闭环。整合旗下所有平台，一方面能获得流量的规模效应，为广告主提供一站式投放，满足广告主多样化的营销需求；另一方面还能获得数据的规模效应，使得广告投放更精准，广告投放 ROI 更高，更能吸引广告主。

（2）穿山甲：外部媒体一站式投放平台，即广告联盟交易平台，全球 DAU 超过 8 亿，日均广告展示量超过 110 亿次，合作应用超过 10 万个，可以覆盖不同领域、不同时间段、不同行为和不同终端。打通外部媒体后，字节跳动就从单纯的广告发布者的角色转变为广告服务者的角色，赚取数据服务费、媒介代理费等，并且强化了对广告主预算的掌控能力。

（3）巨量星图：广告主可以在巨量星图平台发布广告营销任务，由达人选择接单或者直接选取意向达人进行合作邀约，合作费用由达人和广告主商定。根据字节跳动的官方消息，截至 2021 年年底，巨量星图累计入驻达人超过 150 万人，注册客户数超过 118 万，官方合作 MCN 超过 900 家。巨量星图是典型的广告服务者角色，撮合广告主和达人，赚取中介服务费。

（4）即合：广告主可以通过即合平台与 800 万名创作者合作，完成广告内容创意、制作等，具体包括视频定制（广告主可通过平台选择导演和制作团队、设计方案、拍摄剪辑、后期制作、全媒体分发等）、平面拍摄（依靠图虫平台的优质摄影师资源和平台号召力，为广告主提供图片素材）和整合营销（基于平台丰富的 IP 资源、KOL 资源和媒体资源，以品牌为核心通过创意策划、内容制作、线上媒体分发和线下活动落地，全链条地提升品牌影响力）。即合是典型的广告服务者角色，赚取中介服务费，但更重要的作用是助推广告发布业务，因为通过即合合作成功的广告，首发在字节跳动系 App 内，解决了广告主想传播却没有素材的问题。

2. 腾讯

腾讯成立于 1998 年，其发展可以分为四个阶段：① 1998～2004 年是腾讯的基础业务确定阶段，腾讯推出即时通信软件 QQ，并迅速获得了用户认可，同时围绕 QQ 推出了 QQ 秀、QQ 群、QQ 游戏等一系列衍生产品；② 2005～2009 年是腾讯布局社交生活阶段，2005 年推出社交平台 QQ 空间，打造了基于社交网络的内容平台，同时拓展 PC 端不同应用场景，推出了 QQ 医生等产品；③ 2010～2015 年是腾讯布局移动互联网阶段，2011 年推出熟人社交通信工具微信，并发布开放平台战略，把握住了移动互联网时代的用户入口；④ 2015 年至今是腾讯的智能化阶段，依靠成熟的技术和庞大的社交用户群，腾讯发展出面向用户、企业和创新科技的三大业务方向。截至 2020 年年底，腾讯微信合并 WeChat 月活用户数超过 12 亿，已成为全球活跃用户数最多的 App 之一。

通过对比腾讯和字节跳动，可以看出两者在商业模式上存在以下不同点。

（1）腾讯的商业模式更加多元化。从腾讯的发展轨迹可以看出，腾讯是一家多元化的互联网公司，业务涉及网络游戏、腾讯音乐、腾讯视频、微信支付、腾讯云等，广告只是其排名第三的营收来源（见表 7-2 具体数据）。虽然腾讯系占用户时间最长，但用户可能是在玩游戏、看影视剧、听音乐，而用户在字节跳动系 App 上主要是看资讯、刷短视频，因而更容易接触到广告。

表 7-2　腾讯 2021 年分业务营收数据

业务	营业收入（亿元）	占比	业务说明
增值服务	2915.72	52%	增值服务包括网络游戏和社交网络 • 网络游戏，包括《王者荣耀》《和平精英》《天涯明月刀手游》等，2021 年的收入为 1743 亿元 • 社交网络，包括虎牙直播服务、腾讯音乐和视频会员服务、游戏虚拟道具销售等，2021 年的收入为 1173 亿元
金融科技及企业服务	1721.95	31%	金融科技及企业服务包括微信支付、理财服务、腾讯云服务等
网络广告	886.66	16%	腾讯广告包括媒体广告、社交及其他广告 • 媒体广告主要是指腾讯视频的贴片广告、腾讯新闻的信息流广告，2021 年的收入为 133 亿元 • 社交及其他广告主要包括发布于微信朋友圈、公众号、QQ、QQ 空间、QQ 浏览器、应用宝等位置的广告，2021 年的收入为 753 亿元
其他	76.85	1%	

资料来源：腾讯企业公开财报。

(2)腾讯流量的变现能力不如字节跳动。据多家媒体估算，抖音和今日头条这两款 App 在字节跳动广告总收入中的占比约为 80%，而这两款 App 均采用推荐分发机制，用户对广告的包容度高，广告变现效率很高。而腾讯广告以编辑分发和订阅分发为主，用户对广告的包容度低，单用户可以创造的广告价值偏低⊖。

(3)腾讯对广告营销平台的重视度不如字节跳动。虽然广告收入在腾讯营收中的占比才 16%，但全年规模在 800 亿元以上，依然是巨大的收入来源，因而腾讯搭建了广告营销平台，只是其重视度不如字节跳动。腾讯广告业务上线于 2011 年，但是各自为战，直到 2019 年 5 月才整合为一体，实现了旗下所有广告资源全覆盖、外部广告联盟全接入、全域数据全打通。

电商平台成为广告巨头：以阿里巴巴和京东为例

阿里巴巴和京东都是电商平台，2020 年营收规模均超过 7000 亿元，如表 7-3 所示，但是广告收入差距巨大。阿里巴巴的最大收入来源是核心商业，而核心商业的主要收入是广告收入，且数字媒体和娱乐的大部分收入结构也是广告，张茜博士估计广告收入占阿里巴巴整体营收的 60%⊜，则 2020 年阿里巴巴的广告收入约为 4300 亿元；京东的零售收入包括商品收入和服务收入，广告收入是服务收入的一部分，估计广告收入在京东整体营收中的占比约为 7%⊜，则 2020 年京东的广

⊖ 对于不同的分发机制，其广告变现效率和逻辑不同，详见本书"底层思维 6：数据思维"中的"卖方视角：测算收入规模"。

⊜ 由于企业未在公开财报中宣布其广告收入，故张茜博士根据媒体报道和专家访谈进行了估算。

⊜ 由于企业未在公开财报中宣布其广告收入，故张茜博士根据媒体报道和专家访谈进行了估算。

告收入约为 520 亿元。

表 7-3 阿里巴巴和京东 2020 年的营收数据

2020 年阿里巴巴			2020 年京东		
业务类型	营业收入（亿元）	占比	业务类型	营业收入（亿元）	占比
核心商业	6211.46	86.6%	零售	7029.3	94.07%
云计算	601.2	8.38%	新业务	427.91	5.73%
数字媒体和娱乐	311.86	4.35%	其他	8.06	0.11%
创新举措和其他	48.37	0.67%	抵销	7.25	0.1%
总收入	7173		总收入	7473	
预计广告收入占比		60%	预计广告收入占比		7%

资料来源：企业公开财报。

4300 亿元对比 520 亿元，约 8 倍差异，因其商业模式不同。阿里巴巴是平台型电商，即由淘宝店铺售卖商品给消费者，淘宝提供营销和交易服务，本质上阿里巴巴就是一个广告平台，淘宝店主是广告主，因而广告是其最重要的商业模式。京东是自营式电商，即由京东售卖商品给消费者，也就是说京东既是广告发布者，又是广告主。京东将绝大部分流量用来直接卖商品，而不是做广告，因而广告收入不是其主要收入。

阿里巴巴搭建了全球领先的广告营销平台来支持其千亿级广告业务发展。阿里巴巴旗下的阿里妈妈，类似字节跳动的巨量引擎，统一负责阿里巴巴旗下所有广告商业变现，已成为电商广告营销的最佳实践，精细化运营着每个广告位的商业价值，是各类电商平台中商业化效率最高的。对标阿里巴巴，京东也推出了广告营销平台，即京准通，主要服务于品牌商家和第三方卖家。

对比阿里巴巴和京东的广告商业模式，冰山下的隐性知识存在 4 点不同。

（1）服务对象不同。京东需要考量每个广告位是用来展示自营商品还是给第三方店铺。同样是广告这一商业模式，阿里巴巴只需要使每个广告位实现广告价值最大化，而京东需要权衡售卖自营商品创造的价值与售卖广告所带来的价值。尤其是在"618"和双11购物节期间，电商疯狂抢夺广告产品，京东往往会把优质广告产品分配给自营商品，这导致部分第三方店铺有广告预算也投放不出去。

（2）流量来源不同。阿里巴巴集团的广告流量极其丰富，包括但不限于淘宝、天猫、UC浏览器、优酷土豆、高德、菜鸟、淘票票、闲鱼等；而京东集团的广告流量相对没有那么多元化，以京东商城和微信为主。阿里巴巴和京东均以广告联盟形式拓展外部流量，并推出了基于CPS结算的个人广告联盟，阿里巴巴叫淘宝客，京东叫京挑客。

以淘宝客为例，淘宝客通过自有渠道帮助淘宝商家售卖商品，如淘宝客自行搭建的网站或App、各大聊天工具（如QQ、微信等）、社交平台（如微博、论坛等）等淘宝网之外的渠道，个人和企业都可以参与，其本质是个人联盟，按CPS付费。商家可以根据自身需求设定推广佣金比例，在淘宝客为商家完成推广成交之后，淘宝联盟按照事先约定的佣金比例为淘宝客结算佣金，同时平台抽取佣金总额的一定比例作为平台技术服务费，全流程示意图见图7-4。

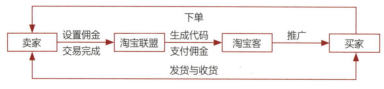

图 7-4 淘宝联盟示意图

淘宝客的参与条件宽泛，媒体、个人、企业均可参与，支持PC和手机端。淘宝客的参与流程是：注册淘宝客—选取推广商品—分享到淘宝客自营推广平台—用户购买—淘宝商家发货—用户收货并确认—淘宝客获得销售返佣。为了方便淘宝客进行推广，平台提供一键分享功能到微信、QQ、微博等，自动生成多组图片、文案给淘宝客选择使用。

（3）数据来源不同。阿里巴巴的数据管理平台叫达摩盘，整合旗下各平台数据，数据维度丰富，淘宝和天猫提供电商数据，UC浏览器提供用户网络浏览数据，优酷土豆提供用户的文化娱乐喜好数据，高德地图提供用户的生活轨迹数据，等等，构建的用户画像更立体，平台提供的人群筛选标签更丰富。京东的数据管理平台叫京准通，以京东商城的电商数据为主，通过投资和外采方式获得其他数据，但浏览器、视频网站和地图类核心数据相对薄弱一些。

（4）广告产品相似，但是运营侧重点不同。阿里巴巴和京东均推出了搜索类、品牌类、智能投放类、直播类广告产品，但运营侧重点不同。以直播类广告产品为例，阿里巴巴与京东均于2016年开始做直播带货。阿里巴巴鼓励淘宝店铺直播，给予扶持；重金培养了头部主播，给予广告支持、供应链帮扶，2021财年GMV超过5000亿元，牢牢占据直播带货第一名。京东的直播内容更强调专业性，专业的主播、专业的产品说明，品牌展示功能远大于带货功能，因而直播带货GMV一直不高。阿里巴巴和京东广告商业模式的异同汇总展示在表7-4中。

表7-4 阿里巴巴和京东广告商业模式的异同

比较项目	阿里巴巴（阿里妈妈）	京东（京准通）
服务对象	淘宝商家、品牌商家	京东、品牌商家、第三方卖家
流量来源	▪ 内部：淘宝、天猫、UC浏览器、优酷土豆、闲鱼等 ▪ 外部：TANX、淘宝客	▪ 内部：京东商城、微信等 ▪ 外部：京东直投、京挑客
数据来源	达摩盘	京准通

（续）

比较项目	阿里巴巴（阿里妈妈）	京东（京准通）
广告产品	• 搜索类：淘宝直通车、品销宝 • 品牌类：超级钻展、超级开屏、超级公众屏、超级推送、超级通告等 • 智能投放：万相台 • 直播类：淘宝直播	• 搜索类：京东快车 • 品牌类：京东展位、购物触点 • 智能投放：京东海投 • 直播类：京东直播

智能硬件躺赚广告费：以小米和苹果为例

智能硬件是一个科技概念，是指通过将硬件和软件相结合对传统设备进行智能化改造，改造对象可能是电子设备，例如手表、电视，也可能是以前没有电子化的设备，例如门锁、茶杯、汽车甚至房子。智能硬件目前包括智能手机、可穿戴设备、智能电视、智能家居、智能汽车、医疗健康、智能玩具、机器人等领域，典型企业包括谷歌、三星、苹果、小米、特斯拉等。

智能硬件企业的商业模式必然包括智能硬件产品销售。然而小米位列中国企业互联网广告收入TOP10，苹果年广告收入超百亿美元，可见，对于智能硬件企业来说，广告收入也是其收入来源之一，是其商业模式不可或缺的一个环节。

1. 小米

小米公司成立于2010年，是一家以智能手机、智能硬件和物联网（Internet of Things，IoT）平台为核心的公司，"手机+AIoT"已上升为公司战略。

小米于2013年起进军智能硬件领域，初步探索IoT；2015年首次披露以手机为核心连接所有设备的IoT战略，正式开启物联网布局；2019年年初，雷军宣布全面实施IoT，提出"1+4+X"智能生态，未来 5 年持续投入高达 100 亿元，抓住人工智能、物联网时代的新风口。截至 2019 年 6 月 30 日，拥有 5 件及以上小米 IoT 产品的用户数超过 300 万，智能场景每日执行次数超过 1.08 亿次。

小米将业务分为四大部分，包括智能手机、IoT 与生活消费产品、网络服务和其他。小米的广告业务属于互联网服务，根据企业公开财报，如表 7-5 所示，2021 年第三季度小米广告业务收入为 48 亿元，占整体收入的 6.1%，但是广告毛利润为 35 亿元，占整体毛利润的 24.5%。从数据可以看出，广告收入虽然在营收中的占比低，但是毛利润贡献度高，对小米公司的整体运营至关重要。

表 7-5　2021 年第三季度小米营收数据

2021 年第三季度	收入（亿元）	毛利润（亿元）
整体收入	780.6	142.8
互联网服务整体占比	9.4%	37.6%
互联网服务	73	53.7
——广告	48	35
——游戏	10	
——其他	16	
广告整体占比	6.1%	24.5%

小米广告业务的商业模式是"免费 + 广告服务"，即通过为用户提供免费的互联网应用产品，如小米浏览器、小米音乐等，汇聚大量用户流量后，再吸引广告主进行广告投放。小米广告主要包括预装机广告、搜索广告和其他广告三类。

（1）预装机广告。

手机预装软件包括手机厂商自己开发的 App，以及其他企业提供的 App。被用户下载、安装是所有 App 的基本目标，手机预装是 App 推广最快、最省钱的办法。手机厂商发布新手机之前会向企业推销自己的屏幕位置，吸引企业进行预装，每个软件的预装费用为 2 ～ 5

元/台。小米手机预装软件既有小米自己的，也有其他企业的。

小米自己的预装 App 主要包括新闻资讯、浏览器等资讯类软件，小米视频、小米音乐等影音娱乐类软件，天气、日历、应用商店等生活工具类软件。这些预装 App 既能为小米后续带来广告收入，又能带来游戏、会员费等其他收入，是小米商业模式中很重要的基础环节。

小米手机预装了大量其他企业的 App，以小米 8 为例，新购买的手机中预装了超过 10 款 App，小米官方发布小米 8 上架 6 个月出货量达到了 600 万台，按照每个预装 App 收费 2 元计算，则预装机收入高达 1.2 亿元。2021 年小米全球智能手机销量约为 1.9 亿台，参照之前的计算方法，2021 年小米预装机广告收入预计高达 38 亿元。

（2）搜索广告。

小米搜索广告包括两部分：①基于小米应用商店中的首页推荐和搜索推荐，以及 MIU 论坛、小米生活、小米天气等的搜索广告；②将小米浏览器、新闻资讯 App 作为入口，通过与有搜索业务的公司合作，获得搜索广告的佣金提成。

搜索广告业务的分成模式已成为浏览器的主要商业模式之一。用户在使用浏览器进行搜索时，浏览器提供者（比如小米浏览器、华为浏览器、QQ 浏览器）并不需要提供搜索引擎服务，只需要与百度、搜狗、神马、360、头条、必应、谷歌等专业搜索引擎合作，将其作为搜索引擎服务提供商，就可以坐享广告分成收入，具体界面见图 7-5。小米浏览器优选了百度、搜狗、神马作为搜索引擎服务提供商，默认为百度，用户可以在浏览器设置中进行修改。华为浏览器优选了百度、搜狗、360 和头条，QQ 浏览器优选了搜狗和百度。苹果浏览器在英语国家默认为谷歌，在其他语言国家会提供多个选择。对于智能手机厂商来说，浏览器搜索广告分成这一商业模式投入低、产出高，且与主营业务呈现很强的相关性，深受智能手机厂商的青睐。

图 7-5　部分浏览器搜索设置截图

图片来源：2022 年 2 月 12 日 App 截屏。

（3）其他广告。

基于小米的预装 App，小米开发了搜索广告、信息流广告、开屏广告等丰富的广告产品。品牌广告，主要是指按照 CPT、CPM 结算的广告，广告主可以直接联系小米直客团队或者代理商，进行广告投放；效果广告，主要是指按照 CPA 结算的广告，广告主可以通过 EMI 平台进行一站式广告投放。EMI 平台聚合小米应用商店、小米视频、小米浏览器、小米音乐等广告资源，涵盖 PC 版和手机版，支持 CPT、CPC、CPM 等结算。

从总体来看，小米集团把智能手机作为广告载体，通过预装 App 抢占用户入口，通过佣金分成和独立经营进行广告变现。预装第三方 App、合作搜索引擎广告分成，不需要投入大量的人力和物力就能取得巨额广告收入，是性价比极高的商业模式。因而，小米敢于采用低价策略销售手机，通过快速抢占市场售卖更多手机，从而抢占用户入口。从财务模型来看，智能手机销售收入是一次性收入，但是广告收入却是持续性收入，能为企业创造长期价值。

2. 苹果

苹果公司由史蒂夫·乔布斯等人于 1976 年创立，是世界知名的智能手机、智能设备科技公司，其推出的苹果电脑和手机在全球广受欢迎，截至 2022 年 1 月 3 日，苹果市值超过 3 万亿美元。苹果 2021 财年[⊖]总营收为 3658 亿美元，iPhone、MAC、iPad、可穿戴设备等智能硬件营收占比超过 80%，属于典型的智能硬件企业，其余近 20% 的收入来自软件服务。[⊖]

苹果的软件服务包括三类：App Store、订阅服务和 License。

（1）App Store：苹果公司推出的应用商店，用户通过该平台可下载 App。从商业模式角度看，App Store 为第三方软件提供者提供了方便且高效的软件销售平台，苹果可从第三方软件提供者的收入中获得 15%～30% 的分成。

（2）订阅服务：苹果针对广大用户推出的云存储、影音娱乐、新闻、健康、硬件维修等付费服务。

（3）License：苹果通过向各种第三方授权以获得许可费用。苹果 License 收入主要来源于谷歌支付的搜索广告分成。谷歌通过与苹果 iOS 设备（iPhone、iPad、Macbook 等）合作，将谷歌搜索列为默认搜索引擎，谷歌需要向苹果支付一定的广告分成。目前，苹果并未单独披露过就 License 业务向谷歌收取的费用，但据 iFanr 新闻媒体报道，2018 年谷歌向苹果支付了约 94 亿美元的广告费用，因而估

⊖ 财年，即财务计算年度，由各公司根据自身财务特点来定义。苹果 2021 财年是指 2020 年 10 月 1 日到 2021 年 9 月 30 日。

⊖ 资料来源：根据多家媒体报道、企业公开数据和第三方调研报告整理汇总。

算苹果每年仅搜索广告分成收入就超过百亿美元。

100亿美元的广告收入,在苹果整体营收中的占比约为2.7%,可见苹果对广告收入的依赖程度并不高。与小米不同,苹果智能硬件主打高端客户,毛利率较高,这本身就为苹果贡献了良好的利润,因而苹果将智能硬件作为其主要商业模式,由于广告不是苹果的主要商业模式,所以采取授权方式外包给第三方。对于用户,苹果通过高端硬件赚钱,通过提供优质服务获利,因而苹果特别注重给用户的体验,对广告变现极其克制。

新型广告批发零售模式:以春晚红包广告和汽车搜索广告为例

批发零售是一种常见的销售方式,通常是指经营者向上游大批量低价采购商品,然后再加价分散售卖给下游顾客。广告产品本质上也是商品,因而也诞生了类似批发零售模式的商业模式。

1. 春晚红包广告

随着移动互联网的快速发展,中国移动网民越来越多,即使是传统电视观众,现在也越来越习惯在观看电视节目的同时使用手机。这对于电视台来说,既是挑战,也是机遇。从2014年开始,中国电视台做了大量尝试,借助手机扫描二维码、微信摇一摇、支付宝咻一咻等方式,邀请电视观众在收看电视节目时参与互动活动,包括观看花絮、抢答问题、赢取红包、发送明星照片和上传全家福等。这样的互动活动一方面增强了观众的参与性,提高了观众的忠诚度,另一方面将广告从电视屏幕延伸到手机屏幕,开辟了全新的互动广告收入渠道。

在众多电视与手机互动的商业实践中,各项数据表明央视春晚互动是最成功的:不到5小时的央视春晚,2014年与微博合作,实现了

0.34亿参与人数、0.89亿次互动；2015年与微信合作，实现了1.2亿参与人数、110亿次互动；2016年与支付宝合作，实现了1.63亿参与人数、3245亿次互动。央视春晚互动合作伙伴这一广告产品的价格也攀升至数亿元。⊖

进入2018年，央视春晚互动合作伙伴先后是淘宝、百度、快手、抖音，这些企业在与央视合作春晚互动广告时，日活跃用户已经超过1亿，并不需要像2015年微信那样拉新用户。与央视春晚进行互动合作，能够激活现有用户，增加用户使用时长，获得央视春晚导入的巨大用户群，且将这些用户导入到合作企业的App后，就可以组织销售，类似批发零售模式。

以2020年快手成为春晚独家互动合作伙伴为例，快手向央视支付了数亿元广告费，投入大量人力物力开发、运营和维护快手App，还组织赞助商累计提供了10亿元红包。另外，快手基于春晚独家互动合作伙伴这一权益，独占春晚移动端用户入口，面向广告主设计了一系列广告产品。

以快手推出的《2020年超级福气包》招商方案为例（详见图7-6），广告产品总价高达2.1亿元。所有广告产品基于快手App，配合电视端除夕当天摇红包活动，给予广告主第二轮红包冠名、优惠券植入，在春晚前开设的快手达人直播品牌专场里进行全方位曝光。除夕之前，在长达7天的时间内，给予广告主集卡活动冠名和品牌定制任务入口。

快手累计推出了9款广告产品，如表7-6所示，可容纳广告主132家，累计广告收入为27.038亿元，即使销售率只有50%，也超过了13亿元，完全可以覆盖快手所有成本支出。

⊖ 资料来源：根据多家媒体报道、企业公开数据和作者亲身经历整理汇总。

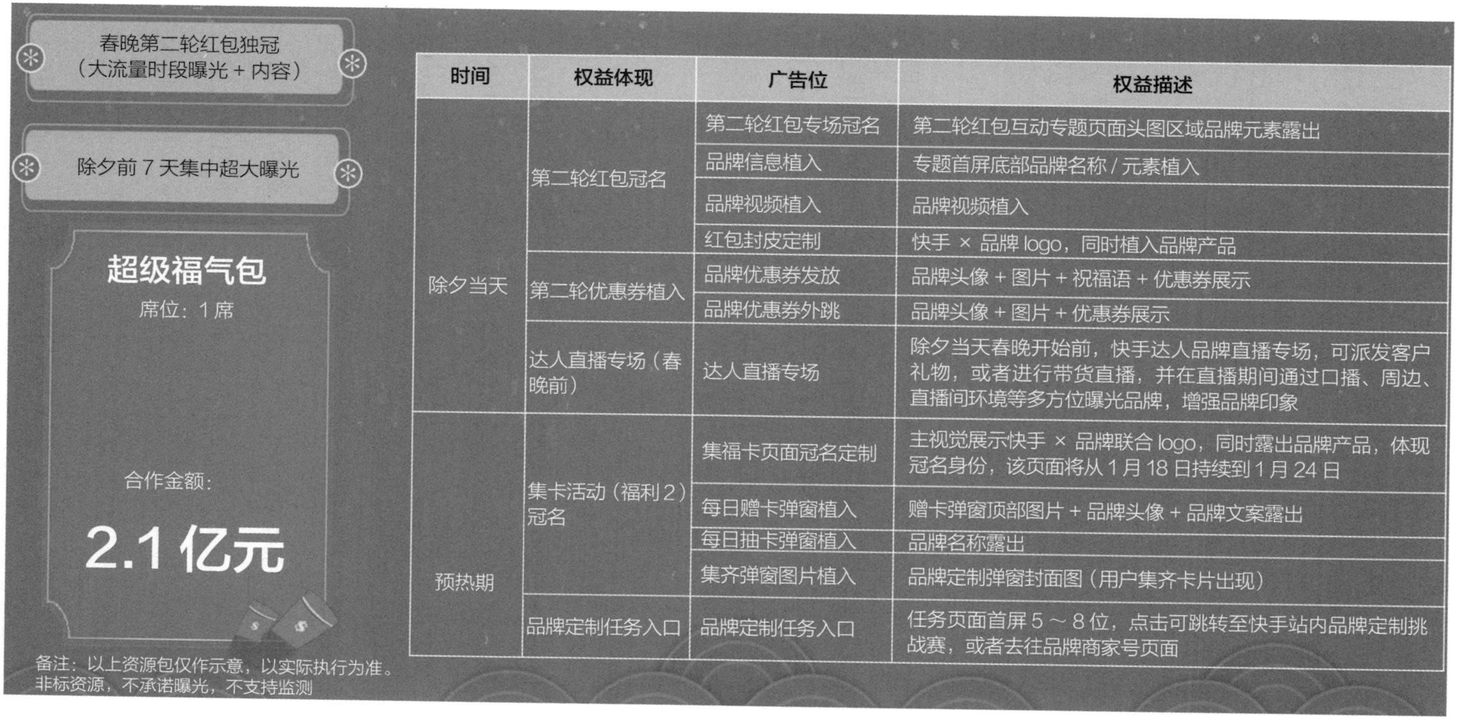

底层思维7：商业模式思维 279

时间	权益体现	广告位	权益描述
除夕当天	第一轮红包冠名	第二轮红包专场冠名	第二轮红包互动专题页面头图区域品牌元素露出
		品牌信息植入	专题首页底部品牌名称/元素露出
		品牌视频植入	品牌视频植入
	第二轮优惠券植入	红包封皮定制	快手×品牌logo，同时植入品牌产品
		品牌优惠券发放	品牌头像+图片+祝福语+优惠券展示
		品牌优惠券外跳	品牌头像+图片+优惠券展示
	达人直播专场（春晚前）	达人直播专场	除夕当天春晚开始前，快手达人品牌直播专场，可派发客户礼物，或者进行带货直播，并在直播期间通过口播、首播间环节等多方位曝光品牌，增强品牌印象
预热期	集卡活动（福利2）冠名	集福卡页面冠名定制	主视觉展示快手×品牌联合logo，同时露出品牌产品、冠名身份，该页面将从1月18日持续到1月24日
		每日赠卡弹窗植入	赠卡弹窗顶部图片+品牌头像+品牌文案露出
		每日抽卡弹窗植入	品牌名称露出
		集齐弹窗图片植入	品牌定制弹窗封面图（用户集齐卡片出现）
	品牌定制任务入口	品牌定制任务入口	任务页面首屏5~8位，点击可跳转至快手站内品牌定制挑战赛，或者去往品牌商家号页面

春晚第二轮红包独冠
（大流量时段曝光+内容）

除夕前7天集中超大曝光

超级福气包

席位：1席

合作金额：

2.1 亿元

备注：以上资源包仅作示意，以实际执行为准。
非标资源，不承诺曝光，不支持监测。

图7-6　快手《2020年超级福气包》广告产品

表 7-6　快手春晚广告产品

序号	产品名称	单价（亿元）	家数	分项汇总（亿元）
1	超级福气包	2.1	1	2.1
2	除夕成名包	1.8	1	1.8
3	巅峰之夜包	1.3	1	1.3
4	新春贺喜包	0.709	1	0.709
5	全民挑战包	0.739	14	10.346
6	大牌专属包	0.589	7	4.123
7	天降神券包 A	0.38	7	2.66
8	天降神券包 B	0.04	50	2
9	快乐好运包	0.04	50	2
汇总（亿元）				27.038

成为春晚独家互动合作伙伴，可以将央视春晚巨大的用户群导入自有 App，通过在自有 App 精细化运营流量，可以拆分组装成若干个广告产品，售卖给其他广告主，从中赚取差价，这已成为成熟的商业模式。这个商业模式的直接经济效益明显，能提升 App 的美誉度和信任度，ROI 极高，深得互联网巨头的青睐。

2. 汽车搜索广告

垂直网站通过提供深度内容，聚合有共同兴趣或需求的用户，再通过售卖商品、付费会员、广告营销等方式获利。最典型的垂直网站是汽车网站，以汽车之家、易车网、爱卡汽车为代表，其中汽车之家规模最大，下面以其为例详细阐述。

汽车之家成立于 2005 年，是汽车行业垂直领域的资讯平台，为消费者提供优质的汽车消费和汽车生活服务。2008 年 9 月汽车之家的用户数位列行业第一，日均浏览量突破千万。2011 年汽车之家布局二手车业务，上线"二手车之家"。2020 年汽车之家全年营业收入为 86.6 亿元，收入结构包括媒体业务 34.55 亿元、在线营销及其他业务 20.05

亿元、线索业务 31.99 亿元。

（1）媒体业务。

媒体业务主要面向汽车制造商，就品牌推广、新车型发布及销售推广为汽车制造商提供有针对性的营销解决方案，主要以站内广告产品为主。

（2）在线营销及其他业务。

在线营销及其他业务包括：数据产品（咨询业务等）、交易平台（二手车业务和线上新车购车业务）、汽车金融（通过导流模式赚取渠道佣金）。

（3）线索业务。

线索业务主要面向汽车经销商，以全国各地的 4S 店⊖为主，通过为经销商创建在线商店、罗列价格及推广信息、提供经销商联系方式、刊登广告及管理客户关系等，帮助经销商接触潜在客户、向网上消费者推广汽车、向汽车经销商提供销售线索，即潜在顾客的手机号码、微信号码等联系方式。

根据行业调研数据，2010～2016 年，汽车垂直网站 40% 的销售线索来自百度搜索广告，其中百度推出的阿拉丁广告产品占比极高。百度阿拉丁广告产品，是指当用户在百度搜索某个行业关键词时，在百度搜索结果中展现高度定制化的图文特型结果。举例来说，当用户在百度搜索"甲壳虫"时，出现的第一个结果不是甲壳虫这种动物，也不是甲壳虫汽车品牌制造商，而是汽车之家的阿拉丁广告。因为汽车之家购买了百度汽车行业阿拉丁广告产品，因而享有汽车行业搜索

⊖ 4S 店全称为汽车销售服务 4S 店（Automobile Sales Spare-part Service Survey Shop），是一种集整车销售（Sale）、零配件（Spare-part）、售后服务（Service）、信息反馈（Survey）于一体的汽车销售企业。

结果第一位的独占权。同时，这个搜索结果不仅展示甲壳虫的图文信息，还能汇总各款车型报价，在第一时间呈现尽可能多的信息给用户。用户点击该广告后，就会出现"获取地理位置信息"授权页面，点击"允许"以后，就会根据用户所处区域推荐附近汽车经销商的名单和位置，点击"获取底价"以后，就能留下电话号码以便汽车经销商联系沟通购车事宜。

如图 7-7 所示，以上广告商业模式的逻辑是：汽车垂直网站汇总各经销商的信息，统一向百度采购阿拉丁广告产品，根据用户位置将销售线索分配给最近的经销商。汽车垂直网站扮演批发商的角色，向百度支付阿拉丁广告产品费用，向全国经销商按照销售线索收取广告营销费用。

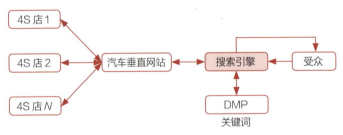

图 7-7 汽车垂直网站基于搜索引擎广告构建的商业模式

由于汽车经销商很分散，单个经济实力有限，因而不具备购买百度汽车阿拉丁广告产品的实力。以汽车之家、易车网、爱卡汽车为代表的垂直汽车网站，掌握了中国汽车经销商的信息，能够聚沙成塔，高价拿下百度汽车阿拉丁广告产品，配合百度从技术层面和信息层面完善汽车经销商的信息，实现精准匹配，从而实现较高的 ROI。

也正因为如此，百度汽车阿拉丁广告产品成为汽车垂直网站每年必争的营销利器。汽车之家、易车网、爱卡汽车竞争激烈，百度曾经不得不采取拍卖方式来销售，百度汽车阿拉丁广告产品从 2011 年约 6000 万元 / 年开始逐年攀升，截至 2016 年高达 3.8 亿元 / 年。

广告公司：被动拓展商业模式

广告服务者的范围很宽泛，包括咨询公司、市场调研公司、监测公司、技术服务公司等，但最大的群体是广告公司。典型的广告公司通常提供 3 种服务：①创意服务，以奥美广告公司为代表，为广告主提供广告创意和制作；②媒介服务，以昌荣传播为代表，帮助广告主采买流量进行广告投放，帮助广告发布者招徕广告主；③公关服务，以蓝色光标为代表，协助广告主策划和举办各种营销活动，联系媒体进行新闻报道。总体而言，典型广告公司的商业模式围绕广告展开，通过服务广告主或者广告发布者赚取服务费。大型广告集团能够提供综合性服务，典型的代表企业有：奥姆尼康、WPP 集团、昌荣传播、蓝色光标、分众传媒等。

从全球来看，美国广告公司的发展最具代表性，引领和影响了全球各国广告行业的规则。1841 年，伏尔尼·帕尔默在美国费城成立了第一家报纸广告代理公司，帮助报社招徕广告主，是最早的广告媒介代理公司。1865 年，乔治·罗威尔在美国波士顿成立了第一家报刊广告版面"批发代理业务"公司。乔治·罗威尔承包了大量报刊广告的经营权，通过分销经营权赚取广告版面的差价，成为最早的广告媒介承包公司。1870 年，美国作家查尔斯·贝茨成立了广告创意公司，向广告主提供创意广告服务，成为最早的广告创意服务公司。1875 年，美国的艾尔父子广告公司成立，提供从广告策略、广告创意到广告服务的一站式服务，成为最早的综合服务型广告公司。1917 年，众多广告公司联合成立了美国广告代理商协会（American Association of Advertising Agencies，4A），明确了行业标准佣金为15%，结束了价格混战的局面，标志着广告公司进入快速有序发展阶段。1988年，一些大型广告主联合提出了广告服务费模式，调整广告公司的收费模式，将之前按照广告投放额度提成佣金，调整为按年度工作量的服务费制度，避免广告公司诱导广告主进行不必要的扩张式广告投放。以上广告公司商业模式和行业规则奠定了全球广告行业的基础。

具体到中国，1978年改革开放后广告行业迎来正式起点，大致分为四个阶段。

1. 以国有控股为主阶段：1979～1990年

1979年《文汇报》发表了一篇名为《为广告正名》的文章，紧接着《人民日报》先后发表了《上海恢复商品广告业务》《漫谈外国广告》《一条广告的启示》和《一张广告救了一个厂》，正式呼吁开放广告行业。1979年年底，中宣部正式批复"可以一试"，标志着中国广告业元年正式开启，陆续诞生了中国广东省广告有限公司（成立于1979年）、北京广告有限公司（成立于1980年）、中国国际广告公司（成立于1984年）等国有资产控股广告公司。1983年中国广告协会应运而生，标志着广告行业进入规范有序发展阶段。

外资广告公司敏锐地嗅到商机，通过合资方式进入中国市场。1986年5月中国国际广告公司与美国扬罗必凯公司、日本电通公司在上海联合成立第一家中外合资广告公司——中国电扬。参照此模式，国际4A广告公司陆续进入中国。

2. 民营资本涌入阶段：1990～2000年

1993年国家全面开放广告经营权，民营资本纷纷涌入，广告行业进入井喷式发展阶段，在此期间诞生了数万家民营广告公司，逐步形成了广告创意、广告媒介、公关服务三大业务方向，奠定了典型广告公司的商业模式。

在这个时期，中外合资广告公司既有国际客户（如可口可乐、宝洁、联合利华等）的庞大广告预算，又有国资背景得天独厚的优势，能拿到国企广告预算和优质媒体黄金广告产品，占据了绝大部分市场份额。民营广告公司一方面学习借鉴4A的先进理念和成熟模式，另一方面深耕区域民营企业，在夹缝中快速生长。而有国资背景的广告公司则由于体制不灵活、服务响应速度跟不上等诸多原因，生存艰难，甚至逐渐退出。

3. 内部竞争激烈阶段：2000～2008年

2000年10月31日《中华人民共和国外资企业法》进行修订，对外资广告行业做出了开放承诺。2001年12月11日，中国正式加入世界贸易组织（The World Trade Organization，WTO），中国企业进入国际竞争环境，广告行业迎来了第一次中外激烈竞争。

在广告代理业务方面，为了抢夺广告主，2001年年底以日本电通为首的外资广告公司推出"0代理费用"服务模式。此前，广告行业均采用"代理制"，根据1988年1月9日由国家工商行政管理局○颁发的《广告管理条例实施细则》第十六条规定："承办国内广告业务的代理费，为广告费的10%；承办外商来华广告付给外商的代理费，为广告费的15%。""0代理费用"对广告主有极大的吸引力，他们纷纷转向外资广告公司。代理费是本土广告公司的主要商业模式，面临这样激烈的价格战，本土广告公司纷纷联合行业协会进行投诉，但依然无果，最终不得不投入到激烈的竞争中。

○ 现更名为国家市场监督管理总局。

在媒介购买业务方面，为了抢夺媒体资源，通过规模效应拿到更好的价格和独家资源，外资广告公司纷纷将媒介部门独立出来组建专业媒介公司，面向全国媒体通过协议、框架等形式大规模抢占媒体资源，诞生了群邑中国、浩腾、星传等专业媒介购买巨头。由于这个时期的电视媒体是中国最强势的媒体，而电视媒体均是事业单位身份，其广告承包权需要参照政府采购标准和流程，本土广告公司更符合国家政策，因而能拿到强势媒体的优质广告产品和独家广告产品，从而脱颖而出，比如依托于央视资源的北京未来广告公司和三人行广告公司等。

在公关服务业务方面，国际优秀公关公司先后进入中国，催生了一批本土公关公司，比如嘉利公关（成立于1996年）、蓝色光标公关顾问机构（成立于1996年）、际恒公关（成立于1997年）等。公关服务主要是跟政府和媒体打交道，本土广告公司深谙中国市场特点，具有天然优势。国际优秀公关公司虽然有很好的理念和经验，但是囿于水土不服，公关业务呈收缩状态，逐渐转向综合服务。

除了业务层面的激烈竞争，广告行业内部还有激烈的资本角逐。WPP集团、奥姆尼康、埃培智集团（Interpublic）、阳狮集团（Publicis Groupe）、电通集团、哈瓦斯集团（Havas），全球排名前六位的广告集团发挥资本优势，通过合并、收购等资本手段在中国市场跑马圈地。2007年收购兼并潮达到了高峰，国际广告集团将优秀的本土大中型广告公司变成依附于它们的设计与执行机构，而小型公司则只能在夹缝中生存。少数大型本土广告公司，如广东省广告有限公司、分众传媒等，独立IPO，从而保持独立性和竞争力。

4. 跨产业混战阶段：2008年至今

2008年，随着北京奥运会的圆满落幕，中国互联网企业也已经发展成为令全世界瞩目的新兴势力,以 BAT 为代表。B,代表百度(Baidu),中国搜索广告市场的龙头企业,早在 2003 年就面向全国招募搜索广告代理公司,塑造了整个中国互联网广告的渠道销售模式。A,代表阿里巴巴(Alibaba),中国最大的电商广告公司,服务于小微广告主起家,不得不采取区域广告公司代理体系。T,代表腾讯(Tencent),中国最大的社交广告平台,面向全国招募区域代理公司,深耕中小广告主。BAT 建立的区域广告代理公司体系,直接有利于本土广告公司。那些在夹缝中艰难生存的传统媒体广告公司纷纷加入互联网广告代理体系,转型成为数字营销公司,随着互联网广告的快速发展,年营收超过 10 亿元的有上百家,实现了弯道超车,成功阻击了外资广告集团。

2012 年随着智能手机普及,营销数字化加快发展,程序化广告交易逐渐成为共识,催生了一批有技术背景的广告服务者:需求方平台(Demand Side Platform,DSP)龙头公司品友互动,数据管理平台(Data Management Platform,DMP)领军企业 Talking Data,广告验证平台(Ad Verification Platform)代表企业 Sizmek 和 Adbug,监测与分析平台(Measurement & Analytics Platform)代表企业秒针系统和 Ad Master 等。

截至 2016 年,互联网广告市场规模超过传统媒体广告经营额总和,典型的广告公司在内外挤压中被颠覆、被重构,需要优化其商业模式,以下四个因素需要重点考虑。

(1)数字化转型已是必然。

互联网的高速发展推动了各行业的数字化转型,数字技术和各行业加速融合。国家也印发了《"十四五"数字经济发展规划》,全面发展数字经济,到 2025 年数字经济核心产业增加值占 GDP 的比重达到

10%，数字要素市场体系基本建立，数字产业化水平显著提升。数字化转型是社会发展和技术升级的必然。人们越来越喜欢在手机上阅读新闻、观看综艺、刷短视频等，传统媒体日渐式微，一些报纸和杂志宣布停刊，一些电视台和广播电台入不敷出。数字化转型是所有行业都要面对的趋势，具体到广告行业更直接、更致命。

外资广告集团凭借资本优势，通过收购数字营销公司，快速实现数字化转型。比如：2012年麦肯集团收购了英国数字营销代理公司Lakestar，2012年电通安吉斯全资收购了科思世通，2014年阳狮集团收购美国数字广告公司Sapient。

本土广告公司则"八仙过海，各显神通"，要么收购，要么自建团队，实现全面数字化转型。蓝色光标于2013年正式启动了新的10年战略，确定了数字化、全球化的方向，并加紧对数字化广告企业的收购，相继与Domob Limited、多盟智胜等多家公司达成了资本层面的合作，2018年将旗下的蓝色光标公关顾问机构正式更名为蓝色光标数字营销机构，标志着蓝色光标全面数字化。昌荣传播在传统媒体广告板块之外，快速组建团队，增设了数字媒体服务和内容营销创新两大业务板块，涉及数据营销、程序化广告、短视频广告、电商广告、搜索广告等。

（2）广告主越来越刁钻，越来越全能。

广告主在选择广告公司时，一般需要对广告公司的创意、方案等进行对比分析，俗称"比稿"。但是，一些广告主在没有进行立项的情况下，仅仅是为了了解市场情况，会多次召集不同的广告公司进行比稿，对广告公司造成极大负担。就算是已经签约的广告主，在遇到广告营销问题时，经常不主动思考，而直接联系广告公司对接人员来处理，导致广告公司不得不给广告主提供24小时保姆式服务，加大了广告公司人员开支。即使广告主没有过分要求，广告公司也面临垫款压力。大中型广告主掌握话语权，常常要求广告公司垫款，在广告投放结束一定时间后才付款给广告公司，给广告公司造成巨大的现金流压力。

案例 7-1

比亚迪：11 亿元广告事件

在面对多家广告公司联系比亚迪催要广告款的压力下，2018 年 7 月 12 日比亚迪发表声明：①李某及其代表的上海雨鸿文化传播有限公司是自愿免费替比亚迪做广告宣传的；②李某涉嫌伪造公司印章及合同欺诈罪，比亚迪已向上海市公安局报案。这个声明随即引来更多爆料，累计 31 家广告公司通过李某为比亚迪垫款 11 亿元进行广告营销活动，掀起广告圈的惊天大新闻。

无论事件的真相如何，2019 年 12 月 31 日李某被上海市浦东新区人民法院以合同诈骗罪判处有期徒刑 14 年，2021 年 5 月上海市奉贤区人民法院通告："本院认为，经穷尽财产调查措施，本案被执行人上海雨鸿文化传播有限公司暂无财产可供执行。"上海雨鸿文化传播有限公司共涉及 30 条法律诉讼、10 条限制消费令、11 次失信被执行人，另有 8 个终本案件，全部未履行，如今已濒临破产边缘。最无辜的是垫款的 31 家广告公司，身陷法律诉讼当中，要钱无门，多家广告公司处于破产边缘。

广告主不仅越来越难伺候，还开始彻底抛弃广告公司。大型广告主开始培养自己的广告营销团队，建立自己的营销运营中心和内容制作中心，逐渐收缩外部营销业务合作。2016 年 4 月，全球最大的移动通信公司之一 Sprint 结束了与埃培智集团旗下的创意和营销公司长达两年的合作，把创意和内容制作交给自家的内容制作机构 Yellow Fan。Yellow Fan 也涉足在线内容分发和媒介管理，逐渐蚕食原本外包给阳狮集团旗下数字营销公司的业务。2016 年联合利华成立内容中心 U-Studio，负责制作能够满足消费者所需的"实用内容"（Needs Content），包括有关产品使用和体验的视频、信息图、用户评测以及其他内容。联合利华另外一个内容中心 U-Entertainment，负责制作"激情内容"（Passions Content），包括自创的电视节目、网剧、音乐以及"90 后"和"00 后"更加青睐的内容。宝洁公司于 2018 年宣布成立一家全新的独立广告公司，团队的内部人员均是与宝洁有合作的广告公司人才。除此之外，苹果、麦当劳、百威英博、雀巢都组建了自己的广告服务团队。

（3）广告发布者越来越全能。

腾讯、阿里巴巴、百度、字节跳动等广告发布者向产业链上游扩张，通过提供丰富的事前、事中、事后数据服务功能弱化广告代理公司的策划功能，通过搭建广告平台弱化媒介发布型广告公司的议价空间，通过搭建与自媒体账号主体共创内容的交易撮合平台弱化对公关公司的依赖。广告发布者逐渐成为覆盖全产业链的全能型广告公司，不仅是在抛弃典型广告公司，更是在直接抢典型广告公司的饭碗。

（4）跨界打劫超乎想象：技术公司、咨询公司、MCN。

来自广告行业内部的挑战虽然剧烈，但是可预期，最恐怖的是来自外界的挑战。跨界打劫，专指出现意想不到的竞争者。举例来说，免费的微信取代短信和电话，把移动和联通这样的电信巨头打得措手不及；击败柯达的不是富士或者尼康，而是与它们毫无关联的手机品牌诺基亚，因为每部手机都有了照相功能。随着技术的不断发展，一些其他领域的公司利用现有资源能够提供广告公司所提供的价值，跨界打劫广告公司。

新型广告技术公司，以天脉聚源为例，主营业务是拆解广告视频并打标签，支持检索和分类管理，类似于广告资源库。基于大量视频资源和数据标签，天脉聚源开拓了基于电视场景的数字营销解决方案，推出了 TV+ 互动、TV+ 场景、TV+ 数据等高科技解决方案，帮助广告主基于电视广告，通过微信和支付宝"摇一摇"功能与观众互动，从而沉淀用户到微信、App 等平台，成为广告圈的一匹黑马。

埃森哲、凯捷、艾瑞咨询等咨询公司帮助企业制定营销策略，协助企业进行营销数字化转型，也开始延伸其业务范围，提供营销战略的落地业务，如为客户提供销售线索、进行渠道数据分析等，抢占了营销策划类广告公司的客户。比如：麦当劳就替换了原先合作的广告公司，任命咨询公司凯捷和阳狮集团旗下的 Sapient 来引领其数字化营销转型。

为网红提供商务运营和服务的 MCN 机构也对广告公司的业务形成了一定的威胁。MCN（Multi-Channel Network，多频道网络），原指依托于 YouTube 平台机制而创造出的商业模式。MCN 模式被引入中国后迅速发展壮大，成为网红经济中极为重要的一环，负责与平台合作，为旗下签约网红提供一站式服务。①根据网红生产的内容，对其目标受众进行分析及有针对性的广告投放，为网红提供契合度较高的商业活动，提高网红的知名度。②根据网红的特色及擅长的领域，MCN 机构可对其生产的内容进行指导，帮助网红高效率地成长，同时保证网红作品的质量。③对不同类型、不同成长阶段的网红，MCN 机构根据其自身优势和擅长领域，为其制定全方位的课程，进行培训孵化。④ MCN 机构为签约网红提供商业变现服务，接广告、代言、商演、直播带货等，抢夺了大量传统广告公司的订单。

总体而言，对于广告公司，因为其商业模式是通过服务广告主和广告发布者赚取利润，因而其专业服务能力是根本。而这些专业服务能力存在很强的替代性，既面临着来自社会文化和技术升级换代的挑战，又有来自同行的激烈竞争，更有来自广告主和广告发布者的挤压，以及意料之外的跨界打劫，这些都是广告公司在优化商业模式时需要考虑的因素。

个人：丰富多元的商业模式

个人在广告生态圈中扮演着很重要的角色，可以具备所有参与者的功能。对于叫卖、招牌和传单这三种广告，广告主以个体小商贩为主，他们自行制作和发布广告，身兼广告主、广告服务者和广告发布者的角色。因而，个人通过构建广告营销商业模式获利由来已久。进入 21 世纪，互联网快速发展和普及，赋予个人广阔的展示平台和多样化的赚钱工具，个人在广告产业链中的作用越发明显，大 V、网红、KOL、KOC、UP 主、达人等成为高薪职业。

2000 年左右，博客兴起，个人可以通过平台发布资讯和想法。在博客上受到推崇的文字会有机会被结集成书，网红作家当年明月⊖通过这种方式出版了广受欢迎的畅销书《明朝那些事儿》，累计版税收入超过 4000 万元。2009 年，新浪推出微博，支持网民发布原创内容。相较于博客，微博的创作门槛更低、使用更便捷、社交属性更强，因而迅速得到市场追捧。明星、名人开通微博账号，标志着自媒体时代的

⊖ 当年明月是石悦的笔名，中国当代作家，2006 年 3 月在天涯社区连载创作历史作品《明朝那些事儿》，同年 9 月由中国友谊出版社正式出版。2009 年 3 月，《明朝那些事儿》完结，共出版 7 部。

到来。根据百度百科的定义，自媒体（We Media）是指普通大众通过网络等途径向外发布事实和新闻的传播方式。自媒体是互联网技术普及的产物，个人可以通过图片、文字、视频等不同形式在多个互联网平台注册账号，发布新闻资讯、热点评论、小说故事、兴趣爱好等。它兼具社交娱乐、生活分享等多元属性。

2014年，自媒体商业化逐步开始，发布在网络平台上的内容，除了结集出版并形成畅销书以外，开始获得越来越多的变现机会，广告合作、平台流量分成、付费专栏、视频带货等诸多形式纷纷涌现。发展迅速的互联网内容平台，除了缔造出互联网行业多个千亿市值的公司以外，还给很多普通人创造了致富的商业机会。这些公司给个体提供工具、资源和机会，让有能力的个体能够充分接触想要的资源，获取个人商业价值的发展。

互联网内容平台以用户生产内容（User Generated Content，UGC）为主，为了充分吸引优质内容、降低平台本身的运营成本，互联网内容平台都加大力度构建创作者生态，吸引优质内容创作者入驻。字节跳动旗下的今日头条、抖音和西瓜视频等平台均对创作者有不同程度的扶持政策，粉丝流量达到一定标准的创作者能直接入驻星图平台进行商业合作。2021年三个平台联合发起的"中视频伙伴计划"给予创作者流量分成和资源扶持，目标是半年内超过1.3万人平均月收入超过万元，超过4000人年收入达到50万元。腾讯旗下的微信视频号已经与公众号、小程序、微信支付、电商平台等打通，推出了"创作者激励计划"，对原创内容提供流量倾斜，让1000万个原创作者有流量，推动100万个优质创作者有收入。内容"种草"平台小红书目前有4300万个创作者，2022年计划拿出50亿流量来支持视频创作者进行内容分享。2021年年底，网易有道发布"海豚计划"，提供亿元现金扶持学习型社区优质创作者。

随着平台的投入和支持，个人可以通过互联网渗透到广告行业产业链的各个环节，为广告主、广告发布者和受众提供不同的产品或者服务，既可以作为广告服务者，即提供创意、制作广告内容、进行广告代言等，又可以作为广告发布者，即成为自媒体。在具体实践中，个人经常同时承担着广告服务者和广告发布者的角色，从而衍生出5种主要商业模式：平台分成模式、商业广告模式、带货模式、内容付费模式和影响力模式。

卖流量：平台广告分成

互联网平台为了吸引创作者自发创作内容，会为创作者直接提供平台流量分成。平台分成模式是指创作者在平台上发布内容以后，平台在内容中嵌入广告，从而获得广告收入，然后平台会将广告收入按照一定比例直接支付给内容创作者。这类商业模式最适合入门级创作者，创作者发布的内容只要有浏览量就能获得收入，无须自行招徕广告主。有时，平台还会指定主题号召创作者发布内容，只要通过审核就给予创作者各种奖励，这是平台快速积累内容的有效手段。

1. 平台流量分成模式

平台流量分成一般在新闻资讯类平台和中长视频平台中最为常见，典型代表有：今日头条、百度百家号、微信公众号、一点资讯、西瓜视频、好看视频、B站等，如表7-7所示。平台通常会对内容创作者设置一定条件，基本分为三类，从低到高为：入驻认证、发布原创内容、达到一定粉丝量。

表 7-7 部分平台流量分成条件

平台	图文	视频	参与平台分成条件
百度百家号	有	有	成功入驻完成创作者认证
好看视频		有	成功入驻完成创作者认证
一点资讯	有	有	成功入驻完成创作者认证
西瓜视频		有	发布原创内容，选择平台投放广告
B 站		有	发布原创内容，选择平台投放广告
今日头条	有	有	发布原创内容，选择平台投放广告
微信公众号	有		粉丝数量达到 1 000 名以上，开通公众号流量主

平台流量分成价格根据平台要求、内容质量、发布者账号情况、内容原创程度和播放量等数据不同而有所不同。以今日头条为例，按照曝光量计算，创作者发布文章、问答、微头条和视频均可获得相应的流量分成，普通账号的 CPM 是 0.1～0.3 元，优质原创账号的 CPM 是 0.5～1 元，视频类 CPM 整体上比图文类高 30%～80%。

2. 平台活动分成模式

平台为了促进创作者生产优质内容，会针对不同节日、不同领域策划主题活动，并对活动中创作者所生产的内容进行奖励，奖励设置包括固定津贴、流量推广、奖金池瓜分等，在创作者后台系统中可以找到。

2021 年 12 月 25 日，今日头条推出"2021，看见我的真实生活"活动，征集 100 个真实生活故事，一起看见前行的力量。截至 2022 年 1 月底有 38.6 万人参与。奖项设置有两类：第一类，真实体验官，只要投稿作品超过 2 个且累计播放量大于 5000，就可以参与瓜分 30 000 元津贴；第二类，100 个生活故事，综合数据及内容质量进行评选，前 10 名奖励 1000 元津贴和 30 万次视频播放量推广，第 11～30 名奖励 500 元津贴和 20 万次视频播放量推广，第 31～100 名奖励 200 元津贴和10万次视频播放量推广。网易有道于2021年年底发布"海豚计划",单篇最高奖励200元,且发得多叠加奖励就多。

中国互联网的人口红利逐渐消失,用户增长逐渐停滞,各平台不得不加强对平台内容和已有用户的精细化运营。目前各互联网公司都在加大对创作者的扶持和激励,平台政策对个人创作者十分有利。

卖服务:植入广告

植入广告是指创作者在内容中体现企业商业元素,甚至专门围绕企业的特点定制内容,因而广告效果更好,单篇微信公众号植入广告最高能卖到100万元。创作者可以自行联系广告主,也可以通过平台寻找潜在广告主进行合作。目前各家内容平台均可以帮助创作者对接植入广告,快手有磁力巨星、字节跳动系有巨量星图、B站有花火平台、小红书有蒲公英平台等,但是设置了一定门槛,要求创作者达到一定等级或者有一定粉丝量,具体可参见各平台的详细规则。

◆ 案例7-2

西二旗生活指北:盒马鲜生植入广告

微信公众号"西二旗生活指北"曾经为盒马鲜生定制了一篇文章《互联网人生存图鉴》,如图7-8所示,图文并茂地展示了程序员、设计师、运营经理、产品经理等工种艰难且疲惫的工作状态,"他们回家后什么都不想做,只想在沙发上躺着玩手机,每天劳累一天回家后只剩下点外卖的力气",在互联网从业者中引发强烈情感共鸣,最后借由实习生身份引出盒马鲜生,提出"要想生活有品质,就要住在盒区房!盒区房:距离盒马鲜生3公里内的住宅,享最快30分钟极速配送,解救互联网人!"这篇文章阅读量超过 4.6 万次,评论区更是火爆异常,精准提升了盒马鲜生在互联网人群中的知名度和美誉度,成为公众号植入广告的样板案例。

图 7-8 微信公众号"西二旗生活指北"发布文章《互联网人生存图鉴》截图

卖产品:带货

带货,是指直接销售产品,是典型的效果类广告,通常按 CPS 结算,包括:以淘宝客为代表的分销电商模式,以及以知乎、小红书和抖音为代表的内容电商模式。

1. 分销电商

分销电商是指帮助企业进行销售,但又无须囤货的电商模式,典型代表是淘宝客。淘宝客是阿里妈妈旗下的按成交计费的分销电商平台,个人通过推广淘宝平台的商品代码、链接等,引导用户完成购买,就可以获得商家佣金。淘宝客是分散化的导购群体,以个人为主,淘宝官方统计约有 2000 万人。京东、有赞、拼多多等平台也都推出了与淘宝客类似的业务,用户注册后就可以成为商品的推广者,在所推广的商品销售出去以后赚取佣金。

分销电商这种商业模式门槛最低，不需要个人囤货、交纳押金，也不需要个人创作内容，只需要分享转发商品代码、链接或者图文即可，是全职妈妈、在校学生、离退休人员利用人脉资源和空闲时间的理想兼职。

2. 内容电商

内容电商就意味着需要提供内容，创作者通过在内容中植入产品或链接的形式直接销售商品。一般转化方式有三种：第一种是直接通过平台提供的插件"种草"站外电商的商品，消费者点击插件即可跳转电商链接进行购买，知乎目前使用的主要是这种方式；第二种是站内电商跳转，消费者看到内容后，可以直接点击内容附带的平台内部电商链接进行转化，抖音、淘宝直播均使用这种方式；第三种是站外间接转化，创作者在内容中提及品牌产品，消费者到其他平台进行购买，小红书支持这种模式。

从内容形式来看，内容带货分为图文带货、视频带货和直播带货。

（1）图文带货：创作者通过在图文中介绍商品、插入商品链接的方式销售货品。2020年，知乎某知名大V撰写的《液晶智能电视选购攻略》成为知乎爆款，创下单篇年带货量超过5000万元GMV的纪录，成为知名的知识带货博主。

（2）视频带货：通过在发布的视频作品里插入链接，或者为视频账号开通商店功能来实现视频内容带货。抖音某美食达人有2186.6万名粉丝，2022年1月22日发布了以"过年招待客人"为主题的相关视频，在视频中打开钵钵鸡蘸料制作了一份钵钵鸡，24小时播放量为1296.7万次，带货钵钵鸡蘸料5440份，销售额达9.2万元。

（3）直播带货：通过在视频直播中插入商品链接来销售商品。这类带货方式一般需要主播真人出镜，直播较长时间，对普通人来说难度较高。某抖音达人有 158 万名粉丝，2021 年 12 月全月直播 25 次，场均销售额达 1196.3 万元。

个人可以根据自己擅长的领域选取合适的内容发布形式来关联商品，且目前可选择的平台有很多，比如：微信公众号、微信视频号、快手、抖音、今日头条、小红书、知乎、微博等。

卖内容：用户内容付费

用户内容付费是指创作者通过"售卖"其所创作的内容来获得收入，包括创作者创作的图文作品、小说，录播或直播的视频内容产品，如网课、短剧等，收入来源于消费者付费以及机构支付的签约费。消费者付费收入主要包括消费者订阅付费专栏、购买知识付费产品、购买咨询服务、直接对创作者生产的内容进行打赏等。机构签约费收入主要是指各平台或 MCN 机构为优质创作者提供的签约后保底收入、创作者作品的版权收入等。

内容平台通常提供打赏、付费阅读、版权变现等功能，典型代表有：微信公众号、百度百家号、头条号、西瓜视频、好看视频、B 站、小红书、知乎、花椒直播、映客等。

1. 打赏

打赏主要是指内容消费者基于对内容的认可，通过内容平台向创作者主动付费的行为，在图文平台、短视频平台和直播平台都很常见。消费者在打赏的时候可以自行决定打赏的频率和金额。目前各平台均有打赏功能：视频直播类平台的打赏无门槛，只要开通直播均可接受打赏；图文类平台的打赏一般有等级限制，今日头条等资讯平台为1000名以上粉丝，知乎创作者达到5级可开通赞赏功能。

从内容领域来看，知识类内容打赏金额较少，游戏娱乐类内容打赏金额较多。《2021中国视频电商研究报告》表明，2020年抖音（含火山版）、陌陌、酷狗、映客、花椒、一直播六大直播平台打赏金额超50万元的付费用户数量达1.18万人，在平台礼物打赏中，娱乐类别的礼物收入占比为78.42%，游戏直播的礼物收入占比为21.58%。

2. 付费阅读

微信公众号在2020年年初的改版中对公众号增加了"付费阅读"功能，读者以单篇文章为单位进行付费，创作者可自行设置试读占比和销售价格，同时可以设置"购买后赠送朋友"，以帮助扩大内容曝光范围。以2021年10月17日秋叶大叔发表的文章《万字长文详解：如何高效利用企业微信做好私域运营？》为例，全文设置可试读内容占比为11%，价格为80微信豆（10微信豆=1元人民币），消费者购买后可以赠送给1位朋友免费阅读。截至2022年1月该文章付费472人，实现收入3776元人民币。

今日头条、百度百家号、西瓜视频、好看视频等平台的付费阅读名称为"付费专栏"，粉丝数量在1万以上的创作者可以申请开通，支持图文、音频、视频等不同形式，支持多文件集合发布，价格由创作者自行设置。

知乎的付费阅读功能包括"盐选专栏""知乎Live讲座"。创作者签约盐选作者以后，其优质作品可以通过该栏目对外开放，消费者可以通过直接购买或者通过购买知乎付费会员来阅读知乎平台上的同类产品，创作者获得相应分成。

对于复杂的知识付费产品，包括咨询服务、线上课程、线下培训服务等，由于产品相对复杂，牵涉大量的交付、互动和服务，因此创作者可以通过微博、微信公众号、今日头条、抖音、知乎等互联网内容平台发布图文、视频或者通过直播进行用户引流，再借助小鹅通、腾讯课堂、千聊、微信群、知识星球等其他工具进行课程交付。

3. 版权变现

一些平台或者出版社会与优质内容创作者进行版权签约，协助其进行优秀作品的版权开发和商业推广，具体包括网络内容、纸质图书、电子出版物、衍生版权等。

（1）知乎针对"盐选专栏"的签约作者，有两种签约方式：一种是针对高人气作品作者的"经纪签"，分成方式是"保底金额+50%分成"；另一种是针对作品的"独家签"，只签作品不签人，分成方式是平台和作者按"50%的比例分成"。签约"盐选专栏"的作者，除了可以依托知乎平台进行付费专栏的售卖，还可以通过影视、书籍等衍生版权开发获得更多变现机会。

（2）内容创作者还可以考虑出版纸质图书，出版方在结算稿酬的时候一般有三种方式：第一种是按字数买断稿酬，通常是千字150～350元；第二种是按固定金额买断稿酬，通常是每本3万～5万元；第三种是按版税结算，通常按照销量分成，版税率是7%～10%，比如一本书的定价是60元，如果版税是10%，销量是1万册，那作者的含税稿酬就是6万元。

（3）电子出版物一般有有声书、电子书等，创作者主要跟内容平台或者运营机构合作，分成比例一般是"五五分成"或者"六四分成"，特别优质的内容也会单独确定价格。根据"得到"母公司思维造物的招股书，薛兆丰教授在"得到"平台发布的"薛兆丰经济学"课程及图书等知识产品在 2017 年获得 1615 万元收益，2018 年获得 1320 万元收益。

（4）针对小说等作品的衍生版权产品还有影视版权、海外出版、漫画版权、剧本杀及周边产品开发等商业变现模式，具体费用从几万元到上百万元不等。

卖影响力：非现金收入

个人可以利用其知名度、对粉丝及大众的影响力，衍生出其他商业模式，在其他领域中获益。这里的获益，重点指非金钱收入，比如：节省广告营销费用、实现个人梦想、拥有个人品牌等。

雷军作为成功企业家，还是一名互联网红人，抖音粉丝数超过 1000 万、微博粉丝数超过 2000 万。雷军不在其自媒体账号上直接售卖小米产品，而是以宣传小米产品、解析小米技术、展示 CEO 日常工作为主，虽不直接创造销售额，但是为小米公司带来了大量的品牌曝光次数，提升了品牌知名度和美誉度，为小米集团节省了难以计数的广告营销费用。

中国政法大学教授罗翔，兼职在厚大法考讲授刑法，个人风格鲜明，内容实用易记，被 B 站 UP 主拍摄制作成短视频，并迅速爆红，成为互联网知识红人。这样的爆红不在罗翔教授的规划中，但是有助于传播刑法知识，因而罗翔教授在 B 站开设自媒体账号，有针对性地发布内容，荣获 2020 年度最高人气 UP 主、2021 年度百大 UP 主，截至 2022 年 1 月底粉丝数超过 2000 万。网络蹿红为罗翔教授带来了更多的展示机会，他多次应邀参与录制 CCTV-1《今日说法》，在热门综艺节目《脱口秀大会》中担任嘉宾，成为大众心目中的刑法布道者，从而实现了个人梦想。

黄有璨，从事互联网运营工作十余年，2013年开始撰写微信公众号，2015年因一篇公众号文章《豆瓣十年，一个典型精英社区的起伏兴衰》而走红；同年，以联合创始人的身份参与创立一家互联网职业教育公司——三节课㊀，担任COO，主讲互联网运营课程。2016年，黄有璨萃取公众号以及网课内容出版图书《运营之光》。经过持续积累和耕耘，黄有璨逐渐成为一个品牌。2021年1月，黄有璨再次创业，成立"有瞰学社"——一个面向0～8年新商业时代职场人的终身职业成长社群，轻松拿到风险投资。从内容创作者到金牌讲师，到COO，再到CEO，黄有璨是草根内容创作者的成功代表。

上述个人广告营销商业模式不是孤立的，个人可以根据自身情况灵活组合，多种方式获取收益，详见表7-8。在进行选择时，按照难易程度，将个人广告营销商业模式排序如下：非现金收入＜分销电商＜打赏＜平台流量分成＜平台活动分成＜内容电商＜植入广告＜付费阅读＜版权变现。

表7-8 个人广告营销商业模式知识地图

卖流量：平台广告分成	平台流量分成	按照CPM分成
	平台活动分成	固定津贴、流量推广、奖金池瓜分等
卖服务：植入广告		议价
卖产品：带货	分销电商	按照CPS提成佣金
	内容电商	按照CPS提成佣金
卖内容：用户内容付费	打赏	
	付费阅读	
	版权变现	签约作者、纸质图书、电子出版物、衍生版权等
卖影响力：非现金收入		节省广告营销费用、实现个人梦想、拥有个人品牌等

㊀ 三节课，为企业提供数字化人才培养服务，已服务超过3000名客户，有超过300万名学员，拥有66 000名签约老师。

（1）不追求现金收入是个人广告营销商业模式的最佳起步状态，可以从在微信朋友圈分享心得开始，从在微信群鼓励他人开始，从影响一个个具体的人开始，日积月累，终有可能得到意外收获。

（2）分销电商的起步门槛非常低，无须生产内容，只要认识人即可，成为很多宝妈、大学生的理想兼职。

（3）打赏起步门槛很低，只要有人喜欢，就有可能获得收入。

（4）平台流量分成的起步门槛相对较低，只要能写文章、能制作视频即可。

（5）平台活动分成对阅读量或者播放量有一定要求，只有达到一定指标才能获得收益。

（6）内容电商按 CPS 结算，对广告效果有要求，有阅读量不一定有销售，因而比平台广告分成模式难。

（7）植入广告通常要求个人具有一定的粉丝量，能产生稳定的播放量或者阅读量。

（8）付费阅读对创作者的内容质量要求很高，具有一定的稀缺性和较高的知识价值。

（9）版权变现要求最高，要求内容不仅稀缺，且商业价值具有规模效应。

◎ 案例 7-3

"王蓝莓"：平台流量分成＋植入广告＋内容电商＋版权变现[⊖]

2018 年抖音账号"王蓝莓"发布短视频"一个东北孩子的命运"，一夜增粉 40 万。在这个账号里，"王蓝莓"是一个动画人物，还在上

⊖ 资料来源：根据多家媒体报道及平台官方数据整理汇总。

学的东北小朋友，视频内容是她和父母的日常生活。这些日常生活充满着怀旧氛围，让那些在20世纪八九十年代成长起来的人看了很受触动。截至2022年1月29日，"王蓝莓"抖音粉丝有1272万，小红书粉丝113.6万，微博粉丝130.6万。"王蓝莓"系列火爆以后，其创作者王娇签约了Papitube公司，全面进行商业变现，2019年11月"王蓝莓"系列开始改成2D动画，在多个平台发布。"王蓝莓"作为一个个人原创IP，其商业模式包括以下几个。

（1）平台流量分成方面，"王蓝莓"作为爆款内容，平台会按照播放量给予分成。

（2）植入广告方面，"王蓝莓"的小红书账号与科颜氏合作，把科颜氏的高保湿盲盒植入其动画短视频中。

（3）内容电商方面，"王蓝莓"的抖音橱窗商品和视频号扩展链接均有产品合作。

（4）版权变现方面，王娇授权游戏公司打造《王蓝莓的幸福生活》网络游戏，获得了版权授权收入；开发了衍生品，如"王蓝莓"表情包、怀旧商品等，拓展版权变现的方式。

参考文献

[1] 里斯，特劳特. 定位 [M]. 王恩冕，于少蔚，译. 北京：中国财政经济出版社，2002.

[2] 陈刚，沈虹，马澈，等. 创意传播管理 [M]. 北京：机械工业出版社，2020.

[3] 陈俊良. 广告媒体研究：当代广告媒体的选择依据 [M]. 北京：中国物价出版社，1997.

[4] 陈培爱. 广告传播学 [M]. 厦门：厦门大学出版社，2009.

[5] 陈培爱. 广告学概论 [M]. 2 版. 北京：高等教育出版社，2010.

[6] 卡尼曼. 思考，快与慢 [M]. 胡晓姣，李爱民，何梦莹，译. 北京：中信出版社，2012.

[7] 科特勒. 营销管理：分析、计划、执行和控制：第 9 版 [M]. 梅汝和，等译. 上海：上海人民出版社，1999.

[8] 科特勒，卡塔加雅，塞蒂亚万. 营销革命 4.0：从传统到数字 [M]. 王赛，译. 北京：机械工业出版社，2018.

[9] 《广告学概论》编写组. 广告学概论 [M]. 北京：高等教育出版社，2018.

[10] 郭国庆. 营销理论发展史 [M]. 北京：中国人民大学出版社，2009.

[11] 郭庆光. 传播学教程 [M]. 北京：中国人民大学出版社，1999.

[12] 何海明. 广告公司的经营与管理：对广告经营者的全面指引 [M]. 北京：中国物价出版社，2002.

[13] 黄升民，丁俊杰. 国际化背景下的中国媒介产业化透视 [M]. 北京：企业管理出版社，1999.

[14] 黄升民，周艳，马丽婕. 广电媒介产业经营新论 [M]. 上海：复旦大学出版社，2005.

[15] 库兹韦尔. 奇点临近 [M]. 李庆诚，董振华，田源，译. 北京：机械工业出版社，2011.

[16] 李先国. 市场营销学 [M]. 上海：上海交通大学出版社，2012.

[17] 李云龙，王茜. 增长思维 [M]. 北京：中信出版集团股份有限公司，2019.

[18] 刘建萍，陈思达. 广告创意概论 [M]. 北京：中国人民大学出版社，2011.

[19] 刘翌. 私域流量池 [M]. 北京：机械工业出版社，2020.

[20] 波特. 竞争优势 [M]. 陈小悦，译. 北京：华夏出版社，2005.

[21] 倪宁. 广告学教程 [M]. 4 版. 北京：中国人民大学出版社，2014.

[22] 贝尔奇 G E，贝尔奇 M A. 广告与促销：整合营销传播视角 [M]. 郑苏晖，等译. 北京：中国人民大学出版社，2014.

[23] 戎文晋，张茜. 互联网广告的市场设计 [M]. 北京：电子工业出版社，2015.

[24] 佘贤君. 电视广告营销 [M]. 北京：中国广播电视出版社，2004.

[25] 佘贤君. 触发非理性消费 [M]. 北京：机械工业出版社，2018.

[26] 舒尔茨 D，舒尔茨 H. 整合营销传播：创造企业价值的五大关键步骤 [M]. 王茁，顾洁，译. 北京：清华大学出版社，2013.

[27] 王汉生. 数据思维：从数据分析到商业价值 [M]. 北京：中国人民大学出版社，2017.

[28] 汪寿阳，乔晗，胡毅. 商业模式冰山理论：方法与案例 [M]. 北京：科学出版社，2017.

[29] 阿伦斯，谢弗，魏戈尔德. 广告学 [M]. 丁俊杰，钟静，康瑾，译. 北京：中国人民大学出版社，2014.

[30] 魏炜，朱武祥. 发现商业模式 [M]. 北京：机械工业出版社，2009.

[31] 吴柏林. 广告心理学 [M]. 北京：清华大学出版社，2011.

[32] 夏洪波，洪艳. 电视媒体广告经营 [M]. 北京：北京大学出版社，2003.

[33] 杨海军. 中外广告史新编 [M]. 上海：复旦大学出版社，2009.

[34] 张金海，余晓莉. 现代广告学教程 [M]. 北京：高等教育出版社，2010.